制度安排、产业集聚与地区收入差距

谢里 著

商务印书馆
2017年·北京

图书在版编目(CIP)数据

制度安排、产业集聚与地区收入差距/谢里著.
—北京:商务印书馆,2017
ISBN 978-7-100-15606-6

Ⅰ.①制… Ⅱ.①谢… Ⅲ.①制度经济学—经济地理学—研究 Ⅳ.①F019.8②F119.9

中国版本图书馆 CIP 数据核字(2017)第 296196 号

权利保留,侵权必究。

制度安排、产业集聚与地区收入差距
谢里 著

商 务 印 书 馆 出 版
(北京王府井大街36号 邮政编码100710)
商 务 印 书 馆 发 行
北京市艺辉印刷有限公司印刷
ISBN 978-7-100-15606-6

2017年11月第1版 开本880×1230 1/32
2017年11月北京第1次印刷 印张 8⅜

定价:35.00元

序　言

产业空间结构与区域协调发展是当前国内外区域经济领域研究的热点问题之一。谢里博士的《制度安排、产业集聚与地区收入差距》一书，是研究这个问题的一部力作。

进入 21 世纪以来，中国学术界和政府高度关注优化产业空间结构、促进区域协调发展的理论创新和政策实践。经过西部大开发、东北振兴、中部崛起和东部率先发展等战略的实施，形成了区域发展总体战略。近年来，国家实施的"一带一路"、京津冀协同发展和长江经济带发展战略等，不断优化区域空间结构，进一步促进了我国区域协调发展。

区域经济发展战略是影响产业集聚和地区收入差距的宏观因素。由于产业集聚既是产业空间结构的标识，又是生产要素在空间流动和配置的表现。因而制度安排的变迁必然影响到产业集聚，产业集聚的动态调整又必然反映产业空间结构的演化,进而影响地区经济增长和地区经济发展差距。所以,研究制度安排、产业集聚与区域收入差距之间的关系对实施区域经济发展战略,具有很高的理论价值和很强的现实意义。

谢里博士的这部著作通过史料辑佚与考证、理论模型的构建和推演、计量实证模型的设计和测算,从历史、理论和实证三个维度,将制度经济理论、新经济地理理论和新经济增长理论融合,探讨了制度安排、产业集聚与地区收入差距之间的内在机制和逻辑联系。

本书的学术贡献在于:首先是从历史经验维度剖析了世界工业中心形成与变迁过程,指出世界工业中心形成与变迁的影响因素既包含区位、资源、人口,又包含了国家的政策和制度安排。其次,将"内生交易成本"引入到新经济地理学的分析框架,搭建了制度安排通过影响内生交易成本作用于企业迁移和产业集聚的传导机制,进而构建了制度因素通过产业集聚因素影响地区经济增长和地区收入差距机制的理论体系。再次,从全国和分地区层面实证研究了制度安排对产业集聚的影响和制度安排、产业集聚协同作用于地区之间收入差距的机理,由此论证了引导异质性产业向具有资源要素禀赋的地区集聚,提高地区经济发展水平和缩小地区收入差距途径。可以说,这项研究不仅拓宽了产业集聚微观机制来源,也为决策机构制定优化产业空间结构、促进区域协调发展的政策提供了实证依据。

值本书即将出版之际,我欣然为此作序。希望通过本书的出版,鼓励更多青年学者开展区域经济学的研究,特别是借鉴国际范式开展中国区域经济的研究,激发他们对中国区域经济发展现象的广泛关注、学术兴趣和研究热情,鼓励他们从多学科的角度、跨学科的范式和方法去探索区域经济理论和政策实践的前沿领域。

是为序。

全国经济地理研究会会长
中国区域科学协会副会长
中国区域经济学会副会长
中国人民大学区域与城市经济研究所所长
孙久文
2017 年 1 月 10 日

目 录

前言 …………………………………………………………… 1

第一章　绪论 ………………………………………………… 1
 第一节　研究背景 ………………………………………… 1
 第二节　研究目的与意义 ………………………………… 7
 第三节　研究内容 ………………………………………… 10
 第四节　研究方法 ………………………………………… 14

第二章　产业集聚的影响因素：经济史的解读 …………… 16
 第一节　世界工业集聚中心的起源与变迁概述 ………… 17
 第二节　18～19世纪中叶英国工业中心的形成 ………… 20
 第三节　19世纪末到20世纪中叶美国工业中心
     地位的确立 ……………………………………… 29
 第四节　20世纪60～70年代日本工业中心的发展
     和历史经验启示 ………………………………… 37

第三章　产业集聚中的制度因素：引入内生交易成本的分析 … 48
 第一节　产业集聚机制的理论综述 ……………………… 49
 第二节　理论模型 ………………………………………… 58
 第三节　比较静态分析 …………………………………… 63
 第四节　启示 ……………………………………………… 67

第四章 产业集聚与地区收入差距:一个包含制度因素的理论分析 ... 69

第一节 理论基础 ... 70
第二节 基本模型 ... 76
第三节 均衡状态分析 ... 81
第四节 均衡路径与收敛速度分析 ... 86
第五节 理论分析启示 ... 92

第五章 中国制造业集聚水平动态测算 ... 94

第一节 计算方法综述 ... 94
第二节 计算方法与数据处理 ... 99
第三节 制造业集聚水平动态变化分析 ... 104
第四节 制造业分行业集聚水平演变分析 ... 113
第五节 制造业区位分布变化态势 ... 116
第六节 制造业集聚变化启示 ... 122

第六章 制度安排与产业集聚:来自中国制造业的经验证据 ... 125

第一节 中国经验研究评述 ... 126
第二节 计量模型与变量设置 ... 131
第三节 数据来源与统计性描述 ... 144
第四节 实证结果分析 ... 162
第五节 实证分析启示 ... 206

第七章 产业集聚与地区收入差距:引入制度安排的实证研究 ... 211

第一节 研究假设 ... 212
第二节 计量模型设计 ... 215
第三节 变量选取 ... 216
第四节 数据来源与描述性统计 ... 220

第五节　计量结果分析 …………………………… 223
　　第六节　实证分析启示 …………………………… 236
参考文献 ……………………………………………… 239
后记 …………………………………………………… 262

前　言

　　随着全球经济一体化与中国经济开放和市场化改革的水平不断深化,产业集聚作为生产要素跨区域流动与重新配置的一种地缘现象,其形成与变迁产生地区经济增长效应的同时,地区之间的收入差距也呈现出显著变化。在产业集聚与地区收入差距这对看似"偶然"但却存在"必然"联系的经济现象背后,中国正经历由"计划经济"向"市场经济"转型的制度试验,且经验性的直觉和研究成果都认为政策或制度既是影响生产要素空间流动和配置的重要力量,又被认为是影响地区经济增长和收入差距的主要原因。产业集聚是生产要素地理分布集中的表现,那么,政策或制度又如何在产业集聚中产生多大的影响呢？如果答案是肯定的,进一步地,政策或制度变迁通过产业集聚影响地区收入差距的机制是什么？政策或制度在多大程度上通过产业集聚作用于地区收入差距？深入系统地回答这一系列问题,不仅能在理论上将制度经济理论、新经济地理理论和新经济增长理论交叉融合创新,而且能在实践上为决策机构通过设计有效的政策或制度安排引导和优化产业集聚的规模和区位分布,进而缩小地区之间收入差距和促进区域协调发展。为此,本书尝试通过历史解读、理论分析和实证研究,探寻制度因素对产业集聚形成与变迁的影响机理,进而探究制度安排和产业集聚协同作用于地区收入差距的机制。这项研究将不仅拓宽产业集聚机制的来源,而且为决策机构制定优化地区分工和促进区域协调发展的政策提供历史源泉、理论基础与实证证据。

首先,本书从经济史的角度考察世界工业集聚中心形成与变迁的历史现象及其内在机制。世界工业集聚中心最早起源于英国,再转移到美国,随后日本也继美国成为世界工业集聚的中心之一。通过分析世界环境和不同国家经济发展水平等特征,发现世界工业集聚中心的形成与变迁虽然存在历史机遇,但在其背后必然有与历史机遇相匹配的政策或制度保障。除了国家的地理位置、自然资源禀赋、劳动力、人口、交通基础设施、对外贸易等因素之外,一国构建的产权保护、贸易、金融、投资、教育等制度优势,能显著地刺激该国工业的发展,并逐步促使其成为世界工业集聚的中心。

依据世界工业集聚中心形成与变迁内在机制的历史解读,本文借鉴了交易成本划分外生交易成本和内生交易成本的理论,将内生交易成本引入到新经济地理模型之中,并在一般均衡的分析框架内分析内生交易成本对企业生产区位选择的作用机理,以此阐明地区的制度安排通过内生交易成本作用于产业集聚形成与变迁的微观机制。理论研究表明,内生交易成本亦是影响企业选择生产区位的重要因素之一,在地区的外生交易成本、地区支出水平和市场规模一定的条件下,有效的制度安排通过直接降低企业在该地区从事生产与经营活动的内生交易成本,促使企业向该地区迁移并加快产业在该地区的集聚。而如果制度安排提高企业的内生交易成本,则会扭曲生产资源的空间配置,除非运输成本很低、迁移目的地的支出水平或市场份额足够大而为厂商带来的规模经济效应足以抵消内生交易成本所产生的负面效应,否则,即使迁移地区有一定的资源禀赋优势、行业的规模报酬递增与经济的外部性,厂商也不会有跨区域迁移的动力。由此,这些研究结论对国家或地区的产业区位分布及其发展有着较强的现实解释能力和深刻的政策蕴涵。

接着,借助于新经济增长理论和新经济地理理论存在共同的"规模报酬递增"的理论前提,在新经济增长理论所考察的资本、技术和劳动力等传统因素基础上,从宏观层面将制度和产业集聚因素引入构建制度因素通过影响产业集聚作用于地区收入差距的机制模型,进而将制度安排、产业集聚与地区收入差距整合在统一的理论分析框架之中,以尝试从制度安排存在差异的条件下从产业空间集聚演进角度为中国地区收入差距的演变提供新的解释。理论研究表明,一方面,产业集聚对地区收入的影响存在一个最优的水平。在这个最优的水平之下,产业集聚水平的提升会加快促进地区经济增长,然而一旦超过这个最优水平,过度的产业集聚所带来的负效应开始凸显,最终可能导致地区收入的巨大回落,甚至一直维持在负的增长率水平上。进而,当不同地区的产业集聚水平处于同一区间时,提升产业集聚水平可能会进一步扩大地区间的收入差距,而当不同地区的产业集聚水平差距较大且分别处于不同区间时,地区收入差距虽然会随着产业集聚水平的提升而有所缩小,但却是以牺牲发达地区的经济发展为代价。另一方面,如果地区产业集聚水平维持在符合地区经济发展水平的合理范围内,此时经济则会沿着最优路径达到鞍点稳定均衡点;反之,若地区产业集聚水平超过这一范围则不存在正的鞍点稳定均衡点,进而产业集聚水平的提高能够缩短达到鞍点稳定均衡点的半程期,即拥有较高产业集聚水平的国家或地区能够以更快的速度赶上甚至超过经济发达的国家或地区。

再次,以制造业为分析对象,先通过有效地估计行业的赫芬达尔指数,采用了考虑企业规模和数量区位分布而建立的产业内集聚水平系数计算方法,对1986～2010年我国制造业2位数20个分行业的集聚水平进行了动态测算,并指出虽然中国制造业整体集聚水平具有显著的"倒N型"变化趋势,但正由低度向中高度集聚水平迈进;大部分制造业2位数分行业已进入中高度集聚水平且集聚程度正逐年提高,其中技术密集型行业已进入高度集聚水平,并取代了资源密集型行业而成为制造业集聚的主导行业;在行业的地域分布变化上,虽然东部与中西部地区之间亦有显著差异,但东部与中西部地区之间的差异有明显缩小的趋势。此外,中国直辖市的制造业集聚优势正在逐步弱化,它们更可能成为政治、文化与服务的中心。进一步地,选取了2000～2010年中国29个省、直辖市和自治区的制造业为样本,在控制自然因素、经济地理和新经济地理因素的基础上,将制度因素纳入构建产业集聚影响因素的计量模型之中,从中国地区和行业层面,实证分析了中国地区经济开放与市场化进程的制度因素对制造业整体在全国以及东中西部地区的影响程度。研究结果表明,从制造业整体的集聚水平上看,生产者产权保护制度、投资政策和贸易政策都是影响制造业整体集聚水平的显著性因素,其中,最为主要的是投资政策。从制造业整体在东部、中部和西部地区的集聚水平上看,东部地区制造业集聚水平受生产者产权保护、产品的价格管制、贸易政策和政府清廉程度的影响较为显著;中部地区制造业集聚水平受生产者产权保护程度和投资政策影响较为显著;而西部地区制造业也受生产者保护制度和贸易政策的影响显著。从制度因素对制造业2位数分行业集聚水平的影响上看,生产者保护制度对绝大多数制造业分行业特别是资本密集型行业和技术密集型行业的集聚水平呈显著正效应。而在所有的经济开放因素中,影响制造业行业集聚水平最为显著的因素是投资政策,而地区产品的价格管制水平越高,将降低自然资源依赖程度高的制造业行业集聚水平。

最后,选取了1999~2010年中国29个省、直辖市和自治区的制造业为分析样本,以地区收入差距作为被解释变量,引入制造业集聚和政府干预度、经济开放度、政治法律完善度三个制度变量以及它们的交互项作为解释变量,构建静态和动态面板数据模型,从全国层面和东部、中部和西部三大地区层面检验了制度安排、制造业集聚与地区收入差距之间的关系,结果表明了制度因素通过作用于产业集聚将影响地区收入差距。一方面,从全国层面来看,制造业集聚有利于缩小地区收入差距,但政府干预度、经济开放度、政治法律等制度的完善将扩大制造业集聚的地区收入差距效应。在引入了制造业集聚和各项制度的交互项之后,经济开放度提高、政治法律完善程度提高或者政府干预力度增强,将扩大制造业集聚的地区收入差距效应。另一方面,从分地区层面来看,制造业集聚将降低东部、中部和西部地区收入差距,但在引入了制造业集聚和各项制度的交互项之后,增加政府干预将有利于缩小东部和中部地区收入差距,而提高经济开放度和完善政治法律程度将扩大制造业集聚的地区收入差距效应;西部地区提高经济开放度将扩大制造业集聚的地区收入差距效应,而减少政府干预将缩小制造业集聚的地区收入差距效应。

依据本研究的经济历史考察、理论模型分析和实证研究结果,认为中国要通过改善与创新制度环境,吸引制造业及其分行业在与之对应的"外生比较优势"地区集聚,发挥"内生比较优势"和"外生比较优势"的双重效应,优化本国产业的空间结构,以强化地区之间专业化分工水平,促进区域之间协调发展。

第一章 绪论

第一节 研究背景

一、现实背景

伴随着经济全球化的深化发展带来地区市场一体化进程的加快和经济开放水平的不断提高,各国先后融入世界分工与协作的体系之中。资本、技术和劳动力在市场机制的作用下全球流动与组合配置,不仅使产业在世界范围内重新定位和布局,而且市场化催促着一国或地区内部的产业向具有比较优势的地区转移与集聚。产业集聚作为市场机制发挥资源配置的主要表现,在市场一体化进程加剧的过程中不断地变迁与强化。

从国际维度上看,全球经济一体化进程的加快,使得跨国公司不仅能够充分利用自身的资金、技术与人才优势,在世界范围内配置资源,寻求更加丰富的原材料来源、廉价的劳动力资源和广阔的产品销售市场;而且跨国公司通过延长产业价值链,生产高附加值的产品,以此推动企业在全球范围内选择生产与经营活动的区位。

与此同时,随着外商直接投资向纵深化发展且贸易模式也由传统的产业间贸易深入到产业内甚至是公司内贸易,以此又提高了国与国之间的对外开放水平,国际经贸合作关系加强,产业一次又一次地在世界范围内重新调整布局。发达国家不断地以领先的技术替代有限的资源,将传统落后的产业向外转移,以此推动本国的产业结构向高端升级与经济增长方式的优化。而发展中国家由于受到资金和技术水平的制约,依靠自身的资源禀赋,被动地参与国际分工,承接国际产业转移,并以此带动技术水平和产业结构的升级,促使本国经济的快速发展。

各国在促使经济发展的同时伴随着产业在世界范围内的大规模转移,使得不同类型的产业将在具有不同比较优势的地区重新定位与集聚。发达国家为了腾出空间发展科技含量高、产品附加值高而又环保的新兴产业,将技术含量低、产品附加值低且环境污染水平高的产业向发展中国家和不发达国家转移,以维持自身在产业价值链高端的优势地位。而从发达国家转移的这些产业,聚集在发展中国家或不发达国家,不仅造成了资源的过度消耗与生态环境的破坏,减弱了国家经济可持续发展的能力,而且国家的产业发展被锁定在价值链的低端,使这些国家逐渐沦为发达国家的"外围"。这种不合理的国际分工结构所造成的不良后果是:一些不发达国家或发展中国家放弃参与国际分工,使得这些国家的经济资源不能得以充分开发与利用,产业结构得不到合理优化与升级,因而制约了本国的经济发展。这又反过来作用发达国家,既使不适合在本国继续发展的产业不能得到及时、有效地转移,制约了发达国家的产业结构升级,又使资源配置不能在全球范围内展开,产业价值链不能拓延,产品的附加值和利润增值受限。不同产业不能向具有比较优势的国家合理转移与集聚,或者产业转移与集聚的程度不够,既不能激发国际分工所带来的潜在利益,抑制了发达国家的经济增长速度,又不能带动落后国家摆脱贫困的困境,缩小与发达国家的经济发展差距。

从中国维度上看,自改革开放之后,中国对外开放水平的深化和地区市场化建设进程的加快,市场机制代替计划机制在资源配置中越来越发挥主导作用,推动了我国国民经济保持健康、稳定和快速的增长。然而,与此同时,国内地区间的收入差距也在不断扩大,区域间的经济发展不平衡成为制约我国整体经济实力大幅提升的瓶颈(陆大道,1996;Naugton,2006)。东部地区依靠自身的地域条件和优惠的政策优先发展起来,但却没有带动中西部地区的发展。相反,全国的产业却有向东部地区转移的趋势,使得东部地区成为了全国的"中心"地区,而中西部地区沦为东部地区的"外围"。但是,依据 Lemoine 等人(2015)对 1950~2011 年中国东部地区和中西部地区人均收入水平测算结果表明:以 2005 年为分界线,在此之前,东部沿海地区比中西部地区的经济增长速度更快,东部地区与中西部地区的收入差距扩大,此后这两大地区之间的收入差距又开始缩小。这与 Feng(2009)、Wei(2009)等人的测算结果基本一致,且都认为制造业在一国或是一个地区经济发展中占有重要地位。20 世纪 90 年代初期至"十一五"时期,制造业向东部沿海地区集聚,经济重心由中西部地区向东部沿海地区转移。此后,资本和劳动力等生产要素开始由东部地区向中西部地区集聚,经济重心又开始由东部沿海向中西部地区转移,中西部地区的经济增长率上升速度较快且与东部地区收入差距不断缩小,进而认为地区之间制造业发展水平不平衡往往是造成地区收入差距的主要原因。

Krugman(1991)、梁琦(2004)等人都曾认为产业集聚通常在规模报酬递增的基础上强化,一旦某一地区形成制造业集聚的初始优势,会继续在循环累积正反馈机制下强化这种集聚优势,而这种集聚区位的选择可能存在任意性。而 Cai 等人(2011)、Rodrik(2013)、Lemoine 等人(2015)等进一步都认为干预经济的政策或制度安排特别是产业政策或制度安排能有效引导资源和生产要素跨区域,进而影响地区之间经济增长差异。那么,如果这些政策或制度安排能够引导产业在符合自然资源、劳动力和技术等比较优势的地区进行专业化集聚,则可以优化区域之间的专业化分工,缩小地区之间收入差距。反之,如果政策或制度安排没有实现引导产业依据区域的自然资源、劳动力和技术等优势进行专业化集聚的目标,则可能导致地区之间分工不合理,致使地区收入差距拉大,中心地区对周边地区的带动能力有限。

二、理论背景

1977 年,Dixit 和 Stigliz 在 *Monopolistic Competition and Optimum Product Diversity* 一文中创立了一套规范分析不完全竞争理论的技术模型,以此为基,新贸易理论、新增长理论与新经济地理学三大理论孕育而生。它们三者共同的核心是突破了基于完全竞争理论的前提假设,而引入规模报酬递增和不完全竞争作为前提条件,以此分别解释传统贸易理论、新古典增长理论、经济地理理论所不能解释的现象。

古典贸易理论认为各国之间进行专业化分工,应依据自身的比较优势和资源禀赋优势生产产品。这虽已暗示了不同产业应在不同国家进行集聚生产,但其以完全竞争理论为前提,将资源禀赋的绝对优势或相对比较优势用于解释不同国家的专业化分工与相互贸易,却无法解释两个资源禀赋相近的国家和地区为什么也存在专业化的生产与贸易。因此,基于不完全竞争理论假说的新贸易理论引入了规模报酬递增来阐明即使具有相同比较优势的国家之间也能够展开分工,实现产业内的专业化生产与贸易。这既表明资源禀赋相同的地区也可能在历史因素的作用下承接与集聚产业,又说明在全球经济一体化进程的推动下,产业应向具有比较优势的地区转移并进行专业化集聚。

新古典经济增长理论以完全竞争和规模报酬不变或递减为前提假设,并认为技术是外生的,技术在国家或地区之间的扩散是完全的,且会使各国或各地区的经济增长水平达到均衡收敛状态。而建立在不完全竞争分析框架上的新经济增长理论则认为,内生的技术进步是导致经济持续增长的主要因素,落后国家和地区亦可以通过引进和吸收先进的技术,实现缩小本国与发达国家的经济增长差距。新增长理论虽能解释一部分国家的经济增长奇迹,但大多数研究仍表明,不仅发达国家与发展中国家没有出现明显的经济增长收敛,而且在发达国家之间、发展中国家之间以及发展中国家内部各地区之间也存在经济增长的差异。为此,许多经济学家从不同角度将不同因素融入新古典经济增长与新经济增长模型中,特别是从制度因素中寻找各国经济增长未形成收敛状态的原因,然而收效并不理想。

传统的经济地理理论主要从接近投入产出、劳动力共享、知识溢出等因素解释产业集聚,地区自然资源条件优越、交通便利是集聚的源泉。然而,这却无法解释两个重要的现象,即自然条件相同的地区为什么集聚水平不同,以及在不具有优越的自然条件地区为什么也会产生集聚。Krugman等在基于不完全竞争与规模报酬递增假设的新贸易理论基础上,将不完全竞争与区域经济发展理论融合,开创了新经济地理学派(Fujita,Krugman and Venables,1999;陆大道和樊杰,2009)。新经济地理学既继承了传统经济地理学所认为的影响企业区位选择的主要因素,并进一步从外部性、交易成本、市场关联等因素引起的收益递增与循环累积效应阐释产业集聚形成与变迁的机制。然而,经济地理和新经济地理理论从市场机制等客观因素中寻找影响产业区位分布的成因及内在机制,而忽略了政府的制度安排这一主观因素作用于资源的空间配置和产业区位布局的动因与机制。

诚然,新贸易理论、新增长理论与新经济地理理论在共享不完全竞争分析框架上能够在一定程度上解释国际市场一体化下的国际专业化分工、国际产业转移、区域产业集聚与经济增长。然而,对于中国地区之间的非均衡发展,解释力却有限。在市场一体化的背景下,新贸易理论认为地区间会形成专业化分工与贸易;新经济地理学认为产业会在市场机制的调节下在合理地区集聚;而新增长理论则认为内生技术进步会促使一国或一个地区持续地增长,发展中地区或落后地区可以通过资本积累和吸收发达地区先进技术,缩小与发达国家的经济增长差距。然而,我国区域间市场经济一体化的水平低于国际市场一体化水平,政府也并没有完全从微观经济领域退出,制约了市场机制在经济运行中所发挥主导作用,制度安排对产业区位分布的影响显著。地方保护盛行、地区间产业同构现象依然存在,产业集聚程度与地区专业化分工水平明显受政府干预经济所设计的制度安排的限制。已有的理论忽略了制度因素对产业区位分布和区域经济发展的影响,这就需要依据现实的经验证据,借鉴与创新传统理论,并相应地提供实证研究结论,科学地探寻解释产业集聚机制的新来源及其影响效应,为决策机构发挥主观能动性,合理引导产业集聚、缩小地区之间收入差距和促进区域协调发展提供操作性强的政策建议。

第二节 研究目的与意义

一、研究目的

中国共产党十八大报告曾特别指出,要推进经济结构战略性调整,继续实施区域发展总体战略,充分发挥各地区比较优势,促进区域协调发展。中国共产党十八届三中全会审议通过的《中共中央关于全面深化改革若干重大问题的决定》又明确指出,市场在资源配置中起决定性作用和更好发挥政府作用,必须加快形成商品和要素自由流动、平等交换的现代市场体系,提高资源配置效率和公平性。

产业集聚是经济结构在空间调整的主要表现。异质性产业在不同地区合理集聚,既能体现资源配置的空间效率,又能体现资源配置的空间公平。某一地区可能由于历史的偶然而具有产业集聚的初始优势,此后又通过规模报酬递增发挥累积循环效应,强化集聚优势,这种基于规模报酬递增所发挥的集聚优势构成了该地区的"内生比较优势"。然而,历史偶然性使产业集聚区域的选择存在任意性,可能使得地区的内生比较优势与该地区的自然资源、劳动力、技术等方面的"外生比较优势"并不匹配,具有"外生比较优势"地区却没有吸引与之对应的产业集聚。如果不同的产业没有依据地区"外生比较优势"进行集聚,则不仅限制了该地区经济增长的潜力,还可能导致地区之间收入差距扩大。反之,如果不同的产业依据地区"外生比较优势"进行集聚,并发挥基于分工引起的规模报酬递增所产生的"内生比较优势"和基于地区资源与技术禀赋所产生的"外生比较优势"的双重效应,则不仅能提高该地区经济增长的潜力,还能有效地带动周边地区的经济发展,缩小地区之间的收入差距。发挥"双重比较优势"既需要依靠市场机制在资源空间配置中发挥主导作用,将制造业吸引到生产效率高的地区集聚。但是,一方面,生产效率高的地区不一定是具有"外生比较优势"的地区;另一方面,地区的"外生比较优势"随时间变化而变化(Cai, Harrison and Lin, 2011; Lemoine, Poncet and Unal, 2015),产业在某一区位集聚所形成的"内生比较优势"产生的"锁定"效应可能制约着产业空间结构的动态调整和优化。因而,在顺应市场经济发展的客观规律基础上,决策机构也可以通过有效地调整政策或创新制度来实现主动推动或吸引制造业向具有比较优势的地区集聚,从而实现以优化制造业空间结构缩小地区之间收入差距的目标。

为此,本书从历史视角考证世界经济从封闭走向开放的过程中,产业集聚中心形成与变迁现象背后的政策或制度变迁因素。依据历史的经验证据,以内生交易成本为纽带,将制度经济理论与产业集聚理论相融合,分析制度因素与经济地理、新经济地理因素相结合对产业集聚的作用机理。将新经济地理理论与新经济增长理论融合,以产业集聚为桥梁,构建制度因素作用于产业集聚进而影响地区收入差距的机制模型。以制造业为例,通过分别测算中国各年份制造业集聚水平及其 2 位数 20 个分行业的集聚水平,分析中国制造业地区集聚及其变迁的规律,进而实证自然资源与地理、经济地理、新经济地理以及制度因素对中国制造业整体及其分行业集聚水平的影响程度与显著性。最后,将制度因素引入,从全国层面及其分地区层面分别实证制度安排、制造业集聚与地区收入差距之间的关系,为决策机构有效设计或调整政策和制度推动产业或行业在合理的区域集聚,进而缩小地区之间收入差距提供有力的经验证据。

二、研究意义

在理论上,扩展了新经济地理学中的贸易成本,引入内生交易成本,将制度经济理论与新经济地理地理融合,构建制度因素影响产业集聚的微观机制模型,从制度因素上寻找解释产业集聚形成与变迁机制的新集聚力来源。进而,再将制度经济理论、新经济地理理论与新增长理论融合,以产业集聚为桥梁且引入到新经济增长模型,构建制度因素作用于产业集聚进而影响地区经济增长收敛性及其收敛速度的宏观机制模型,从制度上刻画其通过引导生产要素的空间配置而影响地区收入差距的传导机理。这将为决策机构在顺应市场力量作用的前提下,可能通过调整和设计有效的政策或制度安排而发挥主观能动性,承接和引导不同产业向具有比较优势的地区转移与集聚以缩小地区之间收入差距提供新的理论支持。

在现实上,通过从世界历史长期发展的视角探寻和解读世界工业中心形成和迁徙背后各国的政策调整或制度变迁,进而考虑将传统的经济地理和新经济地理因素结合反映地区特征的制度结构因素纳入构建计量经济模型,分别从中国及其地区和制造业分行业三个层面估计不同的制度因素影响产业及其分行业集聚的程度。再将不同的制度因素和产业集聚因素及其两者交互项纳入构建计量经济模型,实证检验制度因素通过影响产业集聚作用于地区收入差距的机制。这将为决策机构充分利用"外生比较优势"和"内生比较优势"双重效应,通过调整和设计有效的政策或制度安排,优化产业空间布局、缩小地区之间收入差距提供实践的历史证据和经验依据。

第三节 研究内容

当前中国地区之间存在的地方保护、投资与贸易壁垒现象阻碍着国内统一大市场的形成,与五百年以前世界各国之间因受地理环境、自然资源、技术发展水平等因素制约而处于封闭状态极为相似。自西班牙著名航海家哥伦布四次航海,开辟了"新大陆航线",打破了国与国之间市场分割的界限,推动了国与国之间的商贸经济往来与国际文化交流,进而拉开了建立开放、统一的世界大市场的序幕,这也为产业在国际层面重新定位与发展奠定了历史基础。因此,第二章拟站在世界经济发展的历史高度,通过对世界工业中心起源与变迁国家的地理位置、自然资源禀赋、人口、对外贸易、科技进步、政策与制度等方面的分析比较,探寻世界经济从封闭逐渐走向开放的市场化进程中,世界工业集聚中心的起源与转移的内在机制,经验性地探讨在世界统一大市场进程中,产业集聚形成与变迁的两大因素——自然资源、地理、技术、运输条件等"硬要素"与政府的政策与制度安排等"软要素"相互作用的机制,以发现产业集聚中心形成与迁徙的一般性历史规律。

交易成本分为外生交易成本和内生交易成本,制度安排既间接影响了外生交易成本,又直接决定内生交易成本。为此,第三章是从内生交易成本角度上阐明制度安排对产业集聚的内在作用机制。传统的经济地理学是以完全竞争为基础研究产业定位,不能很好地解释产业的空间集聚现象。与此相比较,建立在垄断竞争假设基础上的新经济地理学理论,将收益递增、规模经济、运输成本等新经济地理因素归结为产业集聚机制的重要来源,并且基于这些因素所产生的循环累积因果效应,强化了地区的产业集聚,进而形成产业的地区"锁定"效应,这很好地解释发达国家地区产业集聚与经济不平衡增长的现实。其中,收益递增是基于传统的"靠近大市场"理论,规模经济是基于产品之间的替代弹性,而贸易成本则侧重于考虑运输成本等外生交易成本。这套理论分析框架对产业集聚现象仍缺乏解释力,其原因很可能是由于没有考虑政策或制度安排直接决定的内生交易费用,对企业生产区位选择和产业集聚的影响可能比自然资源与地理、经济地理和新经济地理因素更为重要。地区的内生交易费用的高低可能直接影响产业能否在该地集聚以及集聚产业的类型,而产业集聚的类型与地区的比较优势合理匹配是地方专业化分工的基础与经济增长的源泉。因此,本章将内生交易费用引入到经典的"中心—外围"模型之中,扩展了传统意义上将贸易成本理解为运输成本并进而影响企业的生产区位决策和产业集聚的新经济地理理论,分析内生交易费用引起的要素相对价格变化对企业迁移和产业集聚的微观作用机制,以构建基于内生交易成本的空间经济理论。

从经济增长理论发展的脉络来看,依据不同历史阶段各国国情或各地区区情现实需要,一方面,探寻经济增长的源泉逐步从自然资源、资本、劳动力等因素转向到技术和制度等因素。以往的经济增长理论仅将制度作为因子融入传统的经济增长模型,以考察制度因素对经济增长的直接作用力。但是,制度也可能通过与其他因素协同作用进而影响经济增长。另一方面,经济增长理论的研究假设也随着现实需要而不断突破数理技术层面的束缚而不断放松或更加符合现实。其中,最为重要的前提假定是由"规模报酬不变"转变到"规模报酬递增"。由于新经济地理理论和新经济增长理论都共同基于"规模报酬递增"的前提假定,从而可以将新经济地理理论和新经济增长理论融合,从产业空间结构视角探寻地区经济增长差异。因此,第四章在新增长理论模型基础上,引入产业集聚因子,分析制造业集聚影响地区经济增长及其收敛性机制。进而结合前章制度因素对产业集聚的微观作用机制分析结论,尝试将制度因子纳入到新经济增长模型,从而将制度经济理论、新经济地理理论和新经济增长理论三者进行有效结合,从宏观层面尝试分析制度因子通过影响制造业集聚作用于地区经济增长收敛性及其收敛速度传导机制,以此从制度安排角度探寻其影响产业集聚进而协同作用于地区收入差距的机理。

在第二章历史经验描述以及第三章和第四章理论分析的基础上,随后章节将从实证层面对制度安排与产业集聚关系以及制度安排、产业集聚与地区收入差距之间的关系开展系统、深入的实证研究。第五章通过比较已有的产业集聚水平计算方法,选择采用 Ellison and Glaeser(1997)考虑企业规模和区位分布而建立的有效衡量产业内集聚水平的 γ 系数计算方法,并借鉴 Sleuwaegen and Dehandschutter(1986)的研究成果,在更加有效地估计行业的赫芬达尔指数的基础上,对1986~2010年中国制造业及其2位数20个分行业的集聚水平进行动态测算,分别从制造业整体、分行业和区位分布三个层面对计算结果进行统计,分析它们的演变趋势,经验性地揭示中国制造业整体及其分行业的集聚水平和地域分布的演变趋势。

第六章以中国2000~2010年全国29个省、直辖市和自治区为样本,在控制自然资源与地理、经济地理与新经济地理因素的基础上,侧重于引入生产者的产权保护、财政政策、贸易政策、劳动力流动性管制、投资政策、企业融资便利性、政府对产品价格的干预程度、政府机构运作的清廉程度等反映中国地区市场化进程和经济开放的八大制度因素变量,构建面板数据计量模型,并从全国整体、东部、中部、西部地区划分,分别估计制度因素对制造业总体在全国和分地区的集聚水平的影响程度与显著性。进一步再实证分析中国地区的制度安排对制造业2位数20个分行业集聚水平的影响程度与显著性。既为决策机构依据地区的"外生比较优势",承接和引导产业合理有序地迁移与定位,进而形成和发挥"外生"和"内生"双重比较优势提供实证分析依据,也为进一步开展制度安排通过产业集聚作用于地区收入差距传导机制的实证研究提供经验支撑。

第七章以中国1999~2010年全国29个省、直辖市和自治区制造业为样本,同时考虑到生产者产权保护制度和政府清廉程度反映地区政治法律完善程度,财政政策、产品价格管制程度和企业融资便利程度政策综合反映了政府干预经济程度,以及贸易政策、投资政策和劳动力流动管制综合反映了经济开放水平,因此,将这八项制度分别综合为反映中国地区经济开放度、政府干预度和政治法律完善度的制度安排变量,进而在控制这些变量的基础上,分别构建了制造业集聚水平及其与制度因素交互项共同影响中国地区收入差距的静态和动态面板数据分析模型。从全国和东部、中部、西部地区层面,实证研究制度安排与产业集聚协同作用于对地区收入差距的影响,以科学揭示制度安排通过产业集聚作用于地区收入差距的传导机制。为决策机构发挥"外生比较优势"与"内生比较优势"的双重效应,调整政策或创新制度,承接和引导产业或行业依据各地"外生比较优势"地区集聚,以"外生"和"内生"比较优势的匹配来缩小地区之间的收入差距和促进区域协调发展提供经验证据。

第四节 研究方法

本书在借鉴国际、国内相关研究成果的基础上,遵循从历史解读、理论建模与分析、实证研究并相应提出政策建议的逻辑思路,尝试将历史、理论与实证三种分析方法统一。因而,在研究方法上将经济学、地理学、历史学、统计学、人口学和法律学等相关学科交叉融合,从宏观与微观两个层面,将理论与实证相结合,采取定性与定量的分析方法探讨制度安排、产业集聚与地区收入差距之间的关系。

第一,关于史例研究。进行历史资料研读和数据归整,并采用历史统计分析方法,解读世界工业集聚中心形成与变迁的地缘规律。其中,将世界工业集聚中心的国家作为案例样本,深入开展案例内和跨案例分析与比较。既将世界工业集聚中心的每一个国家作为案例样本逐一进行解构与分析,又将这些国家横向联系起来,进行跨时间、跨国的比较分析,再从历史经验角度,归纳、演绎影响产业集聚的制度因素。

第二,关于理论研究。在刻画制度因素对产业集聚的作用机制时,将制度经济理论与新经济地理理论相结合,从微观层面运用线性系统优化理论的分析方法刻画内生交易费用对企业生产区位选择与产业地区集聚的作用机理。进而再将制度经济学、新经济地理学和新经济增长理论,从宏观层面运用非线性系统优化理论的分析方法,刻画制度因素通过影响产业集聚作用于地区经济增长收敛性及其收敛速度的机理,以此描述了制度安排通过影响产业集聚作用于地区收入差距的传导机制。

第三,关于实证研究。大规模查阅与整理跨年份涉及制造业及其分行业、政策和制度、人口、区位、自然资源等方面的数据,结合可获得的数据,构建与借鉴产业集聚水平计算方法,分别衡量中国制造业及其分行业的集聚水平,再采用描述性统计、秩和检验等方法分析它们的演变趋势。进一步地,一方面,分别从中国地区层面,构建包含自然资源与地理、经济地理、新经济地理和制度因素的面板数据计量模型,其中,采用较为前沿的 Levinlin、IPshin、ADF-Fisher 和 PP-Fisher 四种面板数据单位根检验方法对模型中的变量数据进行检验,以此选择合适的面板数据计量模型,实证检验制度因素对产业集聚的作用机制。另一方面,采用跨维度(Multi-Level)方法综合构建了产业集聚与经济开放度、政府干预度和政治法律完善度的制度安排变量及其交互项的面板数据构建技术,进而分别设计了固定效应和随机效应静态面板数据分析模型以及差分和系统广义矩估计等动态面板数据分析模型,实证分析制度因素通过影响产业集聚作用于地区收入差距的传导机制。

第二章　产业集聚的影响因素:经济史的解读

产业集聚作为产业区位分布的重要表象,早在1920年被著名经济学家Marshall所描述。之后,随着全球经济一体化的深化与拓展,产业集聚的现象不仅发生在微观的地区层面,而且在宏观的国家层面也日趋明显。与之相伴随的经济增长、地区差距等诸多现象在一直备受学术界和实务界所关注的同时,学界将目光移向对产业集聚现象的深入剖析。然而,受制于传统的经济理论和研究方法的局限,有关产业集聚机制的研究却一直滞留在对现象的揭示及其原因的经验解释。20世纪90年代,Krugman等人开创的新经济地理学(New Economic Geography,简称NEG),成功地将空间因素纳入到主流经济学的一般均衡分析框架之中,解释经济活动的地理分布规律及其行为机制,且经济理论发展的成熟和现代研究方法的应用,使得相关的理论与经验研究成果颇丰(罗能生、谢里和谭真勇,2008)。然而,这些研究成果更多地是在直接引用前人的一些古老的、带有个性化的案例或是简单地阐述经济现象的基础上,利用经济理论设计模型对现象进行解释或是采用现实数据进行计量实证。在这些研究成果之中,运用历史分析方法,从经济史的视角探询产业集聚中心的起源与迁徙规律却日益被现代经济学者所忽略。

第一节　世界工业集聚中心的起源与变迁概述

历史像一面镜子,揭示着过去,启迪着今天,也预示着未来。从时间纵向维度揭示产业集聚这一历史现象背后深刻的、重要的而又往往被人忽略的因素和客观规律,为指导人类在认识和顺应客观规律的基础上展开未来产业发展实践别具意义。同时,本文尝试探询制度因素对产业集聚中心形成与变迁以及两者共同作用对地区收入差距的影响机制。其中,制度变迁是一个历史过程,必然需要从历史的角度进行阐释。顺着这一思路,为了探询产业集聚现象背后更为一般的客观规律,本章从国际层面以世界工业集聚中心形成与迁徙的国家为分析对象,采用历史分析方法描述世界工业集聚中心起源与迁徙的现象,揭示这些现象的内在动因,进而从历史经验中揭示影响产业集聚形成与演变的客观因素。通过对世界工业集聚中心形成与变迁的历史经验考察,不仅从全球视野上提供产业集聚现象更为普遍的历史经验,还为地区促进产业集聚提供历史经验借鉴。在此基础上,使我们有可能从历史经验中完善影响产业集聚的新来源,并进一步探寻地区不平衡增长机制。

五百年前的"地理大发现"[①],被绝大多数史学家认为是人类历

---

① "地理大发现"是以一些欧洲国家实行海上扩张战略、探索航海路线为标志。其中,以1488年葡萄牙的巴尔托洛梅乌·迪亚士到达非洲的"好望角",1498年葡萄牙的瓦斯科·达·伽马绕过"好望角"到达印度西海岸,1493年西班牙的克里斯托弗·哥伦布发现"美洲新大陆",1519~1522年葡萄牙的斐南多·麦哲伦船队完成了人类历史上的第一次环球航行为代表。

史上的重要分水岭①。在此之前,天然的地理屏障使各大陆之间的人们基本处于相互隔绝状态,自给自足的自然经济占主导地位,商业经济处于萌芽状态,贸易活动主要集中在地中海沿岸多个国家,分工地域范围还只是局限于地区或一国内部。地理大发现之后,世界大陆之间存在的天然地理屏障被航海家的勇敢和睿智所打破,世界的基本轮廓逐步被探明,贸易活动的中心由地中海地区向大西洋地区转移,经济形态中自然经济主导的地位让位于商业经济,世界市场开始形成,资本主义经济得到了长足发展。各民族、各地区之间在经济上的联系越来越密切,闭关自守状态越来越彻底地被打破,世界也由分散的世界逐渐成为一个见其全貌的整体世界,由此突破了农耕世界的闭塞,逐渐把整个世界联结起来,为西方资本主义工业世界的涌现创造了前提(吴于廑和齐世荣,2001)。商业和航海业的空前高涨与世界市场的形成相互交织,使得国际贸易的水平不断提高,以此推动了突破国家和地域限制的分工,国际分工体系逐步形成,世界生产力水平迅速发展。

生产力的发展必然引起生产关系和生产方式的变革。17世纪,以英国为代表的国家首先开始了资产阶级工业革命,透过漫长的历史历程,工业革命是国际现象,它的范围和影响遍及全球(卡洛·M.奇波拉,1989)。工业革命所带来的,不仅使人类生产技术水平有了质的飞跃,而且社会的生产方式开始由手工工业向机械大工业生产过渡,资本主义工厂制度确立,生产关系也发生了重大调整,世界开始由封建社会为主导逐步转向了以资本主义社会为主

---

① 历史学家吴于廑(2001)认为:"15、16世纪是历史发展为世界历史的重大转折时期。"

导,各国先后都纳入到资本主义国家主导的分工体系之中,全世界工业生产的布局发生了重大变化。一方面,从世界范围来看,工业革命使得欧洲、美洲的资本主义地区成为世界工业的中心,而亚洲、非洲、拉丁美洲等地区成为了欧美资本主义国家或地区的附属。另一方面,从表2-1可知,18世纪中叶,技术革命的发源地英国,迅速占据了世界工业生产总值的1/3,成为第一个世界工业集聚的中心。19世纪末和20世纪中叶,第二次和第三次工业革命都发源于美国,英国的世界工业中心地位被美国所取代。相应地,美国的工业总产值占世界生产总值的比重超过了英国,而成为了世界工业集聚的中心。20世纪中叶,日本饱受第二次世界大战的洗礼,工业遭受到毁灭性破坏,但在短短的十年时间,日本工业从停滞状态转变为迅猛发展,并且其增长速度居资本主义世界首位,创造了"东亚奇迹",日本正逐步成为世界工业集聚的中心之一。

表2-1 1870~1913年世界工业生产的分布　　　　单位:%

国家＼年份	1870	1881~1885	1896~1900	1906~1910	1913
英国	32	27	20	15	14
法国	10	9	7	6	6
德国	13	14	17	16	16
俄国	4	3	5	5	6
比利时	3	3	2	2	2
意大利	2	2	3	3	3
斯堪的纳维亚	—	1	1	1	1
美国	23	29	30	35	36
加拿大	1	1	1	1	1

续表

年份 国家	1870	1881～1885	1896～1900	1906～1910	1913
日本	—	—	1	1	1
上述国家合计	88	89	87	86	87
资本主义世界总计	99	101	100	99	100

资料来源：W.W.罗斯托：《世界经济：历史与展望》，奥斯丁德克萨斯大学出版社，1978年，第52～53页。转引自宋则行、樊亢：《世界经济史》(上卷)，经济科学出版社，1994年，第281页。

注释：因小数省略或进位关系，"世界总计"栏中的一些年份不等于100，1870年斯堪的纳维亚的数字小于0.5。

第二节 18～19世纪中叶英国工业中心的形成

地处欧洲西北角的英国，又被称为"大不列颠及北爱尔兰联合王国"，领土面积约为24.4万平方公里，其范围主要包括大不列颠岛的英格兰、威尔士和苏格兰以及爱尔兰北部的北爱尔兰。18世纪60年代，英国一系列重要的工业技术新发明出现，并成功应用于该国的纺织工业，掀开了世界工业革命的大幕，世界工业集聚的中心由此产生。1733年约翰·凯发明了飞梭，1764年哈格里夫斯发明的珍妮纺纱机，1765年和1782年瓦特分别制成了单动式蒸汽机和复动式蒸汽机，1768年卡特莱特制成水力纺织机，1799年卡特莱特发明动力织布机等，这些重要的发明使得英国纺织工业迅速发展，工厂制度得以确立，并成为英国工业革命的先导（夏炎德，

1988)。其中,以瓦特发明的蒸汽机为代表,蒸汽机的发明与使用标志着人类社会已由手工劳动为动力时代进入了蒸汽机为动力时代。技术的发明和创造,使得英国相对于其他国家而言,其工业的生产力水平及其对外贸易规模发展迅速。英国工业的产值占该国国民收入的比重由1801年的28%上升到1881年43%[①],相应年份该国工业部门的就业人口占全国总就业人口的比重由29.7%上升到43.5%[②]。由表2-1中可知,1870~1900年,英国垄断了世界工业生产总值的1/4,远远超过了欧洲其他国家。"拥有使用蒸汽机工厂的英国,已经能够供应全世界,而其他国家当时几乎还不知道蒸汽机。在工业生产方面,英国已远远走在它们前面了。"(马克思和恩格斯,1965)工业革命时期,英国的世界工业集聚中心的地位已经突显,表2-2列出了英国各种产品的对外贸易结构,可以发现,英国在工业革命时期工业生产力发展迅速的同时,对于原材料的进口和制造品的出口比重不断攀升,而本国原材料的出口和制造品的进口比重不断下降。经济史学家史丹莱·杰文斯曾这样描述英国的世界工业中心地位:"北美和俄罗斯的平原是我们的粮田;芝加哥与敖得萨是我们的粮仓;加拿大与波罗的海的海沿岸有我们的林木生产者;在澳大利亚和新西兰放牧着我们的羊群;在阿根廷和北美的西部大草原逐牧着我们的牛群;秘鲁运给我们白银,黄金则从南美

[①] Peter Mathias. 1983. *The First Industrial Nation: An Economic History of Britain, 1700—1914 (2nd ED)*. Methuen, London, p. 233. B R Mitchell and Phyllis Deane 1962. *Abstract of British Historical Statistics*. Cambridge University, Cambridge, p. 366.

[②] Phyllis Deane and Cole W A. 1962. *British Economic Growth, 1688—1959: Trends and Structure*. Cambridge University, Cambridge, pp. 142-143.

和澳大利亚流到伦敦。印度人和中国人替我们种植茶叶,在东西印度扩大了我们的咖啡园、甘蔗和香料园;西班牙和法国是我们的葡萄园,地中海沿岸各国是我们的菜园主。我们的棉田,长期以来都是分布在美国南方,而现在差不多扩展到地球上各个热带地区去了。"(蒋相泽,1972)恩格斯(1965)也曾认为:"英国应当成为世界工厂,其他一切国家对于英国必须像爱尔兰一样,成为英国工业品的销售市场,原料与粮食的供应地。英国是农业世界的伟大工业中心,是工业的太阳,日益增多的生产谷物和棉花的行星都围绕着它旋转。"

表2-2 英国对外贸易结构　　　　　　　　单位:%

	原材料	食品	制造品
出口结构			
1814～1816年	4	17	79
1824～1826年	4	11	85
1854～1856年	4	7	85
进口结构			
1814～1816年	54	35	11
1824～1826年	64	27	9
1854～1856年	61	33	6

资料来源:米歇尔·博特,吴艾美等译:《资本主义史:1500～1980》,东方出版社,1986年,第122至123页。转引自高德步:《英国的工业革命与工业化——制度变迁与劳动力转移》,中国人民大学出版社,2006年,第195页。

为什么英国能成为首个世界工业集聚的中心?一方面,地理位置、技术革命、交通运输、对外贸易等可能为其成为世界工业集聚中心提供了必要的"硬要素";另一方面,优越的制度也成为促进英国工业发展的"软要素"。

英国地处世界贸易的交通运输枢纽,其东部和南部的法国、德国都是欧洲最发达的国家,向西可通过大西洋到达美洲,且是地中海与印度洋之间的交通要道,优越的地理位置为英国发展商业贸易奠定了先天基础(葛正鹏,2008)。同时,英国作为一个岛国坐落于欧洲西北角,没有位处欧洲大陆内部,因而没有受欧洲大陆战争的侵扰,这也是英国集中资源发展工商业的地理因素之一。1588年英国打败西班牙的"无敌舰队",确立了欧洲海上霸权地位,垄断了欧洲与亚洲、非洲和美洲之间的海上贸易[①]。此后,英国进行了资产阶级革命,推翻了斯图亚特王朝的封建统治,资产阶级走向英国的政治舞台,他们通过操作国家机器维护自己的利益,如发展英国的航海事业,迫切要求开拓殖民地原材料和销售市场,并先后战胜了荷兰和法国,获取了这些国家在印度、北美等地的殖民地。海外市场的扩张增加了英国工业产品的海外需求。

英国资产阶级为了获取更多的利润,需要进一步扩大生产规模。一方面,土地资源、资本、劳动力等生产要素的积累成为英国工业发展的必要条件。早在1235年,英国国王亨利一世颁布了《麦尔顿圈地法》,将封建领主的圈地合法化,当时的圈地主要是圈占荒地和森林,以实现农业的规模化经营和便于封建领主对领地进行管理,这次圈地运动被称为英国历史上的"第一次圈地运动"。"第二

---

① 英国颁布的《航海条例》中规定:"自公元1651年12月1日起及从此以后,亚洲、非洲或美洲,或该三洲的任何部分,或属于该三洲的岛屿,或该三洲通用地图或图片所载明或记述的岛屿,无论为英国人或别国人的殖民地,所生长、出产或制造的任何货物或商品,如非由属于本共和国人民所有的任何种类船舶运载,皆不准输入或带进英吉利共和国,或爱尔兰,或本共和国所属或所有的任何其他地方、岛屿、殖民地或领土。"

次圈地运动"始于16世纪,英国商业和航海事业发达,海外贸易得到了迅猛发展,国内外对纺织品的需求增加,致使羊毛供不应求,羊毛的价格上涨,英国资产阶级地主为了追求利润,圈占大量土地,大力发展畜牧业。在这场圈地运动中,不仅包括公地,还包括农民的私人土地。英国议会于1766年还颁布了《私法圈地程序》①,从法律上保障了资产阶级地主对所圈土地的合法拥有权。1760~1820年,英国资产阶级地主共圈占土地700多万英亩,它占英国三个半世纪全部圈地面积的85%以上②。圈地运动直接导致了两个后果,而这两个后果又是英国工业发展的必要要素:一是圈地运动使英国绝大多数土地集中在资产阶级贵族手中;二是由于农民失去了赖以生存的土地,他们成为工业化进程中的资本附属——雇佣工人。英国资产阶级扩展海外市场,通过贩卖奴隶、殖民地搜刮与掠夺和海外贸易积累了大量的商业资本,海外扩张迅速增加了对工业产品的需求。同时,海外市场向他们提供丰富的原材料。英国的资本家为了追求利润,将商业资本投向了工业。小作坊和个体手工业因缺乏资本,不能与大资本家竞争,而被大资本家排挤,使得资本进一步向大资本家手中集中,而小作坊和个体手工业者却成为劳动力大军中的一部分。此外,英国工业发展始于农村,随后向城市转移,伴随着工业化进程的加快,城市化的进程迅速,人口向城市集中,为英国的

---

① 该法案规定拥有圈占土地面积上4/5以上的人士同意,议会下议院征求全体土地所有者和拥有公权利的业主的意见,如果没有明确反对,则将议案报议会的上议院并经国王同意之后即具有合法效力。

② P. 马塞尼斯:《第一个工业化国家》,莫休恩出版公司,1983年,第67页。该书还统计了18~19世纪英国圈地的数量,1700~1760年总共围大约33.8万英亩土地,1760~1797年为298万英亩,1798~1820年为330余万英亩,1820~1886年为174.5万英亩。

工业化提供了必要的劳动力保证。1851 年英国的城市人口已占全国人口的 52%,1870 年、1890 年和 1910 年则分别上升到 65.2%、74.5%和 78.9%①。另一方面,生产规模的扩大必然要求技术创新。自英国开拓海外殖民地之后,加快了对技术的创新和应用,由于英国特殊的地理位置,使之享受周遍地区国家创新的知识和技术溢出,为技术革命积累了知识基础。1865~1869 年,英国申请的专利注册数为 2299 件;而 1885~1889 年,专利注册数已经达到了 9371 件。发明专利的应用促使了英国工业的生产力提高,其中最具有代表性的行业是纺织业和采掘业。飞梭和珍妮纺纱机被应用于纺织业,提高了英国纺织业的生产效率,1780 年英国棉纺织物出口不足 36 万英镑,却在 20 多年后增加到 780 英镑,增长了 20 多倍②。蒸汽机的发明并被应用于采矿业,极大地提高了采掘业的生产的效率。例如,英国的煤产量从 1700 年的 214.8 万吨上升到 1795 年的 1008 万吨,增长了 5 倍以上③。采掘业的发展必然又带动交通运输业的发展,蒸汽机的发明被应用于轮船和火车。英国的公路、铁路和运河的建设,更进一步降低了工业产品的运输成本。例如,英国公路建设使伦敦到爱丁堡的时间由 1750 年 10 天缩短到 1830 年的 2 天,节约了近 4/5 的时间;1869 年苏伊士河的修建与开通使伦敦到孟买的距离缩短了 41%,到马德拉斯的距离缩短了 35%,到加尔各答的距离缩短了 32%,到香港的距离缩短了 26%④;

---

① N F R Crafts. 1985. *British Economic Growth During the Industrial Revolution*. Oxford University, Oxford, p. 63.
② 夏炎德:《欧美经济史》,上海三联出版社,1988 年,第 251 页。
③ 同上书,第 255 页。
④ 安格鲁·麦迪森:《世界经济千年史》,北京大学出版社,2003 年,第 91 页。

而1881年铁制蒸汽轮船从英国横渡大西洋到美国只需7天时间，比1819年完成横渡所需29天节约了2/3的时间①。原材料、土地、资本与劳动力向英国集中，并借助于得天独厚的地理条件，英国具备了成为世界首个工业中心的"硬要素"。

与世界上其他国家相比，英国能成为世界工业集聚的中心，也取决于英国完善和创新了一系列有利于工业发展的经济制度。正如巴里·萨普利所说："国家的制度变革可能是其成为世界工业中心的先决条件。"（卡洛·M. 奇波拉，1989）政策与制度创新相应地成为加快英国工业发展的启动机，而这些政策和制度创新主要包括以下六个方面。

第一，私有财产保护法。英国于1679年和1893年相继颁布了《人身保护法》和《货物买卖法》。前者确立了法律对人的生命财产进行保护，后者则对经济主体参与市场交易过程中签定、履约与监督合约提供了法律保护，减少了资产阶级保护财产所有权的成本和商品交易过程中违约风险。此外，针对卢德派工人反对机器的使用而采取破坏资本家机器的行为，英国政府还颁布了《捣毁机器惩罚法》，保护资本家对生产资料的所有权。为了保护劳动者合法权益还相继颁布了《工厂法》《济贫法》《最低工资法》等，规定了禁止雇佣童工和规定劳动力的最低工资等条令，保障劳动力基本的生存权。为了保障投资者权益，英国还通过了《禁止进行股票投机买卖》的法律条令（高德步，2006）。

第二，世界首创建立知识产权保护法。技术进步必须依靠提高私人收益率来保证，在《专利法》颁布之前，技术的创新激励源自市

---

① 夏炎德：《欧美经济史》，上海三联出版社，1988年，第266页。

场规模的扩大,而没有相应的制度保障。但自该法案颁布之后,一套鼓励技术变化,提高创新的私人收益率并使之接近社会收益率的激励机制仅仅随着专利制度的建立才被确立起来(诺斯,1994)。1624年,英国颁布了世界上第一个《专利法》,从此新技术的发明与进步受到法律的保障,并为发明者提供了制度激励。

第三,贸易自由化的制度改革。阻碍贸易自由化的制度主要体现在政府对产品贸易的进口和出口设置壁垒。在出口方面,英国为了保护本国的机械技术发明不被他国模仿而限制了机械出口,但1825年取消了机械产品出口限制。在进口方面,《谷物法》对英国对外贸易的影响时间很长,该法案于1815年颁布,目的是为了稳定英国国内粮食的高价而限制粮食的进口。虽然《谷物法》保护英国农业资本家和贵族的利益,但是粮食高价提高了资本家购买原材料和雇佣工人的成本,该法案于1846年被正式废除,因而削减了农产品的贸易制度壁垒。同时,工业产品的进口关税也在逐步降低,1846年已取消了大部分工业产品的关税。1849年,《航海法》也被废除,其他国家的商业船只可以自由驶入英吉利海峡。此外,英国于1860年与法国签定了《科布登—雪佛利尔条约》,英法两国进一步消除了工业品和原材料的贸易壁垒。可以这样认为,在工业革命期间,英国的贸易政策更加趋向于自由化。

第四,英国劳动力流动的制度障碍被消除。英国曾于1662年颁布了居住所法律,该法律规定凡变革住所的人都得依法被送回其法定所在教区。在工业革命期间,英国将该法案撤除,既使资本家能够以最低成本雇佣劳动力,同时也保障劳动力跨区域自由流动(高德步,2006)。为了保护本国的机器工业,英国曾经颁布了禁止机械出口和机械技术人员移民的政策。但在19世纪20年代该政策被取消。之后的 1820～1913 年,英国人口的净流出量大约是 1200 万人,而欧洲其他国家的人口流出量大约为 1400 万人①。

第五,英国创新了金融制度,为企业从事生产与经营活动提供了融资便利。为了稳定英镑货币的价值,避免通货膨胀,英国政府于 1844 年颁布了《银行规章法》和 1861 年正式实施"金本位制度"。《银行规章法》改变了以往各大银行都有发行纸币的权利,将该权利交付英格兰银行专门管理,规范了银行的管理业务,提高了企业通过银行融资的效率,降低了融资风险。"金本位制度"的实施,使得英国国币——英镑成为了世界货币,为企业的跨国生产与交易提供了便利。

第六,企业生产管理制度创新。在工业革命时期,英国由小规模的手工生产方式转变为机器工业大生产方式,工厂制度逐步确立。在此之前,"分料到户"制度一直在英国制造业中占主导地位,而工厂制度的确立将分散的雇佣劳动力集中生产。一方面,降低资本家对产品质量管理成本;另一方面,能更优化地配置生产资源和实现技术进步②。

---

① 安格鲁·麦迪森:《世界经济千年史》,北京大学出版社,2003 年,第 91 页。
② 道格拉斯·C. 诺斯(1994)曾在《经济史中的结构与变迁》一书中对英国的工厂制度和分料到户制度之间的比较做这样的评述:"工厂体制的动因是管理者监督生产过程的冲动。随着直接管理和监督的发展,设计技术进步的成本降低了,这是因为监督者的作用旨在使生产的每一个环节'合理化',这一过程包括想方设法去考核每一个单位投入的产出和现实更有效率的要素组合。在分料到户制中,团组生产并不发挥明显重要的作用,可一旦工人们被聚集到一个中心地,得自团组生产的效益是明显的,而对个人贡献的较好考核能降低设计机器去代替人手的费用。"

第三节　19世纪末到20世纪中叶美国工业中心地位的确立

自18世纪60年代哈格里夫斯发明珍妮纺纱机到19世纪30年代如压延机、切割机、旋床、铣床、钻床等各种金属加工机械被陆续发明和制造,分别标志着第一次工业革命的开始和完成,英国迅速成为了世界工厂,并在半个多世纪里维持着世界工业集聚中心的地位(宋则行和樊亢,1994)。19世纪后期,英国连续遭受到三次经济危机的冲击[1],使英国的工业开始衰退。而在这段时期内,欧美其他资本主义国家逐步摆脱了国内战乱分裂的状态,纷纷走向国家主权的统一。从19世纪中叶起,普鲁士先后打败奥地利和法国,使德意志在1871年得到统一;1870年意大利打败奥地利并收复威尼斯之后获得统一;而美国则经过四年内战于1865年实现国家统一。欧美国家主权的统一,使得他们集中精力开始发展本国工业,并在世界市场上与英国展开激烈的竞争。受到经济危机的冲击,英国工业产品的竞争力和综合国力下降,且殖民地的独立和欧美大国工业的发展,使英国开始在世界市场上收缩,煤、铁、钢、机器等传统工业部门的优势地位被美国和德国所取代,只有造船和棉纺织仍维持长期优势[2]。与之相

---

[1]　19世纪后期英国经历的三次经济危机的时间分别为1873～1874年、1878～1879年和1882～1883年。

[2]　1913年,美国、英国和德国的产煤量分别为50890万吨、28740万吨和18700万吨;1910～1913年,美国、英国和德国的钢产量分别为2800万吨、700万吨和1500万吨;1909～1913年,美国、英国和德国的机器产量分别为28万吨、32万吨和29万吨。但相比于1900～1904年,三国相应增长了86%、60%和190%。数据来源:夏炎德:《欧美经济史》,上海三联出版社,1988年,第408～411页。机械产量增长率依据数据资料中相应年份的数据计算得出。

反,除英国之外,德国、法国、美国的工业化进程加快,美国更是异军突出。从表2-3中可知,1880~1913年,美国的工业生产总值增长最快,而英国的工业生产总值增长相对缓慢;1894年美国的工业总产值跃升世界第一位,并开始取代英国,成为新的世界工业集聚的中心。

表2-3 英、法、德、美四国的工业生产总值　　　　单位:%

国别	1880年	1890年	1900年	1913年
英国	121	141	180	227
法国	127	165	194	294
德国	139	222	333	555
美国	155	355	491	910

注释:1870年的产值为100%。
资料来源:夏炎德:《欧美经济史》,上海三联出版社,1988年,第408页。

位于北美洲南部的美国,全称美利坚合众国,领土面积为936.3万平方公里,是世界上国土面积第二的大国,北与加拿大接壤,南与墨西哥连接,西临太平洋,东临大西洋,全美国由50个州组成,其中美国本土48个州,另外还有北美西北角的阿拉斯加州和太平洋上的夏威夷州。自1493年西班牙的克里斯托弗·哥伦布发现"美洲新大陆"之后,美国成为英法等国的殖民地附属国,大量的欧洲人向美国移民,且由于美国的土地资源丰富,移民者采用粗放型生产方式发展农业和种植业,即依靠增加土地投入数量扩大农业产量;同时宗主国仅将美国作为原材料的来源和工业制成品的销售市场,并极力抑制美国工业的发展。因此,在美国独立战争取得胜利之前,美国的工业一直未得到发展。1783年,美国战胜英国,宣布美国13州摆脱英国宗主国的统治,成立美利坚合众国。这13个地区位处美国东部,而中西部地区仍为墨西哥、英国等国的殖民地。1785年美利坚合众国实行"西进运动"①,向美国西部收复自己的领土。在1803~1853年,先后从法国手中购买了路易斯安那州、从西班牙手中夺得佛罗里达州、从英国手中获得俄勒冈、华盛顿和爱达荷等洲,从墨西哥手中夺得得克萨斯、加利福尼亚、内华达、犹他、亚利桑那等洲。至此,美国本土的48个州已全部被美利坚合众国收回。然而,即便如此,美国南北地区内部矛盾却日益激化。南部地区保留了英国封建时期传统的农奴制度,以农业和种植业为主,实行庄园农奴制;而北部地区则发展资本主义工商业,实行自由雇工制度。1860年美国开展废除奴隶制度的运动,遭到南部一些州的反对。同年,南卡罗来纳、亚拉巴马、佛罗里达等七个州主动退出了美利坚合众国的联邦统治。1861~1865年,美国南北内战爆发,最终北方战胜南方,维护了美国领土的统一,而这又是美国国内统一大市场形成的必要前提。

美国的"西进运动"不仅为建立美国国内统一的市场奠定了地理基础,同时还为日后工业的发展提供了丰富的自然资源。一方面,美国的"西进运动"和对印第安人土地的掠夺,提高了美国人均土地的占有量和丰富的土地资源,其领土面积已从56832万英亩增加到71532万英亩(辜胜阻、徐进和郑凌云,2002),特别在1860年耕地面积已达16310万英亩,未开垦的土地有24410万英亩②。政府将所获取的土地逐步以较低的价格或免费赠予的方式转移给私

---

① 叶川(2003)认为:"1748年在弗吉尼亚州俄亥俄土地公司的组建,是美国开始实施西进计划的标志。"
② 夏炎德:《欧美经济史》,上海三联出版社,1988年,第374页。

人,同时,这些土地大多被用于发展农业和种植业,这为日后大规模发展工业提供了丰富的土地资源和农业生产资料。另一方面,开拓的西部疆土为工业的发展提供了矿藏、金属、木材等丰富的原材料。美国西部地区的土地上存储有大量的金属、煤、石油等自然资源,同时临近太平洋的美国西海岸有富饶的森林资源。丰富的自然资源与发达的交通运输,使资源从西部向东部运输的成本比从海外进口少。

美国西部疆土开拓之后,政府加大了对铁路、公路和航运事业的投资政策倾斜,使美国的交通运输发展起来。铁路里程密度在半个世纪的时间增长了近90倍,从1860年0.002公里/平方公里增加到1915年0.308公里/平方公里①;北方太平洋铁路、南方太平洋铁路、大北铁路和圣太菲铁路的成功修建,与之前修建的坎伯兰公路一并成为贯穿美国东西交通的主干道。1860年,美国建成了4254英里长的运河,这些运河沟通了五大湖泊之间以及国内的主要河流②,并将19世纪初的航运运费由每吨20美分/英里降低到每吨2美分/英里或3美分/英里③。

在工业生产技术方面,18世纪末到19世纪初,第二次技术革命在美国发源,电力发明及其广泛使用成为第二次技术革命的重要标志,从此人类社会由蒸汽为主的动力时代进入到电力为主的动力时

---

① 铁路密度=铁路里程/领土面积。美国1960年和1915年的铁路里程分别为3.06万里和290.03万里。
② 美国的五大湖包括苏必利尔湖、伊利湖、密歇根湖、休伦湖和安大略湖,主要的河流包括赫德逊河和密苏里河。
③ 杰里米·阿塔克、彼得·帕塞尔:《新美国经济史》(上册),中国社会科学出版社,2000年,第155、159页。

代。电力被广泛地应用于纺织业、钢铁冶炼、煤、矿和石油的开采与加工等方面,极大地提高了这些行业的生产效率。技术革命引发了一系列的技术改进和创新,不仅使一些传统行业的生产效率得到根本改善,而且还产生了一些新兴行业。例如,直流电机改进为交流电机,降低了电力传输成本,电动机、内燃机、打字机、汽车的发明,很快使美国在煤、铁、钢、机器等传统工业行业以及石油、化工、电气等新兴工业行业占据了世界领先位置。

美国是以国内贸易为主的,有别于其他国家的地区之间的贸易,也使其在20世纪初期可能成为世界工业的中心。美国生产的产品有9/10用于本国销售,只有1/10对外贸易。在国内贸易中,东部地区的工业制成品同西部地区的原材料相互贸易;而在国际贸易中,将工业制成品出口换回原材料。技术革命给美国工业产品注入了很强的国际竞争力,使美国在世界市场上占有举足轻重的地位,其一直是工业制成品的出口国。国内贸易量大于国际贸易量,使美国不易受海外市场萎缩的冲击。而自"美洲新大陆"被发现以来,美国移民的净流入量不断增加,1700～1820年为587人,而在1870～1913年为151820人①。由此,全美的人口密度也在不断增加,从1820年的1.066人/平方公里上升到1913年的10.384人/平方公里,增长了近9倍②。美国城市化水平也在逐步提高,1790年只有约5%的人口居住在城市,而到1900年已有40%的人口居

---

① 安格鲁·麦迪森:《世界经济千年史》,北京大学出版社,2003年,第23页。
② 人口密度=总人口/领土面积。1820年美国总人口为998万人,1913年为9723万人。

住在城市①。移民使美国能够以巨大的力量和规模开发极其丰富的工业资源,以至于很快就使美国摧毁西欧特别是英国迄今为止的工业垄断地位(马克思和恩格斯,1957)。而人口总量和城市化水平的提高,与南北战争后美国领土完整所形成的国内统一大市场,共同为美国工业带来了巨大的市场潜力。

如果优越的地理位置、丰富的自然资源、大规模的市场容量、迅猛的技术进步等因素是美国工业崛起的直观表象,那么美国的政策与制度优势则可能在无形中促使美国走向世界工业集聚中心的巅峰。这些制度尤为体现在产权保护、土地政策、货币政策、劳动力流动、贸易政策等方面。

在产权保护制度上,美国最早提出保护私人产权是在独立战争爆发后的1776年7月4日,这一天美国发表了著名的《独立宣言》中就提到:"人人生而平等,他们都是他们的'造物主'那边被赋予了某些不可转让的权利,其中包括生命权、自由权和追求幸福的权利。为了保障这些权利,所以才在人们中间成立政府。"②1789年,美国在宪法修正案中进一步明确以法律形式保护人的生命、自由和财产。从此,私有财产权保障成为美国宪法的精髓(张宇燕,1992)。私有财产被法律保护而不可任意被人或政府侵犯,使得企业家能安心投资从事生产与经营活动。同时,美国对专利权的保护制度也是非常严格的。美国是世界上第一个将保护专利权列入宪法的国家,1787年美国政府颁布的《联邦宪法》中的第一条就规定:"为了推动

---

① 杰里米·阿塔克、彼得·帕塞尔:《新美国经济史》(上册),中国社会科学出版社,2000年,第242~243页。

② 引自美国大陆会议于1776年7月4日发表的《独立宣言》,资料来源:蒋相泽:《世界通史资料选辑》,商务印书馆,1964年,第93页。

科学和实用技艺的进步,对作者和发明家各自的著作和发明,在一定期限内保障其享有排他的专有权。"1790年,美国进一步颁布了保护发明与创造的《专利与版权法》。1802年,美国政府还成立了国家专利局,专门负责保护发明者与创造者的知识产权。《专利与版权法》的颁布和国家专利局的成立,使美国的发明创造成倍增长,并且远远地超过了第一次技术革命起源地的英国①。

在土地、劳动力等生产要素的获取方面,美国多次修改了有关土地交易的法律,不断地降低土地交易价格和最小销售数量,改善交易方式。例如,1796年美国政府颁布的《土地法》规定土地最低售价为2美元/英亩,最小售出数量为640英亩,并且购买者在30天内支付一半现金,余额在1年内付清;而到1862年,政府颁布的《宅地法》则规定可以免费出售公地,并且最小销售数量改为40英亩,而最大销售数量为160英亩,购买者只需交10美元的登记费,6个月后可以以1.25美元/英亩的土地售价交易,且住满五年就可以拥有土地的全部所有权;1912年政府颁布了新的《宅地法》,将公地的交易方式改为购买者只要在三年中每年在该地上住满七个月就可以获得土地的全部所有权(杰里米·阿塔克和彼得·帕塞尔,2000)。美国对于劳动力流动管制政策也较为宽松,1763年美国是殖民地时期,英国为了遏制美国移民者西迁开拓荒地,制定了禁止殖民地居民向美国西部地区迁移的法令,这使得西部地区劳动力资

---

① 1865~1869年,美国的发明和设计专利注册数为10895件,同期英国为2299件;1885~1889年,美国和英国的发明和设计专利注册数分别为21666件和9371件;1913年,美国的发明和设计专利注册数为33917件,同期英国为16599件。数据来源:宋则行、樊亢:《世界经济史》(上卷),经济科学出版社,1994年,第272页。

源稀缺,许多生产资源无法充分被利用。

"西进计划"实施之后,为了鼓励本国内部居民向西部迁移和外国居民向美国迁移,1894年美国政府成立移民局,并颁布了《鼓励移民法案》,采取预借路费、降低运费、优惠贷款、来去自由、免于征兵和给予国外移民者公民权等方式鼓励国外和本土居民向美国西部移民(林广和张鸿雁,2000)。优厚的移民政策为美国后来的工业发展积累了大量的劳动力。此外,移民政策和教育政策相互配合,又刺激了本国劳动力素质的提高,人力资本得到进一步的积累。1787年,美国颁布的《全民教育法案》正式实施,该法案要求美国的公民全部都要接受免费的基础教育;1862年,著名的《莫里尔法》的颁布要求联邦政府向各州入选国会的参议员和众议员按人均3万英亩地的标准划拨给各州出售,但销售收入一部分必须用于资助一所农业和机械工程学校,由此刺激美国教育事业的发展。美国政府出台的这些教育措施,为美国的工业发展储备了丰富的人力资本。相比之下,英国直到1902年才颁布《教育法》,比美国落后近一个多世纪。

此外,在美国成为世界工业中心过程中,该国的金融制度和贸易政策也为此提供了制度支撑。1817年,负责买卖债券和股票的美国纽约证券交易所成立,企业开始通过证券和债券交易融资。1864年美国颁布《国民银行法》改变了以往银行任意被设立和发行纸币的局面,美国的国民银行只能在吸收政府债券的基础上发行纸币,且发行量不能超过债券价值的90%,由此,美国的货币价值逐步稳定。1914年美国实施《联邦储备法》,设立联邦储备银行并建立市场交易信用体系,为稳定货币价值和物价、防范信用风险、刺激经济增长等起重要作用。在美国贸易政策方面,美国工业产品在国际市场上受到英国工业产品竞争的冲击,政府采取了贸易保护策略,提高了进口的关税,以保护本国工业的发展,而且较高的进口的关税直到1913年才下降。而这段时期,由于欧洲各国都采取贸易保护策略,对英国的进口工业品征收了较高的关税,使英国也放弃了原有的自由贸易政策,转而采取了贸易保护政策。但是,美国的贸易保护政策却刺激了本国工业的发展,这是因为美国的国内贸易量远高于国际贸易量,工业产品的出口比重虽然较高,但仍以国内市场为主。

美国的南北战争为维护国内统一的大市场扫清了地理障碍,但是地区之间的贸易壁垒较高,同时卡特尔等垄断组织的存在,进一步限制了市场竞争。为了消除区际贸易壁垒和鼓励市场竞争,提高市场运行的经济效率,美国政府于1887年和1890年颁布了《州际贸易法》和《谢尔曼反垄断法》。前者旨在消除各地区对产品的运输存在的价格歧视,后者则既包括限制区际间的贸易壁垒,又要防治垄断。此后,政府又颁布了《联邦贸易委员会法》和《克莱顿反托拉斯法》,而这两项法律分别对《谢尔曼反垄断法》中的限制区际间贸易壁垒和防治垄断予以完善,同时通过立法形式规定美国联邦政府独立于州政府对区域间的贸易壁垒进行控制。在这种法律规范的体制下,美国内部的市场一体程度很高。

第四节 20世纪60～70年代日本工业中心的发展和历史经验启示

第二次世界大战之后,美国世界工业集聚中心的地位进一步巩固。但是,20世纪60年代随着第二次科技革命的成果不断向国际扩散,使得美国工业地位相对于其他资本主义国家有所下滑。在此期间,即使是经历了第二次世界大战的洗礼和资本主义世界经济危机冲击的日本,其经济增长仍然迅速。表2-4中可知,1820～1870年,日本的GDP年平均复合增长率分别不足美国和英国的1/10和1/5。而在1870～1913年,日本的GDP年平均复合增长率超过了英国,相当于美国的2/3。1950～1973年,日本的GDP年平均复合增长率分别约为美国和英国的2倍和3倍。1968年,日本的国民生产总值超过德国,成为仅次于美国的世界第二大经济强国[1]。从工业总产值来看,1913年日本的工业总产值占世界工业总产值的比重约为1%;世界资本主义经济危机发生之后,1937年日本的工业生产总值占资本主义世界的4%;随后,日本在第二次世界大战中战败,1949年日本工业生产总值又下降到1913年前的水平,约占资本主义世界工业总产值的1%;1960年日本的工业总产值占资本主义世界工业总产值的份额从1950年的1.6%上升到4.8%;1970年这一指标更是达到了9.5%[2]。1966～1970年,日本的年平均国民生产总值和工业生产总值分别为11.6%和16.2%,增长速度居资本主义国家首位。特别是日本的机械设备制造行业,按1990年GDP折算后,1890年日本的机械设备总产值为394.6千万美元。同年,美国和英国分别为9812千万美元和1711.8千万美元,日本的机械制造设备总产值分别约为英国和美国的1/5和1/25。1929

---

[1] 中央电视台"大国崛起"节目组:《大国崛起》(日本卷),中国民主法制出版社,2006年,第192页。

[2] 池元吉、张贤淳:《日本经济》,人民出版社,1989年,第1页。

年资本主义世界爆发经济危机,日本的机械制造设备总产值虽仍然落后于美国和英国,但比1890年增长了约5倍。1950~1970年,日本的机械制造业设备总产值增长了28倍①,成为仅次于美国的第二大机械设备制造国家②。1970年日本已在造船、家电、卡车行业的总产值居世界首位,合成纤维、合成树脂、合成橡胶等行业的总产值位居世界第二位,钢铁、小汽车、化肥、硫酸、水泥等行业的总产值列世界第三位③。

表2-4　美国、英国和日本GDP平均年复合增长率　　单位:%

	1820~1870年	1870~1913年	1913~1950年	1950~1973年
美国	4.22	3.94	2.84	3.92
英国	2.04	1.90	1.19	3.00
日本	0.31	2.34	2.24	9.25

资料来源:麦迪森:《世界经济二百年回顾》,改革出版社,1997年,第174页。

作为东亚太平洋上的岛国,日本国土总面积约为37.7万平方公里,只及美国的1/30,其领土由四国、九州、本州和北海道四大岛以及3900多个小岛屿组成。日本东部隔日本海与中国、韩国、俄罗斯的西伯利亚半岛相临,南部与中国台湾岛互望,西临太平洋,与北

---

① 1950~1970年,英国的机械制造业总产值增长不到1倍,美国增长了1.4倍,法国增长近3倍,德国增长超过4倍,意大利则增长了2.4倍。数据来源:维·阿·符拉索夫:《日本的科技革命》,辽宁人民出版社,1979年,第89页。

② 按1990年GDP折算后,1929年日本机械设备制造的总产值为5534.4千万美元,同年美国和英国分别为48530.1千万美元和6467.8千万美元;1950年,日本机械设备制造的总产值为11540.9千万美元,同年美国和英国分别为93038.6千万美元和10688.4千万美元。数据来源:麦迪森:《世界经济二百年回顾》,改革出版社,1997年,第173页。

③ 池元吉、张贤淳:《日本经济》,人民出版社,1989年,第80页。

美大陆相隔。

日本在发展工业时土地资本的积累与英国的"圈地运动"、美国的"西进运动"不同。早在19世纪60年代之前,虽然德川家康统一了日本,并实行幕府统治,但在这一时期,日本还是封建小农经济,工商业发展非常缓慢。德川幕府将全国土地划分为245～295个藩[1],且3/4的土地分割给大名所有[2],并颁布了禁止买卖土地法令和限定份地分割法令,以维护封建小农经济和抑制工商业者的发展。此后,日本进入"明治维新"时期,"明治维新"打破地区条块分割,将地区由"藩"改为"县",并废除禁止土地买卖的法令,从此土地所有权可以相互交易转让,这使得大量的土地开始集中在大地主和富人手中,这为日后发展资本主义工业奠定了土地资源的原始积累。

第二次世界大战前后,日本为了缓解工业发展用地的不足,将沿海填充,向海洋扩充陆地的面积,共填海造陆11.8万公顷,其中一半被用于发展日本工业[3]。日本发展本国工业所需的原材料,特别是石油、煤、铁、铜等资源数量非常匮乏,日本国资源的质量也不高,且其特异的地形结构使这些资源的开采都比较困难,日本发展工业所需的原材料需从国外进口,然而,这并没有阻碍近代日本工业的发展。一方面,第二次世界大战之后,日本虽作为战败国被美国接管,但1950年和1961年,美国分别发动了朝鲜和越南战争,对军工业品的需求增加,刺激了日本工业。另一方面,日本在原材料

---

[1] 乔恩·哈利戴:《日本资本主义政治史》,商务印书馆,1980年,第28页。
[2] 埃德温·赖肖尔:《日本人》,上海译文出版社,1980年,第68页。
[3] 池元吉、张贤淳:《日本经济》,人民出版社,1989年,第5页。

进口上高度依赖东南亚国家,这些国家在20世纪中叶纷纷获得民族独立,为了发展本国的民族经济,东南亚国家出口大量的原材料产品,并且为了赢得国际市场的份额,采取低价竞争销售战略,这使日本能以较低的价格从东南亚国家获取了大量的原材料。同时,美国在朝鲜战争中为了扶植日本工业,保障自己的军工品供应,也向日本提供了大量的石油、原煤、铁矿石、橡胶等原材料。

资源对外依赖程度高的日本特别注重技术的引进和应用,以技术替代资源,提高资源的利用效率和产业的竞争力。明治维新时期,日本就爆发了产业革命,注重从西方国家引进先进的技术设备,并积极应用于本国的纺织、钢铁、汽车、造船、机械制造等工业行业,使得工业增长迅猛。1874~1890年和1891~1900年,日本工业生产年平均增长率分别为12.1%和14.3%[1]。20世纪40年代,以新能源、新材料、生物和信息技术为标志的第三次技术革命虽始于美国,但日本利用美国对其战后的扶植机遇,使日本在1955~1970年,以付出不到60亿美元的外汇,引进了全世界用半个世纪开发的先进技术[2],并发展了电子计算机、新材料等新兴工业产业,且其电子产品能与欧美大国在国际市场上竞争,日本也优先地从电气时代迈入到自动化时代。

产品和原材料供给规模的扩大,必然需要有发达的交通运输做保障,而技术引进与吸收为交通基础设施的发展奠定了基础。1930~1945年,日本的铁路密度从0.057公里/平方公里增加到0.067公里/平方公里,增长了17.5%;1970年铁路密度又增加到

---

[1] 池元吉、张贤淳:《日本经济》,人民出版社,1989年,第42页。
[2] 同上书,第85页。

0.072公里①,增长了7.2%。而日本的公路和航运却比铁路还要发达,1963年日本建成名古屋到大阪的第一条高速公路,随后高速公路在日本兴起并在经济发展中起重要作用,1960～1973年,公路的发展使日本的交通运输成本下降了21.9%;日本船舶运输货物和原材料的能力也从1935年的376.1万吨增加到1960年的661.1万吨,增长了近1倍②。

日本发展铁路、公路和航运的同时,人口数量不断增长,城市化水平逐步提高。依据表2-5中可知,1913年,日本的人口密度从1913年的137.06人/平方公里增加到1950年的221.65人/平方公里,增长了近50%。同年,日本的人口密度是美国的13倍。工业就业人口数从1913年的4506.4千人增加到1950年的8064.4千人,增长了100%。日本的城市所属地区的人口数占总人口数的比重也从1920年的18%增加到1970年的72%③。城市化水平的提高既为日本工业化提供了劳动力资源,又为其工业产品提供了巨大的消费市场。

---

① 日本的铁路里程数在1880年、1930年、1945年和1970年分别为158公里、21593公里、25380公里和27104公里。

② 池元吉、张贤淳:《日本经济》,人民出版社,1989年,第206～207页。船舶运输货物和原材料的能力是依据相应年份日本货船、货客船和油船的载重量数据加总计算。

③ 南亮进:《日本的经济发展》,对外贸易教育出版社,1989年,第242页。

表 2-5 1870~1973 年美国、英国和日本的人口、就业和教育水平

指标	国家	1870	1890	1913	1929	1938	1950	1973
总人口(千人)	美国	39905	63056	97227	121770	129969	151683	211909
	英国	31393	37485	45649	45672	47494	50363	56210
	日本	34437	40077	51672	63244	71879	83563	108660
就业人数(千人)	美国	14411	23842	38711	47718	44732	61413	86838
	英国	12593	15361	19823	18936	20818	22400	25076
	日本	18684	20305	25751	29332	32290	35683	52590
工业就业百分数(%)	美国	24.4	23.9	29.7	29.4	31.2	33.6	31.2
	英国	42.3	43.2	44.1	45.2	44.0	44.9	40.3
	日本	—	—	17.5	20.9	24.1	22.6	37.2
就业者人均教育年数(年)	美国	3.92	5.43	7.86	9.11	9.93	11.27	14.58
	英国	4.44	6.11	8.82	9.55	9.99	10.62	11.66
	日本	1.50	2.71	5.36	6.74	7.67	9.11	12.09

资料来源:麦迪森《世界经济二百年回顾》,改革出版社,1997 年,第 172~173 页。

第二次世界大战给日本的工业经济带来了毁灭性的破坏,国民经济基本走向崩溃的边缘。但在短短的 10 年时间,日本成为资本主义世界第二大经济强国,而就在这样一个资源贫乏且在当时又缺乏独立自主权的国家,能够在战后十年的时间迅速成为世界工业大国,这既有客观的历史的机遇,又有适宜的政策和制度保障。从明治维新开始,日本政府先后制定与完善了民法、商法、票据法、证券法等法律,保障私人的财产权利、规范商业交易和维护市场交易环境(黄磷,1996)。特别是在土地交易上,1872 年,日本废除了德川幕府统治时期禁止土地买卖的法令,准许土地可以自由交易,并将土地买卖以契约形式合法化;1946 年,又颁布《建立自耕农特别措施法》和《农地调整法修改法案》,这两项法律限制了地主阶级占有的土地数量,并对土地的地租收入以及土地流转的价格和数量进行了规定,这些规定降低了土地流转的成本,促进了土地流转;1950~1960 年,政府先后颁布了《国土综合开发法》《工厂用地调查法》等土地利用法规,为日本有足够的土地资本投入工业发展提供了法律制度保障。

第二次世界大战之后,日本为了促进工业的发展,加强技术引进力度,提高工业产品的国际竞争力,政府制定了《国民收入倍增计划》。随后一系列与之配套的财政政策、金融制度、贸易政策和投资政策,直接促成了日本工业迅速崛起。财政政策上,日本政府采取了加大对企业技术创新的财政补贴,从 1955 年的 5 亿日元增加到 1970 年的 77 亿日元;企业税率逐步降低,为企业扩大再生产和技术进步留存足够的利润,日本的企业租税率从 1960 年的 19.2% 下降到 1970 年的 18.9%。而在这两个年份,美国的租税率先后分别为 28% 和 28.8%,英国则分别为 30.4% 和 41.4%[①],可见日本的税率在资本主义国家中比较低。金融制度方面,1952~1963 年日本政府先后颁布并实施了《企业合理化促进法》《中小企业现代化促进法》《中小企业现代化资金筹措法》等法规,金融机构受政府的支持而对企业投资机械制造业、电子制造业等资本和技术密集型行业在银行融资利率、规模和期限的优惠,以及为鼓励产品出口和引进技术等直接提供信贷补贴或信用担保等,为日本制造业的发展提供了便利的融资制度环境。

日本分别于 1955 年和 1964 年先后加入了关税与贸易总协定[②]和国际货币基金组织,贸易自由化的水平从 1950 年 16% 上升到 1960 年的 40%,1965 年将限制进口的贸易品种数量缩减到 122 种[③],并对技术和设备的引进等减免关税。而日本加入国际货币基金组织之后,依据国际货币基金组织的要求,日本放松了对外商投资的管制,资本自由化水平也在逐步放开。而在此之前,日本对所有行业不允许外商投资新设企业且投资比例超过 50%。1967 年,外商在日本投资新设企业且投资比例可以超过 50% 的行业数有 33 个,可以让外商投资新设立企业且投资比例可达 100% 的部门数量为 17 个。1970 年,外商在日本投资新企业投资比例可以超过 50% 的部门数量有 447 个,可以让外商投资新企业且投资比例可达 100% 的部门数量为 77 个[④]。对于资本流动管制水平的放松特别体

---

① 池元吉、张贤淳:《日本经济》,人民出版社,1989 年,第 279 页。
② 1966 年关税与贸易总协定被世界贸易组织所取代。
③ 中央电视台"大国崛起"节目组:《大国崛起》(日本卷),中国民主法制出版社,2006 年,第 181~191 页。
④ 安藤良雄:《近代日本经济史要览》,东京大学出版社,1980 年,第 170 页。

现在制造业,从1955年外商在日本制造业中直接投资金额从27万美元增加到1970年的528万美元,增长了17倍①。外商投资的管制放松,提高了国际资本向日本转移的速度和规模,使日本在短时期内吸引了国际制造业的转移与集聚。

此外,日本的教育制度也有深厚的历史底蕴。明治维新时期,日本政府特别注重提高国民的教育水平,《学制令》《教育令》等法令的实施,使得教育开始在日本普及。1947年,日本还效仿美国的教育制度,颁布的《学校教育法》和《教育基本法》,为日本的工业发展提供了人力资本积累。1913年日本的人均受教育水平为5.36年,而美国和英国的人均受教育水平分别7.86年和8.82年。1950年,日本的就业人口中人均受教育水平为9.11年,同年美国和英国为11.27年和10.26年。1973年,日本的就业人口中人均受教育水平超过英国,达到了12.09年,同年美国和英国分别为14.58年和11.66年。

从经济史的角度描述世界工业集聚中心的形成与变迁的历史现象,以及分别从国家的地理位置、自然资源禀赋、劳动力、人口、交通基础设施、对外贸易水平等"硬要素"和政府干预经济设置的产权保护、贸易、金融、投资、教育等政策或制度的"软要素"两个方面,剖析了产生这些历史现象背后的内在动因。可以发现,世界工业集聚的中心最早出现在18世纪中叶的英国,19世纪初转移到美国,有迹象表明日本也成为了世界工业集聚的中心之一。世界工业中心形成与变迁的决定因素除了国家的地理位置、自然资源禀赋、劳动力、人口、交通基础设施、对外贸易等"硬要素"之外,国家构建产权

---

① 金森久雄等:《日本经济事典》,日本经济新闻社,1981年,第304页。

保护、贸易、金融、投资、教育等制度"软要素"优势,对于该国工业的发展并促使其逐步成为世界工业集聚的中心意义重大。一国设计并实行了相对于其他国家更为优越的制度安排,能显著地加快该国工业的发展水平,提升其在世界工业的地位,并逐步促使其成为世界工业集聚的中心。本章的研究亦表明历史机遇影响着世界工业集聚中心的形成与迁移,而在历史机遇的背后,必然有与历史机遇相匹配的政策或制度保障。

第三章　产业集聚中的制度因素:引入内生交易成本的分析

产业的空间区位分布是由企业选择生产区位从事生产经营活动的集中力与分散力之间权衡决定的。产业集聚的机制就是寻找促使产业中企业在地区集中或分散生产经营活动的集中力或分散力,并研究其相互作用共同决定企业生产区位的微观机理(Videl and Blache,1921;Fujita and Thisse,1996)。历史经验表明,制度因素是产业集聚中心形成与变迁的重要因素,进而两者都是推动国家或地区经济高速增长的驱动力和导致国家或地区之间收入差距的动因。揭示地区之间的收入差距需要首先探询制度因素对产业集聚的微观机制,才可进一步深入探寻制度安排与产业集聚对地区收入差距的作用机理。本章在沿用 Krugman(1991)构建的"中心—外围"模型分析框架的基础上,结合杨小凯和黄有光(1999)对交易成本的划分,考虑在"中心—外围"模型中引入内生交易成本因素,从理论上分析地区的制度安排直接决定内生交易成本,并进而作用于企业迁移和产业集聚的微观机理,以阐释制度安排影响企业迁移与集聚的机制。

第三章 产业集聚中的制度因素:引入内生交易成本的分析

第一节 产业集聚机制的理论综述

17世纪创立的古典生产区位理论,包括河流、交通、资源等自然因素(First Nature),被认为是产业集聚力的来源,且在传统的经济地理学中研究成果颇丰。其原因是许多集聚现象能够在自然资源、地理交通等区位优势中直接体现。因此,经济地理学派认为自然因素是产业区位分布的催化剂,且能够用新古典经济学中的完全竞争分析技术对此作出很好的理论解释(Fujita and Mori, 2005)。Krugman等人还从经验上证明了一个地区优越的自然属性在城市区位的形成上具有先天比较优势(Fujita and Mori, 1996; Krugman, 1993; Matsuyama and Takahashi, 1998)。然而,自然属性却不能解释为什么在不具有自然地理优势的地区会产生产业集聚以及两个自然地理条件相似的地区或在一个区域内部资源分布均匀的地区,为什么也会存在集聚现象。由于相关的理论与研究方法在当时还未发展成熟,使得这些现象的理论阐释和实证研究迟迟不曾出现。但自1977年,Dixit and Stigliz联合发表了 *Monopolistic Competition and Optimum Product Diversity* 一文,开创了不完全竞争理论的建模技术,学者们开始从不完全竞争范式中探寻解释传统经济地理学理论所不能解释的集聚机制,我们将其研究成果归纳为以下四大类因素。

一是外部性。外部性分为"金融外部性"(Pecuniary Externalities)与"技术外部性"(Technological Externalities)(Scitovsky, 1954; Chipman, 1970)。前者是以市场价格为媒介,通过市场的交互作用

形成产业的前向与后向关联,降低企业的生产成本;而后者特指通过知识或技术等非市场方式的交互,提升地方企业的整体技术水平,并获得规模经济。

Marshall(1920)是最早从外部性中寻找企业集聚机制的经济学家,在其代表作《经济学原理》一书中,他认为规模经济应有内外之分,内部规模经济是企业内部生产能力的扩展,降低了企业的生产成本;外部规模经济包含范围广,主要是企业与企业之间分工协作,从事专业化生产和劳动力市场、技术知识及基础设施的共享。产业集聚能够扩大企业的生产规模,使企业内部形成规模经济,同时,促使企业分工协作,并便利地获取包括原材料、劳动力、资本、基础设施等专业化生产投入,进而形成企业的外部规模经济。Beckmann等人在分析人口向城市集聚的原因时赞同 Marshall 的观点,并指出城市里产品数量与品类较多、公共产品供给水平高、人际交往频繁、社会关系资源共享等形成了较高的外部规模经济,使得生活在城市的人比生活在其他地方的人所获取的效用水平更高,因此人口向城市集聚(Beckmann,1976;Papageorgiou and Smith,1983;Thisse and Wildasin,1992;Martin and Rogers,1995)。

Krugman 等人进一步借用垄断竞争模型分析技术研究企业的空间定位与产业集聚,其研究结论支持 Marshall 等人"外部性"的基本观点(Borukhov and Hochman,1977;O'Hara,1977;Krugman,1991)。Pyke 等人的研究亦表明生产高科技产品的企业,其规模经济引起的集聚正效应超过了距离等因素引致的贸易成本增加,高科技企业更加倾向于集聚,这在发达国家产业集聚现象中尤为明显(Pyke,Becattini and Sengenberger,1990;Saxenian,1994)。然而,由于缺乏知识溢出与技术共享的模型化支持,在"外部性"效应的知识溢出与技术共享却没有在 Krugman 等人的研究中得到很好的证明,而 Ogawa 等人在此方面却奠定了基础。他们在线性非连续空间下构建了企业间距离的知识溢出效应模型,并得到了依据距离参数不同,单一的企业空间分布均衡被多重均衡替代的可能条件(Arnott,1979;Ogawa and Fujita,1980;Imai,1982)。在此基础上,Saxenian(1994)将基于距离的知识溢出函数吸纳到企业的生产定位函数之中,并基于一般均衡的分析框架,分别从生产者角度对知识溢出与地租、工资权衡和从消费者角度对工资、租金收入与迁移时间成本之间权衡,考虑效用最大化,从而确定企业空间的生产区位选择与空间的分布均衡。

二是市场因素。市场因素考虑产业集聚机制是从以下两个方面权衡展开的。一方面,要素市场与产品市场规模的扩张,引致市场对要素或产品的需求潜力增加,使企业实现收益递增,进而形成产业集聚力;另一方面,由于大量生产企业在地区集聚,加剧企业在要素市场与产品市场的空间战略竞争交互,企业间的竞争成本增加,使得空间竞争成为企业向外迁移的分散力。

Harris 最先提出企业应靠近大市场进行生产经济活动的市场潜力理论(Harris,1954)。Papageorgiou and Thisse(1985)假设企业与消费者数量呈正态分布,企业希望选择靠近大市场区域从事生产活动,且生产者集聚带来产品多样化引致偏好多样化的消费者集聚,从而,推动了土地租金价格上涨和厂商之间竞争加剧,进而形成均衡的空间集聚分布。Fujita 等人则突破了企业与消费者按规律分布这一前提假设,如果某地消费者数量多,则企业会在该区域集聚;同时,企业集聚的地方,必然引致更多的消费者(Stahl,1982;Fujita,1988)。进一步地,假定劳动力是同质的,在一个城市内存在着中间产品生产商为最终产品生产商提供专业化的投入服务,且最终产品生产商在劳动力投入上是规模报酬递增;如果某地区在中间产品生产商的数量上有优势,会使得最终产品生产商迁移到此地生产,又引致更多的中间产品生产商在此地集聚,并增加劳动力需求,工人的工资上涨,劳动力市场规模扩张;但同时也将伴随厂商与劳动力数量的增加,地租和交通成本也在上升,从而聚集经济与成本共同决定产业集聚的水平(Rahman and Fujita,1990)。

Krugman等人的理论研究也表明市场潜力扩大引起的"前后向关联"效应使企业形成收益递增,进而吸引更多的企业在此集中,如此"循环累积"导致地区产业非均衡分布加剧,产业分布在该地区"锁定",形成"中心—外围"结构(Kaldor,1970;Krugman,1991,1993;Englmann and Walz,1995;Venables,1996;Paga and Venables,1996)。这与Krugman等人对国际与地区产业集聚现象的经验研究一致(Krugman and Elizondo,1996;Tomiura,2003)。然而,与之研究不同的是,一旦将Hotelling等人创立的企业空间竞争战略交互理论考虑到厂商选址决策中,产业空间分布均衡状态将发生改变。Hotelling等人在考虑两个企业生产同质产品、消费者的地区分布呈线性且会到离自己最近的地区购买商品的前提下,建立厂商空间生产区位选择的交互博弈模型。此时,每个企业都为获取相对于竞争对手而言较大的市场份额展开互动博弈,最终两个厂商将集中在线性空间的中心从事生产经营活动(Hottelling,1929;Hoover,1937;Greenhut,1975)。

相应地,Henderson等人将Hotelling的"空间竞争互动博弈"引入到产业地区分布的分析中,在运输成本很低的条件下,产业在某地区集聚超过一定程度,不但会增加土地需求,引起地租上升,而且产品的供给数量增加、差异化减少,将导致企业竞争市场份额的成本增加。如果这些成本高于由市场规模的扩张为企业带来的利润,则部分企业会从该地区向外迁移,因此,地区间的产业分布会向对称均衡方向发展(Henderson,1974;Helpman,1995)。Fujita 等人在分析中心城市形成时,放松了农业工人不能在区域之间进行流动的前提条件下,认为当地区劳动市场规模适度、产品差异化较高、劳动力之间与厂商之间相互竞争程度不高时,"中心—外围"结构依然是稳定的;而如果劳动力市场规模较大,产品同质程度较高,劳动力市场与产品市场内部竞争加剧时,则会使厂商和劳动力都将有向外地迁移的趋势(Fujita and Krugman,1995;Venables,1996;Fujita and Mori,1997)。

三是交易成本。交易成本一直是影响产业集聚的核心因素之一,其数值大小直接关系到空间生产结构(Behrens,Lamorgese and Ottaviano et al,2004;Behren,2007)。事实上,古典生产区位理论的先驱冯·杜能在研究农作物的种植区位时,曾指出选择不同农作物在不同区位集中生产时,不仅要考虑该地的自然地理环境,更取决于农作物的运输成本与农用地的地租之间权衡比较,并由此提出了著名的"圈层布局"理论(Fujita and Krugman,1995)。Weber(1909)则将冯·杜能的观点运用于研究制造业的生产集中与迁移规律,并认为产业地区集聚内生于制造业生产单位之间原材料转移的运输费用和大企业的生产能力两个因素。而新经济地理学更加集中关注商品的运输成本、消费者的采购成本和交流成本影响产业地区集聚的微观机制。

一方面,从生产者生产产品的运输成本角度来看,D'Aspremont 在 Hottelling 模型的基础上改变了传统意义上生产者产品的运输成本为线性函数假设,而将其设为距离的二次项函数,结果发现两个企业区位竞争将在战略交互与市场规模两类效应之间取舍,最终企业将分别定位在线性空间两端生产,且实现唯一的均衡价格(D'-Aspremon,1979,1983)。而 Puga(1999)的研究表明当产品的运输成本与工人在地区间的流动成本较低时,会促使企业分散从事生产与经营活动。Fujita 等人进一步引入生产组织分离,企业被分解为决策部门(Front Unit)与生产部门(Back Unit),不同企业之间的决策部门存在信息交流,但企业内部生产部门只能与本企业的决策部门进行交流,不同企业生产部门之间不存在交流渠道。这样,当企业内交流成本减少时,企业的决策部门与生产部门将分离,决策部门将在城市中心集聚,而相应的生产部门则迁移到城市周边地区从事生产活动,劳动力也会随之在外围地区集中(Ota and Fujita,1993;Fujita and Thisse,2003)。孙洛平(2006)在研究中国加工制造业产业集聚时,建立基于交易费用的线性空间选址模型并结合企业间纵向策略博弈模型分析集聚的均衡性,研究发现集聚不仅使得企业前向或后向关联的生产成本降低,而且使得交易范围更广,市场交易的费用降低,地区产业集聚力进一步强化;同时,该模型还考虑了资本空间分布不均匀的条件下,交易成本是决定生产空间布局的重要因素,新集聚中心形成的门槛规模与市场总交易费用呈正相关。

另一方面,从消费者购买产品的交易成本角度来看,McFadden(1981)改变了消费者偏好一呈不变的假设,引入消费者随机偏好性之后发现,不仅企业生产差异化的产品将有利于集聚,同时产业的空间均衡最终取决于运输成本与劳动力数额的比值。即使企业分散在地区生产同质产品,如果消费者到企业生产所在地购买商品的采购成本不高,也会促使企业继续在地区从事生产经营活动,而不会产生集聚现象。Stahl等人进一步考虑了市场上成线性空间分布的消费者虽有相同的保留价格,但各自偏好各异,他们不了解企业生产产品的性质。如果产品是有弹性,则消费者会到企业集中的地方购买商品,以节约搜寻信息的成本;同时,如果运输成本低,则有更多的厂商也会集中到这一地区从事生产活动(Stahl,1982;Wolinsky,1983;Gehrig,1996)。

此外,梁琦(2004)从历史与预期两大因素分析产业集聚机制时,考虑了劳动力要素在跨区域流动时存在流动成本,流动成本决定流动速度,同时,将制造业工人对不同地区未来工资收益的预期引入到"中心—外围"模型中,分析Krugman(1991)所定义的"交迭"(Overlap)区间存在与否的条件下,历史与预期对集聚中心的形成与强化机制,结果表明,工人的跨地区流动的速度影响"交迭"区间的范围,当不存在"交迭"区间或即使存在"交迭"区间,但地区初始资源配置落在"交迭"区间以外时,地区历史因素是产业在该地区形成集聚中心的主要原因,集聚中心一旦形成,便会通过循环累积效应自我强化;而当初始资源配置落在"交迭"区间内,即便是历史对集聚中心的形成起初始作用,预期也能调整或改变集聚中心。

四是公共政策。政府的公共政策在区域经济发展中占有重要角色。然而,一方面由于公共政策经常与其他因素共同作用于区域经济发展;另一方面,公共政策的工具变量不易被选取和衡量,很难用传统的技术手段加以区分,因此这类因素一直被经济地理学家所忽略。即使是在新经济地理学中,政府政策也只是引起集聚的一种偶然因素,尔后又通过新经济地理因素引起收益递增的正向反馈机制,强化地区产业集聚(Arthur,1990;Barro, Mankiw and Martin,

1995;陆铭和陈钊,2006)。然而,Martin and Rogers(1995)率先从理论上分析政府财政支持地区间公共基础设施投资上的差异所导致地方产业集聚程度不等和地区间发展不平衡。由于产业集聚能够提高地区均衡税率,增加政府税收收入,提高政府的公共服务水平,因此,各国或各地区纷纷出台许多地方的优惠政策吸引更多的国际或国内产业集聚。在此基础上,研究政府财税政策优惠对产业地区集聚的影响,一时间成为国际上新兴的研究热点(Andersson and Forslid,2003;Fujita and Thisse,2000;Baldwin and Krugman,2004)。但是传统的税收理论是建立在以规模报酬不变为研究前提,地方政府对流动资本征税过程中面临着提供公共服务水平与保护税基的权衡。如果地方政府为提高公共服务水平而对流动资本征收较高的资本税,会降低企业税后收入,迫使企业迁移至其他地区,而过低的资本税虽会吸引企业集聚但也降低了公共服务水平。其中,地方政府认识到地区生产资本总量的增加有利于提高企业的生产率,因而也面临着资本税与集聚经济的权衡,以确定最有的资本税征收水平(Zodrow and Mieszkowski,1986;Gordon and Wilson,1999)。Baldwin等人将地区间的税收竞争融入"中心—外围"模型之中,如果集聚租与税收呈"钟型"分布,市场一体化会使厂商空间分布对称或完全呈"中心—外围"分布(Baldwin and Kruagman,2004)。Fernandez(2005)在地区政府的财政收支与地方公共服务水平呈正向关系基础上建立理论模型,分析结论表明地方政府采取资本税优惠的政策虽能有效地防止资本外逃、保护地方税基,并吸引更多产业集聚,但这却降低了地方政府提供公共服务的水平。Borck and Pflueger(2006)却认为即使在集聚租为零的条件下,地区间税收政策博弈的均衡结果使得地区间的税收不相等,会产生多个集聚中心——"偏集聚"。

虽然我们对产业集聚影响因素的理论研究进展进行了分类综述但这些因素都不是孤立的,产业集聚的机制来源于多种因素的共同作用,这些因素对产业集聚现象的解释能力仍然有限。应当指出的是,一方面,尽管先前大多数学者认为产业集聚是市场力量作用的结果,因而许多学者主要从市场机制中寻找集聚的影响因素,但这并不一定适合发展中国家的现实。这是因为许多发展中国家正在处于市场化转型阶段,固然市场力量在产业集聚的过程中将发挥着越来越重要的主导作用,但许多非市场力量如政府经济政策与制度安排等因素的作用不可忽视。虽然探寻产业集聚的影响因素已从较为客观的市场因素转为公共政策等政府干预的主观因素,但这方面的研究却仍然滞留在对地区税收政策的考察,而没有转向政府干预经济的一般性制度安排。另一方面,理论探讨产业集聚形成与变迁机制时,交易成本一直是学者们所认定的核心因素。然而,在传统的经济地理和新经济地理学中,交易成本一般认为是一个区域企业生产的产品向另一个区域转移时,产品价值损耗所产生的成本,是产品离开出发地在运输过程中不可缺少的投入(Hahn,1971;Kurz,1974),如产品在运输过程中的运输费用、存储费用等,其大小由基础设施条件所决定。

这仅是交易成本的一个部分,杨小凯和黄有光(1999)将运输成本视为外生交易成本,另一类则是内生交易成本,包括经济主体在讨价还价信息不对称、交易中为争夺利益等发生的机会主义行为而导致的资源不能被充分利用而产生的成本。显然制度安排能直接决定了这类交易成本的大小,但内生交易成本的作用却未在产业集聚的理论分析框架中得到足够的重视与体现。因此,针对产业集聚机制理论的研究不足,本文尝试进一步完善已有的产业集聚理论,以增强其对现实解释能力。这将是在杨小凯和黄有光对交易成本划分的基础上,将内生交易成本因素融入 Krugman 的"中心—外围"模型之中,并在一般均衡的分析框架内研究内生交易成本对企业迁移的微观作用机理,以此阐明地区的制度安排通过内生交易成本作用于产业集聚形成与变迁的过程的微观机制,以在市场力量与非市场力量中去权衡寻找产业集聚或分散的动力,对产业集聚现象做一个更为科学客观的理论阐释。

第二节 理论模型

依据 Krugman(1991)的理论,设定存在资源禀赋相同的两个区域,分别为区域 1 和区域 2。这两个区域内存在相同的两个部门——农业和制造业,受制于土地资源数量的限制,农业部门规模报酬恒定,而制造业部门不受区位自然资源的约束,且具有规模报酬递增的性质。同时,制造业企业总数为 n,在两个地区的数量分布分别为 n_1 和 n_2。它们生产的产品在区域之间贸易存在运输成本,τ 为区域贸易的冰山运输效率,表示一单位的产品从一个地区运输到另一地区只有 τ 个单位可以到达,即 $\tau<1$。

每个区域内,所有消费者都具有相同的柯布—道格拉斯效用函数形式:

$$U = C_M^u C_A^{1-u} \qquad (3-1)$$

其中,C_M 代表消费者消费制造业部门的产品数量,C_A 则代表其消费农产品的数量,u 和 $1-u$ 分别表示消费者分别在制造业产品和农业产品上消费支出的比重。消费者消费制造业部门产品数量定义为 CES 函数形式：

$$C_M = \Big[\sum_{i=1}^{N} c_i^{(\sigma-1)/\sigma}\Big]^{\sigma/(\sigma-1)} \qquad (3-2)$$

c_i 为消费者消费制造业的第 i 类产品，N 为制造业产品种类数，σ 为制造业部门内部产品间的替代弹性，且 $\sigma>1$。

两区域拥有的劳动力总量标准化设为 1，制造业生产部门的劳动力总量为 u。其中，某区域内制造业部门中厂商生产第 i 类产品的唯一投入要素为劳动力 L_i，区域的均衡工资水平为 $w_j (j=1,2)$，一个代表性厂商生产产品的数量为 x_i，制造业部门产品的市场价格为 p_j，则所需的劳动要素投入量和面临的市场需求函数分别为：

$$L_i = \alpha + \beta x_i \qquad (3-3)$$

$$x_i = A p_j^{-\sigma} \qquad (3-4)$$

由此可知，两个区域各自代表性厂商生产产品的利润最大化均衡条件分别为：

$$p_1 = \beta w_1 \sigma / (\sigma-1) \qquad (3-5)$$

$$p_2 = \beta w_2 \sigma / (\sigma-1) \qquad (3-6)$$

进而可得两个区域制造业产品的价格比值为：

$$p_1 / p_2 = w_1 / w_2 \qquad (3-7)$$

根据杨小凯和黄有光（1999）对交易成本的重新划分，将交易成本分解为外生交易成本和内生交易成本。前者是指经济主体在决策之前就能估计大小的交易成本，运输成本即属此类；后者指经济主体为了在交易中使自己能获得更多的利益，而利用机会主义行为减少别人的利益使得生产资源配置扭曲所产生的成本，这类成本在经济主体交易之前不能被事先估计，只有在他们相互作用的过程中才能观测。从交易成本因素来看,企业对生产区位的决策应是基于内生交易成本和外生交易成本的综合权衡。企业选择生产区位从事生产与经营活动,既要考虑生产要素和产品在区域内外的运输成本,又要考虑企业采购原材料、购买土地、销售产品等交易活动的过程中,涉及上下游企业之间、消费者和政府等多方交易主体之间存在的信息不对称、激烈的讨价还价、签订、监督与履行合约等产生的机会主义行为,这可能产生或提高企业从事经济活动的内生交易成本。一个地区有效的正式或非正式制度安排,显然能降低企业迁移至在该地区并从事生产与经营活动的内生交易成本[①]。North(1990)认为正式制度和非正式制度为交易主体提供一套稳定的规则和激励结构,制约主体的机会选择集合,规范其行为,使经济主体在交易的过程中产生合理的预期,降低交易过程中信息不对称等产生的不确定性和机会主义行为的发生,从而减少交易过程中的交易成本。显然,North 所提到的交易成本属杨小凯和黄有光(1999)所定义的交易成本中内生交易成本,并且 North 等人认为制度决定了经济效率,制度通过不断地改变交易主体对要素需求的相对价格,调整主体的机会选择集合。因此,内生交易成本通过制度安排反映于主体在交易过程中支付的相对价格上(North and Thomas,1973;诺斯,1994)。

借鉴于杨小凯和黄有光对交易成本划分,将内生交易成本融入

---

① 杨小凯和黄有光(1999)曾指出:"虽然内生交易成本和外生交易成本对分工水平的确定和生产力的发展有决定性的影响,但内生交易成本对分工的意义更是重大,通过制度的创设、习惯的形成,可以减少内生交易成本。同时,他们还认为国家之间的贫富差距的主要根源是,富国有一些很好的制度能有效地减少内生交易成本。"

到 Krugman(1991)的"中心—外围"模型中,在企业选择生产区位活动时,不同地区的制度安排存在差异,使得企业在这些地区从事生产与经营活动的内生交易成本不同。因此,假定区域之间的制度差异反映在企业在区域 2 从事生产与经营活动相对于区域 1 而言的内生交易成本为 t,并假定内生交易成本的相对值体现在区域 2 的企业生产与销售产品的价格和区域 1 的企业在区域 2 销售产品的价格上。即如果从区域 2 出口制造业产品到区域 1,则其在区域 1 的销售价格为 $p_2(1+t)$;而两个区域的企业在区域 2 销售产品时,每销售一单位的产品都存在 t 单位的内生交易成本。那么,区域 1 消费由本区域企业生产产品的数量 c_{11} 与从区域 2 进口产品的数量 c_{12} 的比值为:

$$c_{11}/c_{12}=\{p_1/[p_2(1+t)/\tau]\}^{-\sigma}=\{w_1\tau/[w_2(1+t)]\}^{-\sigma} \quad (3-8)$$

区域 2 消费从区域 1 进口产品的数量 c_{21} 与本区域生产产品的数量 c_{22} 的比值为:

$$c_{21}/c_{22}=[p_1/(\tau p_2)]^{-\sigma}=[w_1/(w_2\tau)]^{-\sigma} \quad (3-9)$$

区域 1 用于本地区制造业产品的购买力与从区域 2 购买制造业产品的购买力比值 z_1 为:

$$z_1=(n_1/n_2)[p_1\tau/p_2(1+t)](c_{11}/c_{12})=(n_1/n_2)[w_1\tau/w_2(1+t)]^{-(\sigma-1)}$$
$$(3-10)$$

同理,区域 2 用于购买从区域 1 进口制造业产品的购买力与购买本区域制造业产品的购买力比值 z_2 为:

$$z_2=(n_1/n_2)[p_1/(p_2\tau)](c_{21}/c_{22})=(n_1/n_2)[w_1/(w_2\tau)]$$
$$(3-11)$$

记 $f=L_1/(L_1+L_2)=L_1/u$,则两个区域的长期均衡价格水平

(P_1 和 P_2)和劳动力真实的均衡工资水平(W_1 和 W_2)分别为：

$$P_1 = \{fw_1^{-(\sigma-1)} + (1-f)[w_2(1+t)/\tau]^{-(\sigma-1)}\}^{-1/(\sigma-1)} \quad (3-12)$$

$$P_2 = \{f(w_1/\tau)^{-(\sigma-1)} + (1-f)w_2^{-(\sigma-1)}\}^{-1/(\sigma-1)} \quad (3-13)$$

$$W_1 = w_1 P_1^{-u} \quad (3-14)$$

$$W_2 = w_2 P_2^{-u} \quad (3-15)$$

考虑两个区域拥有劳动力总量不变的前提下，假设区域 1 的支出水平为 Y_1，区域 2 的支出水平为 Y_2，且区域 2 拥有的劳动力数量比区域 1 多 $u/2$，在这种情况两个区域的支出水平比值 Y_2/Y_1 为：

$$Y_2/Y_1 = (1+u/2)/(1-u/2) \quad (3-16)$$

区域 1 内代表性厂商在两个区域的销售收益 V_1 为：

$$V_1 = (Y_1 + Y_2)(u/n_1) \quad (3-17)$$

如果该厂商迁移至区域 2 进行生产，真实的工资水平必须在两个区域无差异，即

$$w_1/w_2 = P_1^u/P_2^u = [(1+t)/\tau]^u \quad (3-18)$$

那么，它的产品在两个区域销售收益 V_2 又为：

$$V_2 = \{[w_2(1+t)/(w_1\tau)]^{-(\sigma-1)}Y_1 + (w_2\tau/w_1)^{-(\sigma-1)}Y_2\}(u/n_1) \quad (3-19)$$

促使该厂商迁移的激励必然使 $V_2/V_1 \geq w_2/w_1$，为此，构建区位选择利益比较函数 $r(\tau,t,u,\sigma)$ 为：

$$\begin{aligned}r(\tau,t,u,\sigma) &= (V_2/V_1)/(w_2/w_1)\\ &= \{[\tau/(1+t)]^u[(1-u/2)(1+t)^{-(\sigma-1)}\tau^{(\sigma-1)} +\\ &\quad (1+u/2)\tau^{-(\sigma-1)}]/2\}\end{aligned} \quad (3-20)$$

第三节 比较静态分析

基于厂商对于生产区位的利益函数可知,内生交易成本、冰山运输成本、制造业产品的替代弹性和消费者的支出水平内生于厂商生产区位的选择。通过比较静态分析,考察每个内生变量在其他条件不变情况下对厂商区位选择利益函数的影响,并以此分析厂商跨区位迁移和产业集聚的动因。

由式(3-20)分别推得:

$$\partial r/\partial \tau = u\sigma r/\tau + (\sigma-1)[\tau/(1+t)]^{u\sigma}\{(1-u/2)[\tau/(1+t)]^{(\sigma-1)} \\ -(1+u/2)\tau^{-(\sigma-1)}\}/2\tau \quad (3-21)$$

$$\partial r/\partial u = \sigma r In[\tau/(1+t)] + [\tau/(1+t)]^{u\sigma}\{\tau^{-(\sigma-1)} \\ -[\tau/(1+t)]^{(\sigma-1)}\}/4 \quad (3-22)$$

$$\partial r/\partial \sigma = ru In[\tau/(1+t)] + [\tau/(1+t)]^{u\sigma}\{(1-u/2)(\tau/1+t)^{(\sigma-1)} \\ In[\tau/(1+t)] - (1+u/2)\tau^{-(\sigma-1)} In\tau\} \quad (3-23)$$

$$\partial r/\partial t = -ru\sigma/(1+t) - (\sigma-1)[\tau/(1+t)]^{\sigma(u+1)}/(2\tau) \quad (3-24)$$

从公式(3-21)和公式(3-22)中,$\partial r/\partial \tau > 0$,$\partial r/\partial u > 0$,表明在其他参数外生条件下,减少运输成本,将更有助于厂商迁移至区域2进行生产,同时将所生产的产品贸易到区域1。随着消费者对制造业产品需求增加,地区2的消费水平越高,越有利于厂商在区域2从事生产与经营活动并获取利润。在公式(3-23)中,$\partial r/\partial \sigma > 0$,考虑地区的内生交易成本一定,且冰山交易成本与消费者对制造业产品总购买力固定不变,产品的替代弹性 σ 作为规模经济指示(Dixit and Stigliz,1977;Krugman,1980),如果产品替代弹性下降,区域1

中厂商的垄断力增强,其规模经济效应增加,因而提高了厂商迁移至区域 2 的机会成本;而当产品替代弹性增加,厂商间的竞争加剧,抵消了其在区域 1 的规模经济效应,厂商会通过靠近大市场获取较高的规模经济,因而区域 1 中的代表性厂商有动力应迁移至靠近市场容量大、运输条件优越、规模经济效应高的区域 2。

特别地,从公式(3 - 24)中可知,$\partial r/\partial t < 0$,同时,依据公式(3 - 21)和(3 - 22)可推知:

$$\partial \tau/\partial u = -(\partial r/\partial u)/(\partial r/\partial \tau)$$

$$= \frac{-\sigma r In\,[\tau/(1+t)] - [\tau/(1+t)]^{u\sigma}\{\tau^{-(\sigma-1)} - [\tau/(1+t)]^{(\sigma-1)}\}/4}{u\sigma r/\tau + (\sigma-1)[\tau/(1+t)]^{u\sigma}\{(1-u/2)[\tau/(1+t)]^{(\sigma-1)} - (1+u/2)\tau^{-(\sigma-1)}\}/2\tau}$$

(3 - 25)

令 $\varphi(\tau,u,t,\sigma) = \partial \tau/\partial u < 0$,$\partial \varphi/\partial u = \partial^2 \tau/(\partial u)^2 < 0$,且 $\partial \varphi/\partial t = \partial \tau/(\partial u \partial t) > 0$,从图 3 - 1 中,$t_2 > t_1$,曲线 $\varphi(\tau,u,t_1,\sigma)$ 与曲线 $\varphi(\tau,u,t_2,\sigma)$ 分别表示当 $t=t_1$ 和 $t=t_2$,代表性厂商生产区位选择无差异时边界线。当区域 2 的内生交易成本不变时,曲线内的面积表明厂商在该区域 1 进行生产的概率。当区域 2 相对于区域 1 的内生交易成本增加时,生产区位无差异曲线会向外移动,表明厂商迁移至区域 2 的可能性减少,而继续在区域 1 从事生产与经营活动的可能性增加。

如果区域 2 的制度安排使得该地区的内生交易成本提高,则代表性厂商向该区域迁移的动力越小。由此,可得命题①:当冰山运输成本、制造业产品替代弹性和消费者对制造业产品总购买力不变时,一个地区的制度安排使厂商在该地区从事经济活动的内生交易成本越高,将减少外地厂商在该区域的销售产品所获得的利润,并增加外地厂商迁移入该地区的机会成本。即使该地区存在较大的

第三章 产业集聚中的制度因素:引入内生交易成本的分析

市场规模、较低的运输成本等方面的优势,企业也没有动力迁移至该地区。这样,制度安排引起内生交易成本,将使厂商的生产效率受到损失,导致生产资源空间配置的扭曲。

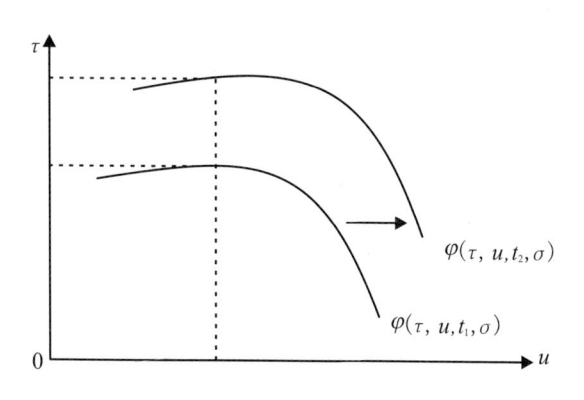

图 3-1 厂商生产区位选择无差异边界线

进一步地,代表性厂商在区域1和区域2间选择生产区位无差异时,分别考察地方内生交易成本变化对消费者用于制造产品支出水平、产品替代弹性和冰山交易效率相互影响。由此,依据式(3-21)和(3-24)可得:

$$\partial \tau / \partial t = -(\partial r/\partial t)/(\partial r/\partial \tau)$$

$$= \frac{ru\sigma/(1+t)+(\sigma-1)[\tau/(1+t)]^{\sigma(u+1)}/(2\tau)}{u\sigma r/\tau+(\sigma-1)[\tau/(1+t)]^{u\sigma}\{(1-u/2)[\tau/(1+t)]^{(\sigma-1)}-(1+u/2)\tau^{-(\sigma-1)}\}/2\tau}$$

$$(3-26)$$

如果将 σ 和 u 视为常数,则可判断 $\partial\tau/\partial t > 0$,可得命题②:当制造业产品替代弹性和消费者对制造业产品的总购买力不变时,但如果一个地区的制度安排提高了厂商在该区域从事经济活动的内生交易成本,要使厂商仍在该地区继续从事生产与经营活动,则需通过改善运输条件,提高厂商运输产品的冰山交易效率,以抵消该地区因制度安排所引起的内生交易成本增加。

从式(3-22)和(3-24)可得：

$$\partial u/\partial t = -(\partial r/\partial t)/(\partial r/\partial u)$$

$$= \frac{ru\sigma/(1+t)+(\sigma-1)[\tau/(1+t)]^{\sigma(u+1)}/(2\tau)}{\sigma rIn[\tau/(1+t)]+[\tau/(1+t)]^w\{\tau^{-(\sigma-1)}-[\tau/(1+t)]^{(\sigma-1)}\}/4} \quad (3-27)$$

在 σ 和 τ 固定不变的条件下，$\partial u/\partial t>0$，随着厂商在区域 2 从事生产与经营活动的内生交易成本越高，则区域 2 必须有足够的购买力，才会厂商迁移至区域 2。由此，可得命题③：当冰山交易效率和制造业产品的替代弹性一定，如果厂商由内生交易成本低的地区向内生交易成本高的地区迁移，则迁移目的地必须有足够大的消费支出水平，以补偿内生交易成本的提高所引起的利润减少。

而从式(3-23)和(3-24)中，可推得：

$$\partial \sigma/\partial t = -(\partial r/\partial t)/(\partial r/\partial \sigma)$$

$$= \frac{ru\sigma/(1+t)+(\sigma-1)[\tau/(1+t)^{\sigma(u+1)}/(2\tau)}{ruIn[\tau/(1+t)]+[\tau/(1+t)]^w[(1-u/2)(\tau/1+t)^{(\sigma-1)}In[\tau/(1+t)]-(1+u/2)\tau^{-(\sigma-1)}In\tau]} \quad (3-28)$$

u 和 τ 为常数时，$\partial \sigma/\partial t>0$，如果厂商在区域 2 进行生产活动，随着区域 2 的内生交易成本提高，区域 1 因从区域 2 进口产品的价格提高而减少进口产品的需求，区域 2 生产制造业产品的厂商也不能完全获得两个区域的市场需求潜力所带来的规模经济效应。由此，可得命题④：在保证消费者对制造业产品总支出和冰山运输成本不变以及企业生产区位分布维持时，如果地方内生交易成本越高，将引致制造业产品的替代弹性增加，使该地区的厂商不易形成较高的规模经济效应。

第四节 启示

本章尝试突破已有的产业集聚理论对现实解释能力有限的局限,在杨小凯和黄有光(1999)对交易成本划分的基础上,将内生交易成本因素融入 Krugman(1991)的"中心—外围"模型,并在一般均衡的分析框架内分析内生交易成本因素对企业选择生产区位的影响,以此阐明地区的制度安排通过内生交易成本作用于产业集聚形成与变迁的微观机制。理论研究进一步拓展了前人对于产业集聚机制的分析,其结论表明:地区的制度安排决定了企业在该地区从事生产与经营活动的内生交易成本,如果制度安排提高企业的内生交易成本,则会扭曲生产资源的空间配置,除非运输成本很低、迁移目的地的支出水平或市场份额足够大而为厂商带来的规模经济效应足以抵消内生交易成本所产生的负面效应;否则,即使迁移地区有一定的资源禀赋优势、行业的规模报酬递增与经济的外部性,厂商也不会有跨区域迁移的动力。由此,这些研究结论更有助于对国家或地区的产业区位分布及其发展有着较强的现实解释能力和深刻的政策蕴涵。

国家或地区应依据自身的比较优势制定产业发展和贸易政策,而比较优势又可分为外生比较优势和内生比较优势,Grossman and Helpman(1989)又将它们分别称为自然比较优势和后天比较优势。前者是 Ricardo(1817)所认为的国家和地区比较优势是由该国或该地区的资源禀赋和技术条件决定,而后者却因规模报酬递增产生(Yang and Borland,1991)。杨小凯和黄有光进一步认为由规模报酬递增产生的内生比较优势根源在于专业化分工,分工能显著地提高经济效率。依据这一理论结合本章的理论模型分析结论,我们认为产业集聚是建立在规模报酬递增假设的基础上,规模报酬递增是产业集聚的来源,有效的制度安排能减少内生交易费用而产生规模报酬递增效应,进而影响产业集聚区位的选择。那么,决策机构必然可以通过有效的制度安排使地区依据其外生比较优势吸引相应地产业集聚,并进而形成产业专业化的地区集聚,以发挥地区的"外生"和"内生"双重比较优势,促进地区之间的专业化分工和区域产业的协调发展。

第四章 产业集聚与地区收入差距：
一个包含制度因素的理论分析

第三章从理论上论证了制度安排影响产业集聚的微观机制，进一步地，本章从理论上论证制度安排作用于产业集聚进而共同影响地区收入差距的逻辑机理。自经济学开创以来，经济增长理论就一直是经济研究的一个重要问题。卢卡斯在研究经济增长时说："一旦你开始思考它们，你将难有精力去关注其他问题。"许多经济学家，如亚当·斯密、索洛、拉姆齐等，都为经济增长理论的发展和完善做出了巨大的贡献。20世纪30～40年代，Harrod(1939)和Domar(1946)先后提出了两个极为相似的经济增长模型，后人将其合称为"哈罗德—多马"模型。这一模型采用完全不可替代的生产函数来研究"经济大萧条"背景下的资本积累与经济增长的关系，得出资本积累的路径是不稳定的，并且将经济增长率分为实际增长率、自然增长率和均衡增长率三类，而这三类增长率要达到一致几乎是不可能的，故被称之为"刀刃上的经济增长"。继Harrod和Domar之后，Solow(1956)和Swan(1956)假设生产函数是规模报酬既定，各生产部门是可以相互替代且其边际生产是递减的，并在此框架下讨论均衡时的资本存量、消费水平与产出水平，所得的重要结论就是条件收敛。即在给定技术水平的条件下，若其他条件一致，人均产出低的国家相对于人均产出高的国家有着较高的人均产出增长率,一个国家的经济在远离均衡状态时,增长速度加快。而各国各地区经济发展水平的差异正是由于不同的经济增长率所决定的,因此,这一结论为我们回答不同国家以及同一国家不同地区的收入差距问题提供了重要的思路,即研究某一因素如何影响地区收入进而可以推知该因素与地区收入差距之间的关系。

第一节 理论基础

20 世纪 90 年代,Krugman 等人开创的新经济地理学(New Economic Geography),虽以基于不完全竞争和规模报酬递增为前提假设的建模技术,突破了传统主流经济学以规模报酬不变或递减为严格假设条件的限制,开创性地将空间因素纳入到主流经济学的一般均衡分析框架中,模型化生产活动的空间定位影响地区收入差距的微观机理。特别是大量的理论研究以产业集聚与地区经济增长的公共核心要素为纽带,探求产业集聚的地区经济不平衡增长效应。

一、劳动力要素为纽带

Englmann and Walz(1995)首次将新经济地理学与内生经济增长理论融合,并在 Krugman(1991)创立的"中心—外围"模型基础上,假定了区域内有农业、制造业与 R&D 三个部门,且农业部门是规模报酬不变,制造业部门是规模报酬递增,而 R&D 部门则为规模报酬非递减的;劳动力虽仍作为生产产品的投入要素,但却分为熟练劳动力与非熟练劳动力,其中,熟练劳动力可以跨区域流动,R&D部门以熟练劳动作为唯一投入要素,为制造业部门提供"技术"这类中间产品,但该产品是不可贸易的。如果一地区的R&D部门在生产技术这种中间产品上有熟练劳动力的成本优势,则制造业部门会向该地区迁移,并进而由成本与需求关联吸引更多的R&D部门与熟练劳动力集聚,由此带来了技术的进步和经济增长速度的加快;而在另一地区,因R&D部门与制造业部门连同熟练劳动力一起外迁,而使该地区失去了经济增长的动力并一直陷入"贫困",导致地区间经济增长差异逐步拉大。Fujita(1996)肯定了Englmann and Walz(1995)将内生增长理论与新经济地理学融合解释产业集聚与地区间经济增长差异的动态关系所做出的开创性努力,同时,也指出Englmann and Walz(1995)的模型对于中间产品和最终产品部门的前提主要是从生产者自身角度设立,却没有涉及各自所处的市场结构。而Peng et al.(2006)将"垂直一体化"引入Ottaviano et al.(2002)的模型中,并进一步假定生产不可贸易的最终产品部门为完全竞争,其可以在不同地区分布;而可贸易的中间产品部门是垄断竞争,且只能在一个地区生产;自由流动的熟练劳动力在中间产品部门设计生产流水线,而不可流动的非熟练劳动力则与中间产品结合生产最终产品;同时,又假设物质资本不能在地区间流动,但可以在地区内生积累。如果考虑一个区域比其他区域有更大的经济容量,并且处于相对较大经济区生产的最终产品比较小经济区更具有劳动力成本优势,则熟练劳动力会向大经济区迁移,资本在该地区内生积累速度加快,从而使这一地区总产出增加。

二、以物质资本为纽带

Baldwin(1999)在尝试从"需求关联"角度对贸易一体化下欧洲国家之间存在的收入差距进行理论解释时,假定了两个地区中劳动力和资本所有者不能跨区域流动,并且引入资本所有者投资预期。如果其中一个区域政府实行了贸易保护政策,则会使该国企业相对于别国企业而言获取相对较高的利润。虽然利润的增加会导致该地区企业投资规模扩大而引发对资源的竞争使其生产成本上升,但总的投资回报仍是增长的。由此引致该地区总投资增加,产品市场潜力增大,企业预期投资回报增加而进一步提高投资水平,从而产生"需求关联"的正向循环累积效应,促进了该地区的经济增长。与之相对应地是,另一地区企业的利润减少,导致资本所有者对预期的投资回报下降,总投资水平缩减。大量工人或是由生产率高的现代部门向传统部门转移或是失业,导致该地区经济增长速度下降,地区间收入差距增大。Baldwin and Martin(2004)以技术外溢全球化为前提,将物质资本生产部门引入 Grossman and Helpman(1991)的模型框架内,并以物质资本作为生产新产品的必要投入为前提,且运用一般均衡的方法分析比较完全资本流动和资本流动受限两类环境下,企业生产的空间分布规律及其对地区经济增长的影响。分析结果表明,当贸易成本较高时,在资本流动受限的环境下,不管地区初始资本存量差异,产业将在两地区对称分布,同时地区之间经济增长收敛;而在资本完全流动环境下,资本的初始配置决定了产业将向资本充裕地区集聚,资本充裕地区人均生产总值将高于资本相对缺乏的地区。而随着贸易成本的下降并低于一定的临界值时,不管地区初始资本存量差异,在资本不能完全流动和资本完全流动两种环境下,都将导致产业在地区间非对称分布,即大多数产业将集中在资本相对充裕的地区,该地区表现出较高的增长率;而另有少数企业虽仍在资本相对缺乏的地区生产,但该地区经济增长速度却相对缓慢。

三、以知识溢出为纽带

知识溢出是R&D部门与制造业选择区位的重要因素,而其确由经济增长所带来,R&D部门的产品创新又是经济增长主要动力,因此增长与集聚存在内生互动关系。Baldwin and Forslid(2000)通过将Krugman(1991)的"中心—外围"模型与Romer(1990)的产品创新增长模型融合分析得到经济一体化下,产品贸易成本降低,使制造业向"中心"地区集聚,而引起R&D部门也向"中心"地区转移,这会扩大地区间的收入差距。但伴随着产品的贸易成本降低,知识溢出的成本也在下降,这却有利于产业分散,"外围"地区贫困有可能减轻,并同时提高"中心"与"外围"的经济增长率。虽然在Baldwin and Forslid的模型中考虑了"中心"与"外围"地区之间存在的知识溢出,能够同时促进"中心"与"外围"地区的经济增长,然而,即使知识仅在本地溢出,所有地区的福利仍有可能都得到改善。Martin and Ottaviano(2001)将Venables(1996)垂直联系模型与"Grossman—Helpman—Romer"的创新产品种类内生经济增长模型结合,并假设R&D生产新种类最终产品需要以制造业部门是生产的制成品为投入,制造业的集聚通过外部性减少R&D部门的创新成本,并进一步吸引R&D部门在该地区集聚,从而促进经济增长。

同时，R&D部门创新新的产品种类，也将提高制造业的集聚水平。如果R&D部门向"中心"地区集聚所带来的创新正效应大于R&D部门迁移出"外围"地区给该地区带来的福利损失，则产业集聚能使"中心"与"外围"地区的福利状态得到"帕累托"改进。与Martin and Ottaviano理论前提假设不同的是，Fujita and Thisse(2003)认为R&D部门生产新种类产品的投入不是制造业生产的制成品，而是熟练劳动力，且熟练劳动力通过地区间流动和他们之间的交流而存在知识的溢出效应，进而再将Krugman的"中心—外围"模型与"Grossman—Helpman—Romer"的创新产品种类内生经济增长模型融合。考虑技术无成本扩散和技术扩散受地区吸收能力的制约两种情况，在前一种情况下，R&D部门与制造业生产部门都将集聚在同一地区，而后一种情况则是R&D部门全部集中在一地区，而制造业部门的生产布局则受贸易成本因素影响。如果产品的贸易成本很高，则制造业会存在于两个地区，并且随着贸易成本的降低，市场一体化水平的提高，会促使制造业部门与R&D部门集聚在同一地区从事生产活动，但不管是哪种空间布局，中心地区由于集聚强化而表现出强劲的外部性增长势头。中心地区的熟练劳动力与非熟练劳动力的收入水平都将提高，且在该地区熟练劳动力的收入水平会高于非熟练劳动力的收入水平；中心地区的非熟练劳动力的收入水平虽会高于外围地区非熟练工人的劳动力收入水平，但外围地区非熟练劳动力在产业集聚的均衡状态下的收入水平会高于产业分散时的收入水平。

随着以Krugman等人为代表的经济学家将经济研究的视角转向经济活动的空间因素推动了新经济地理学开始蓬勃发展，与此同时，中国正经历由计划经济向市场经济转型的制度实验，许多学者从经验分析认为中国产业集聚与地区收入差距存在关联。特别有启示的是,Cai等人(2011)认为当政府干预经济的产业政策没有匹配地区比较优势时,政策或制度引导生产要素的跨区域流动和配置扭曲可能成为扩大地区收入差距的原因之一。进一步地,即使地区之间经济增长未出现"非条件性"收敛,但是地区之间制造业生产率的收敛将有助于缩小地区收入差距(Rodrik,2013)。结合前章的分析表明制度因素可能通过作用于产业集聚,从而地区制度或政策安排有可能通过产业集聚传导影响地区收入差距。然而,在经典经济增长模型中,类似于劳动力、资本、技术等因素,制度被认为是直接作用于经济增长和影响地区收入差距的重要因素(Acemoglu,Johnson and Robinson,2004)。然而这可能存在片面性。制度因素可能通过企业迁移和产业集聚而作用于地区收入差距,因而将制度安排和产业集聚这些变量纳入经济增长模型,形成统一的分析框架中来分析存在制度差异条件下产业集聚水平的演变对地区收入差距所产生的影响。这不仅能够更加明确产业集聚与地区收入差距之间的作用机理,也为相关的实证分析提供了必要的理论支撑。

由此,本章的理论模型将在Romer(1990)的新经济增长模型的基础上,且借鉴李芬(2009)等的研究成果,通过将中国经济制度转型纳入构建产业集聚对地区收入增长的影响理论框架,利用Hamilton函数对于非线性最优化方法重点考察产业集聚与不同地区之间收入差距之间的关系,试图从制度安排存在差异的环境下经济活动地理空间分布演进角度为中国地区收入差距的演变提供新的解释。

第二节 基本模型

一、生产函数

考虑一个生产单一产品的经济体,该经济体仅使用劳动和资本两种生产要素进行生产,其生产函数可以表示为:

$$Y(t) = F[K(t), N(t)] = K^{\alpha}(t) N^{1-\alpha}(t) \qquad (4-1)$$

其中,$0 < \alpha < 1$,$N(t)$为有效劳动,其函数表达式为:

$$N(t) = G(t) \times I(t) \times A(t) \times L(t) \qquad (4-2)$$

式(4-2)中,$G(t)$、$I(t)$、$A(t)$、$L(t)$分别代表 t 时期的制造业集聚水平、制度因素、技术水平和劳动力。

假定上述生产函数满足新古典生产函数的基本条件,即①$F[K(t), N(t)]$有连续的一阶和二阶导数。②各要素的边际产出递减且大于 0,即投入要素越多所获得的产出也越多,但其边际产出却逐渐减少。③规模报酬不变,若把所有生产要素的投入同时提高 n 倍,总产出也会相应地提高 n 倍。④符合 Inada 条件,即当资本存量水平或者劳动力水平充分大时,它们的边际生产率充分小;反之,当它们的水平充分小时,它们的边际生产率充分大。

此外,对模型还做出如下进一步假定:一国的经济社会发展水平决定了与之相适应的制度水平,技术的创新与使用则使得适应经济发展的制度变迁成为可能。因此,认为经济增长和代表生产力水平的技术是制度质量和变迁的决定因素(李芬,2009),假设①为:

$$I(t) = Y^{\beta}(t) A(t) \qquad (4-3)$$

其中，β 为制度影响因子，且 $0<\beta<1$。

假设②：中国是一个人口大国，巨大的人口基数与相对较高的人口增长率为经济的发展提供了丰富的劳动力资源。大量剩余劳动力的存在为劳动力的供给提供了充足的后备力量，同时也决定了整个劳动力市场的潜在供给量。杜鹰（2005）和郭金兴（2007）等运用不同的方法对中国的剩余劳动力数目进行了测算，认为中国仍然存在着较大数量的农村剩余劳动力。因此，在研究制造业集聚水平的时候，假定中国劳动力数量充足，能够满足相应集聚水平对劳动力的需求，故资本的数量与制度因素成为影响制造业集聚水平的决定因素，集聚水平的函数表达为：

$$G(t) = K^{\gamma}(t) I(t) \qquad (4-4)$$

其中，γ 为集聚因子，且 $0<\gamma<1$。

假设③：在生产过程中，资本必然会有一部分价值因为损耗而逐渐转移至新产品中去。假设资本折旧率为 δ，因此，资本累积方程为：

$$\dot{K}(t) = Y(t) - C(t) - \delta K(t) \qquad (4-5)$$

假设④：由于本节主要考虑制造业集聚与地区收入差距之间的关系，为了简化模型，假设劳动力和技术的增长率是不带弹性的，两者分别以 n 和 b 的速度增长，故有：

$$\dot{L}(t) = n L(t) \qquad (4-6)$$

$$\dot{A}(t) = b A(t) \qquad (4-7)$$

根据假设①和假设②，可以得到：

$$G(t) \times I(t) = Y^{2\beta}(t) K^{\gamma}(t) A^{2}(t) \qquad (4-8)$$

二、消费者效用函数

假设消费者整个经济期的跨时效用函数为 $U(C) = \dfrac{C^{1-\theta}-1}{1-\theta}$，其中，$\theta$ 为相对风险厌恶系数，取其大于 1。代表性消费者在一定的约束条件下的跨时最优决策问题可以描述为 $\max \int_0^\infty e^{-\rho t} U(C) dt$，$\rho$ 大于零，为贴现率。消费者的预算约束为其一生消费的贴现值不能超过其初始财富与其一生劳动收入的现值之和。定义 $R(t) = \int_{\tau=0}^{t} r(\tau) d\tau$，它表明在 0 时期投资的一单位产出品将在 t 时获得数量为 $e^{R(t)}$ 的物品，因此，横截性条件为 $\lim\limits_{t \to \infty} k(t) e^{-Rt} = 0$。

三、求解均衡状态

对于每一个消费者来说，在自己的预算约束下选择最优的消费路径、资本存量路径来极大化其效用函数。为求解上述最优化问题，定义现值 Hamilton 函数为：

$$H = U(C) + \lambda(Y - C - \delta K) \qquad (4-9)$$

其中，λ 为 Hamilton 乘子，表示财富的现值影子价格，代表从 0 时来看，在 t 时一个单位的资本存量的增加所带来的最优效用的增加量。

为求得最优条件，分别对 C、K 求一阶导数。由最优条件得出 $\dfrac{\partial H}{\partial C} = 0$，即 $C^{-\theta} = \lambda$，两边取对数后求导，得：

$$-\theta g_C = g_\lambda \qquad (4-10)$$

对现值 Hamilton 函数进行贴现,并利用 Euler 方程可知 $\frac{\partial H}{\partial K} = \rho\lambda - \dot{\lambda}$,即:

$$g_\lambda = \rho - \frac{\alpha + \gamma(1-\alpha)}{1 - 2\beta(1-\alpha)} \cdot \frac{Y}{K} + \delta \qquad (4-11)$$

令人均有效资本 $k = \frac{K}{GIAL}$,消费资本存量比 $c = \frac{C}{K}$,则可得资本与产出增长率分别为:

$$g_K = g_I + g_G + g_A + g_L + g_k \qquad (4-12)$$

$$g_Y = (1-\alpha)(g_I + g_G + g_A + g_L) + \alpha g_K = g_I + g_G + g_A + g_L + \alpha g_k \qquad (4-13)$$

又 $\frac{Y}{K} = \frac{K^\alpha (GIAL)^{1-\alpha}}{K} = k^{\alpha-1}$,结合公式(4-5)和(4-11),得:

$$g_K = k^{\alpha-1} - c - \delta \qquad (4-14)$$

$$g_\lambda = \rho - \frac{\alpha + \gamma(1-\alpha)}{1 - 2\beta(1-\alpha)} k^{\alpha-1} + \delta \qquad (4-15)$$

由(4-8)式可得:

$$g_G + g_I = 2\beta g_Y + \gamma g_K + 2b \qquad (4-16)$$

结合(4-12)和(4-13)式,得:

$$g_G + g_I = \frac{(2\alpha\beta + \gamma) g_k + (2\beta + \gamma) n + (2\beta + \gamma + 2) b}{1 - 2\beta - \gamma} \qquad (4-17)$$

$$g_k = g_K - g_I - g_G - g_A - g_L = k^{\alpha-1} - c - \delta - \frac{2\alpha\beta + \gamma}{1 - 2\beta - \gamma} g_k - \frac{n + 3b}{1 - 2\beta - \gamma} \qquad (4-18)$$

即:

$$\frac{\dot{k}}{k} = g_k = W\left(k^{\alpha-1} - c - \delta - \frac{n + 3b}{1 - 2\beta - \gamma}\right) \qquad (4-19)$$

其中，$W = \dfrac{1-2\beta-\gamma}{1+2\beta(\alpha-1)}$。

$$\dfrac{\dot{c}}{c} = g_c = g_C - g_K = \left(\dfrac{T}{\theta}-1\right)k^{a-1} + c + \left(1-\dfrac{1}{\theta}\right)\delta - \dfrac{\rho}{\theta}$$

(4-20)

其中，$T = \dfrac{\alpha+\gamma(1-\alpha)}{1+2\beta(\alpha-1)}$。

令 $g_c = g_k = 0$，可以得到均衡点时的消费资本存量比和资本存量：

$$\begin{cases} k^* = \left[\dfrac{T(1-2\beta-\gamma)}{(1-2\beta-\gamma)(\rho+\delta)+\theta(n+3b)}\right]^{\frac{1}{1-\alpha}} \\ c^* = \dfrac{\rho}{T} + \left(\dfrac{1}{T}-1\right)\delta + \left(\dfrac{\theta}{T}-1\right)\dfrac{3b+n}{1-2\beta-\gamma} \end{cases}$$

(4-21)

只有当 k^*、c^* 均为正值时，所求得的达到均衡点时的资本存量和消费资本存量比才具有现实的经济意义。因此，需要对处于均衡点时的资本存量和消费资本存量比进行分析。当 $2\beta+\gamma>1$ 时，存在 k^*、$c^*<0$ 的可能，无法一定得到正稳定均衡点；只有当 $0<2\beta+\gamma<1$ 时，才能保证 k^*、c^* 均大于零。此时，经济增长的均衡点（k^*、c^*）一定存在。据此，可得如下推论。

推论①：当 $2\beta+\gamma>1$，即 $\gamma>1-2\beta$ 时，k^*、c^* 均存在为负的可能，不一定得到正的稳定均衡点；当 $0<2\beta+\gamma<1$，即 $0<\gamma<1-2\beta$ 时，k^*、c^* 均大于零，此时可以得到系统的正稳定均衡点。

当系统处于均衡点时，产出的增长率为：

$$g_Y = g_K = g_C = g_I + g_G + g_A + g_L = \dfrac{3b+n}{1-2\beta-\gamma} \qquad (4-22)$$

第三节 均衡状态分析

为了对均衡状态下的产出增长率进行更进一步的分析,考虑劳动力增长率 n,技术增长率 b,制度影响因子 β 和制造业集聚因子 γ 对产出的增长率,即其对地区收入和地区间收入差距产生的影响。

一、制造业集聚因子

产出增长率对集聚因子 γ 分别求一、二阶导数,可得:

$$g'_Y(\gamma) = \frac{3b+n}{(1-2\beta-\gamma)^2} \quad (4-23)$$

$$g''_Y(\gamma) = \frac{2(3b+n)}{(1-2\beta-\gamma)^3} \quad (4-24)$$

由上式易知一阶导数 $g'_Y(\gamma) > 0$,二阶导数 $g''_Y(\gamma)$ 则需要分情况讨论。

当 $2\beta+\gamma>1$,即 $\gamma>1-2\beta$ 时,二阶导数 $g''_Y(\gamma)<0$,产出增长率以递减的速率增长;

当 $0<2\beta+\gamma<1$,即 $0<\gamma<1-2\beta$ 时,二阶导数 $g''_Y(\gamma)>0$,产出增长率以递增的速率增长。

据此,可以推出产出增长率随制造业集聚因子的变化情况,如图 4-1 所示。当 $0<2\beta+\gamma<1$,即 γ 处于 0 到 $1-2\beta$ 的范围内时,产出增长率的一阶导数和二阶导数均大于零。此时,地区收入始终呈现正的增长,且随着 γ 的增大其增长率呈现单调递增趋势,同时其

增幅也不断增大,由最初的 $\frac{3b+n}{1-2\beta}$ 最终趋于无穷大。而当 $2\beta+\gamma>1$,即 γ 处于 $1-2\beta$ 到 1 的范围内时,产出增长率的一阶导数大于零,而二阶导数小于零,地区收入出现负增长,且随着 γ 的增大其增长率呈现单调递增趋势。不同的是其增幅不断缩小,由最初的负无穷大最终趋向于 $-\frac{3b+n}{2\beta}$。这也就意味着,制造业集聚对地区收入的影响存在一个最优的水平,在达到这个最优水平之前,制造业集聚水平的提升有利于地区收入的加速增长,而一旦超过了这个最优水平,地区收入可能会随着制造业集聚水平的继续提升而出现巨大的负增长。

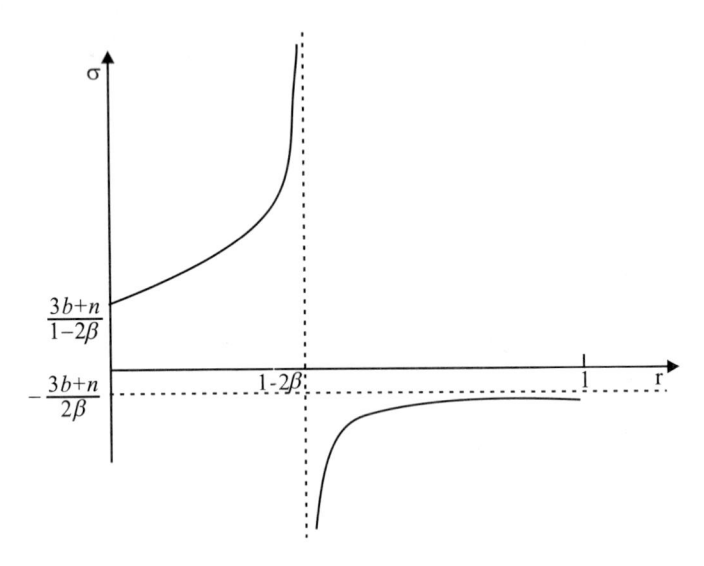

图 4-1 集聚因子 γ 对产出增长率的影响

据此,可以进一步考察集聚因子 γ 对地区收入差距的影响。一方面,若不同地区的制造业集聚水平均处于 0 至 $1-2\beta$ 这一区域,高度的集聚水平会带来高速的收入增长,即使制造业集聚水平相近也可能对应着较大的收入水平差异。而中国的现实情况是,制造业集聚水平相对较高的区域如东部沿海地区其经济本身相对发达,该地区制造业集聚水平的进一步提升则可能使得沿海内陆以及东部、中部、西部三大地区之间的收入差距越来越大。只有当中西部内陆地区的集聚水平赶上甚至超过东部沿海地区,才可能取得经济增长与区域协调发展的双赢。另一方面,若不同地区的制造业集聚水平分别处于 $0 \sim 1-2\beta$ 和 $1-2\beta \sim 1$ 两个不同区域,制造业集聚水平处于 $0 \sim 1-2\beta$ 的地区会随着制造业集聚因子 γ 的增大获得越来越快的收入增长。而集聚水平处于 $1-2\beta \sim 1$ 的地区,其收入增长虽然同样呈现单调递增的趋势,但却一直处于负增长状态。在这种情况下,中国的地区收入差距虽然可能缩小,却是以牺牲发达地区的经济发展为代价的。此外,若不同地区制造业集聚水平均处于 $1-2\beta \sim 1$ 这一区域,随着制造业集聚因子 γ 的增大,收入增长率虽然不断增大,但始终为负。制造业集聚水平相对较低的不发达地区承受着比制造业集聚水平相对较高的发达地区更加低的收入增长,地区收入差距将进一步扩大。

根据以上分析,可以得到推论②和推论③。

推论②:在制度影响因子 β 一定的情况下,当 $0 < 2\beta + \gamma < 1$,即 $0 < \gamma < 1-2\beta$ 时,地区收入呈现正增长且其增长率随着 γ 的增大,增幅不断增大;而当 $2\beta + \gamma > 1$,即 $\gamma > 1-2\beta$ 时,地区收入呈现负增长且其增长率随着 γ 的增大,增幅不断缩小。这说明,制造业集聚对地区收入的影响存在一个最优的水平,过低或过高的制造业集聚都不利于区域经济的发展。

虽然现有的许多研究针对集聚与经济增长之间的关系进行了

分析,多数研究认为产业集聚能够促进经济增长(Braunerhjelem and Borgman,2006;Ottaviano and Pinelli,2006;张艳和刘亮,2007)。而也有部分学者认为产业集聚对经济增长没有显著促进作用甚至会抑制经济的增长(Sbergami,2002;Bode,2004)。而推论②则从地区收入角度为这种实证结果的争论提供了可能的解释,产业集聚对地区收入增长的影响可能存在一个最优水平。因此,不同地区产业集聚水平的差异也就成为其对地区收入以及经济增长产生不同影响的一个可能的解释。

推论③:当不同地区的制造业集聚水平均处于 $0 \sim 1-2\beta$ 或 $1-2\beta \sim 1$ 这一区域时,制造业集聚水平的提升会扩大地区间的收入差距。而当不同地区的制造业集聚水平分别处于 $0 \sim 1-2\beta$ 和 $1-2\beta \sim 1$ 两个不同区域时,地区收入差距可能随制造业集聚水平的提升而所缩小,然而这种协调发展却是以牺牲发达地区的经济发展为代价。这表明在合理的制造业集聚水平范围内,即 $0 \sim 1-2\beta$ 的区域内,提升经济落后地区的制造业集聚水平,并使之赶上甚至超过经济发达地区,才是在不损害各地区经济利益的前提下缩小地区收入差距的可行之路。

张文武和梁琦(2011)从劳动力集聚的角度对产业集聚和地区收入差距的分析也认为促进产业转移,打造中西部地区的集聚中心带动落后地区经济的发展才是中国地区长期协调发展的必由之路。简泽(2007)在对技术外部性、工业集聚和地区经济非均衡增长进行理论和经验分析的基础上,提出政府在平衡经济增长和区域协调发展的两难境地中应当提升中西部地区的工业化水平,改变经济空间结构的累积方向。推论③在一定程度上支持了这些学者所提出的加快中国产业升级和城市化进程,在中西部和内陆地区培育更多产业集聚中心来促进中西部和内陆经济发展以缩小地区收入差距的政策主张。

二、制度影响因子

在其他因素不变的条件下,制度影响因子 β 对地区收入的影响类似于制造业集聚因子。同样也说明在制造业集聚水平、劳动力增长率以及技术进步一定的情况下,存在一个最优化的制度水平。低于这一制度水平可能抑制现有生产要素最优生产效率的发挥,阻碍经济发展。而高于这一制度水平则可能造成较高的制度水平与较为落后的生产力之间难以匹配,制约生产力的发展,进而对地区收入增长带来更大的消极影响。

同样,制度水平对地区收入差距的影响也会随着各个不同地区制度水平的现状而有所不同。因此,政府在保证经济增长的同时,也应当针对经济发达与落后地区的不同实际情况进行有差别的制度安排。在不超越现有经济发展水平的适度范围内改善各地区的制度质量与效率,积极构建与现有生产力水平相适应的制度环境,才能实现收入增长和缩小地区收入差距的双赢。

三、技术增长率和劳动力增长率因子

随着技术增长率 b 或劳动力增长率 n 每增加 1 单位,产出增长率则会随之变动 $\frac{3}{1-2\beta-\gamma}$ 和 $\frac{1}{1-2\beta-\gamma}$ 个单位。因此,不论是技术还是劳动力对地区收入的影响都会受到当下的制度环境和制造业集聚水平的制约。如果 $2\beta+\gamma$ 控制在 0 到 1 的范围之内,那么技术的革新和劳动力数量的增长会促进地区收入的增长,落后地区通过技术改革和创新、增加劳动力供给便能够达到缩小与发达地区收入差距的目的。另外,技术增长率对于收入增长的作用较劳动力增长率要大,也在一定程度上支持了技术决定论。但若制度因子和制造业集聚因子过大,使得 $2\beta+\gamma$ 大于 1,那么技术进步和人口增加则可能会带来地区收入的负增长。这时,过多地追求技术进步和劳动力数量的增加,反而会拉大地区之间的收入差距。这就意味着,要在保持地区收入快速增长的同时,缩小地区间的收入差距不能仅仅将重点放在技术进步与创新或者劳动力数量的增加上,而要在综合考虑不同地区如制度环境、产业集聚水平等经济环境的基础上,合理地匹配各种资源,使之与生产要素能够有效配合,最终达到最优的产出水平。

第四节 均衡路径与收敛速度分析

通常,经济从初始状态开始一般处于非均衡状态。为了进一步说明集聚因子对经济增长收敛速度的影响,需要对均衡点的鞍点稳定性,经济如何从非均衡向均衡点移动以及经济收敛速度进行更为深入的分析。

考虑非线性微分方程组:

$$\dot{k}(t)=f(k(t),c(t)) \quad (4-25)$$

$$\dot{c}(t)=g(k(t),c(t)) \quad (4-26)$$

由以上分析可知,(4-21)式所求得的均衡点 (k^*,c^*) 即为此非

线性微分方程组的均衡点。因此,非线性系统在均衡点(k^*,c^*)附近的一阶 Taylor 展开式为:

$$\dot{k}(t)=\frac{\partial f(k^*,c^*)}{\partial k}(k-k^*)+\frac{\partial f(k^*,c^*)}{\partial c}(c-c^*) \quad (4-27)$$

$$\dot{c}(t)=\frac{\partial g(k^*,c^*)}{\partial k}(k-k^*)+\frac{\partial g(k^*,c^*)}{\partial c}(c-c^*) \quad (4-28)$$

令 $a_{11}=\dfrac{\partial f(k^*,c^*)}{\partial k}=(\alpha-1)W(k^*)^{\alpha-1}$;$a_{12}=\dfrac{\partial f(k^*,c^*)}{\partial c}=-Wk^*$;

$a_{21}=\dfrac{\partial g(k^*,c^*)}{\partial k}=\left(\dfrac{T}{\theta}-1\right)(\alpha-1)c^*(k^*)^{\alpha-2}$;$a_{22}=\dfrac{\partial g(k^*,c^*)}{\partial c}=c^*$。

$\Delta=a_{11}a_{22}-a_{12}a_{21}=(\alpha-1)W(k^*)^{\alpha-1}c^*+Wk^*\left(\dfrac{T}{\theta}-1\right)(\alpha-1)$

$c^*(k^*)^{\alpha-2}=W\dfrac{T}{\theta}(\alpha-1)c^*(k^*)^{\alpha-1}$

非线性方程组的特征根分别为:

$$\lambda_1=\frac{a_{11}+a_{22}+\sqrt{(a_{11}+a_{22})^2-4\Delta}}{2},$$

$$\lambda_2=\frac{a_{11}+a_{22}-\sqrt{(a_{11}+a_{22})^2-4\Delta}}{2}$$

若两个特征根中一根为正,另一根为负,则该均衡点是鞍点稳定的;反之,若两个特征根均为正或均为负,该均衡点则为非鞍点稳定均衡点。根据(4-21)式所求解的均衡点(k^*,c^*),存在以下两种情况。

第一,当$0<2\beta+\gamma<1$,即$0<\gamma<1-2\beta$时,$\Delta<0$,$\lambda_1>0$,$\lambda_2<0$,表明经济系统存在鞍点稳定均衡点。此时,经济由初始状态到鞍点稳定均衡点的运动轨迹如图3-2所示。

在图4-2所示的相位图中,由方程$\dot{c}=0$和$\dot{k}=0$所描绘的曲

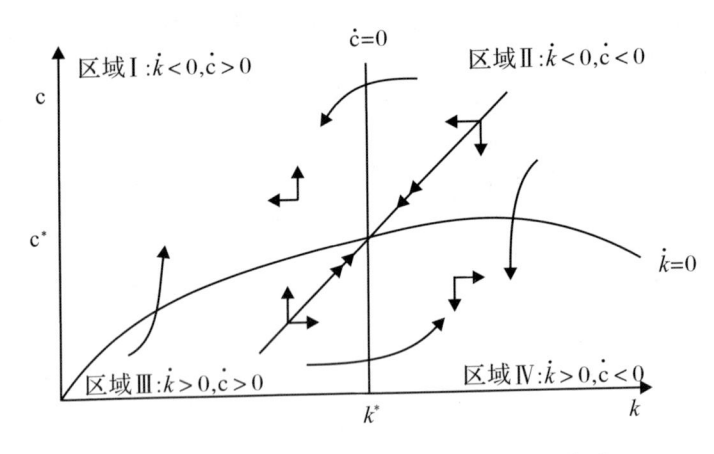

图 4-2 消费资本存量比 c 和资本存量 k 的相位

线将第一象限划分为四个部分,我们分别记为区域Ⅰ、区域Ⅱ、区域Ⅲ和区域Ⅳ。在区域Ⅰ和区域Ⅲ中,资本存量 k 小于均衡时的资本存量 k^* ,而 $k=k^*$ 对应于条件 $\dot{c}=0$,因此,当 $k<k^*$ 时, $\dot{c}>0$ 。这样,当初始经济位于区域Ⅰ和区域Ⅲ时,消费资本存量比水平会上升。相反地,当初始经济位于区域Ⅱ和区域Ⅳ时,消费资本存量比水平则会下降。

在区域Ⅰ和区域Ⅲ中,对应的消费资本存量比 c 大于位于曲线 $k^*=0$ 上的消费资本存量比。因此,当 $c>c^*$ 时, $\dot{k}<0$ 。这样在区域Ⅰ和区域Ⅱ,资本存量水平会下降,相反地,在区域Ⅲ和区域Ⅳ资本存量水平会不断上升。在此条件下,均衡点是鞍点稳定的,因此,可以得到如图 4-2 所示的动态路径。其中,黑线代表最优路径。当且仅当初始的消费资本存量比水平 c(0) 位于该均衡路径上时,资本存量和消费资本存量比才会沿着最优路径达到均衡点。如果初始的消费资本存量比太高,超过 c(0),这表明此时初始的储蓄率太低。

这时,轨道会沿着箭头所示穿过曲线 $\dot{k}=0$,穿过之后,消费资本存量比持续上升,资本存量水平持续下降,在充分长的时间后到达 $\dot{k}=0$,但这显然不是达到均衡点的最优路径。类似地,如果初始的资本存量水平太高,超过 $k(0)$,这表明此时初始的消费资本存量比太低。这时,轨道会穿过曲线 $\dot{k}=0$,穿过之后,消费资本存量比持续下降,资本存量水平持续上升,在充分长的时间后到达 $\dot{k}=0$。

第二,当 $2\beta+\gamma>1$,即 $\gamma>1-2\beta$ 时,$\Delta>0$,λ_1 和 λ_2 均大于 0,均衡点(k^*、c^*)是不稳定的均衡点。在 $0<\gamma<1-2\beta$ 的条件下,存在稳定的均衡点。此时,若时间充分长,资本存量水平、消费资本存量比水平和产出水平等都会收敛到各自的均衡值,而同一时间不同经济体或地区之间发展的差异性就涉及收敛速度的问题,即考虑经济从初始的不均衡到达均衡的时间问题。

接下来分析制造业集聚因子 γ 对收敛速度的影响。由于仅在 $0<\gamma<1-2\beta$ 的条件下存在正的鞍点稳定均衡点,因此仅讨论在这一条件下的经济收敛速度。此时,人均有效产量满足如下等式:

$$y(t)-y^* \approx e^{\lambda_2 t}(y_0-y^*) \tag{4-29}$$

其中,y^*、y_0、$y(t)$ 分别代表人均有效产量、初始人均有效产量和 t 时期的人均有效产量。

由式(4-29)可知,一国经济 $y(t)$ 发展到距离最优人均有效产量 y^* 的中点时所用时间即代表经济收敛速度的半程期 t_h 约为:

$$e^{\lambda_2 t_h}=\frac{1}{2} \tag{4-30}$$

$$t_h=-\frac{\ln 2}{\lambda_2}=\frac{\ln 4}{\sqrt{(a_{11}+a_{22})^2-4\Delta}-(a_{11}+a_{22})}$$

$$= \frac{\ln 4}{\sqrt{(a_{11}+a_{22})^2 - 4\frac{T}{\theta}a_{11}a_{22}} - a_{11} - a_{22}} \quad (4-31)$$

对 t_h 关于 γ 求导：

令 $F(a_{11}, a_{22}, T) = \sqrt{(a_{11}+a_{22})^2 - 4\frac{T}{\theta}a_{11}a_{22}} - a_{11} - a_{22}$，则有：

$$\frac{\partial F}{\partial a_{11}} = \frac{(a_{11}+a_{22}) - 2\frac{T}{\theta}a_{22}}{\sqrt{(a_{11}+a_{22})^2 - 4\frac{T}{\theta}a_{11}a_{22}}} - 1 \quad (4-32)$$

$$\frac{\partial F}{\partial a_{22}} = \frac{(a_{11}+a_{22}) - 2\frac{T}{\theta}a_{11}}{\sqrt{(a_{11}+a_{22})^2 - 4\frac{T}{\theta}a_{11}a_{22}}} - 1 \quad (4-33)$$

$$\frac{\partial F}{\partial T} = \frac{\frac{2}{\theta}a_{11}a_{22}}{\sqrt{(a_{11}+a_{22})^2 - 4\frac{T}{\theta}a_{11}a_{22}}} \quad (4-34)$$

将以上所求得均衡点 (k^*, c^*) 分别代入 a_{11} 和 a_{22} 中，可得：

$$a_{11} = (\alpha-1)W(k^*)^{\alpha-1} = \frac{(\alpha-1)[(1-2\beta-\gamma)(\rho+\delta) + \theta(n+3b)]}{\alpha + \gamma(1-\alpha)}$$
$$(4-35)$$

$$a_{22} = c^* = \frac{[1+2\beta(\alpha-1)]\rho + (1-\alpha)(1-2\beta-\gamma)\delta}{\alpha + \gamma(1-\alpha)} +$$

$$\frac{[\theta - \alpha - (1-\alpha)(2\beta\theta+\gamma)](3b+n)}{[\alpha+\gamma(1-\alpha)](1-2\beta-\gamma)} \quad (4-36)$$

分别对 a_{11}、a_{22} 和 T 关于 γ 求导：

$$\frac{da_{11}}{d\gamma} = \frac{(1-\alpha)^2[(1-2\beta)(\rho+\delta) + \theta(n+3b)] + \alpha(1-\alpha)(\rho+\delta)}{[\alpha+\gamma(1-\alpha)]^2} = M$$
$$(4-37)$$

$$\frac{da_{22}}{d\gamma}=$$

$$\frac{(\alpha-1)(1-2\beta-\gamma)[\alpha+\gamma(1-\alpha)]-[(1-\alpha)(1-2\beta-2\gamma)-\alpha][\theta-\alpha-(1-\alpha)(2\beta\theta+\gamma)]}{[\alpha+\gamma(1-\alpha)]^2(1-2\beta-\gamma)^2}$$

(4-38)

$$(n+3b)+\frac{(\alpha-1)\{\delta[\alpha+(1-\alpha)(1-2\beta)]+\rho[1+2\beta(\alpha-1)]\}}{[\alpha+\gamma(1-\alpha)]^2}=N$$

$$\frac{dT}{d\gamma}=\frac{1-\alpha}{1+2\beta(\alpha-1)} \quad (4-39)$$

结合(4-32)至(4-38)式,可得:

$$\frac{dF}{d\gamma}=\frac{\partial F}{\partial a_{11}}\frac{da_{11}}{d\gamma}+\frac{\partial F}{\partial a_{22}}\frac{da_{22}}{d\gamma}+\frac{\partial F}{\partial T}\frac{dT}{d\gamma}=$$

$$\left[\frac{(a_{11}+a_{22})-2\frac{T}{\theta}a_{22}}{\sqrt{(a_{11}+a_{22})^2-4\frac{T}{\theta}a_{11}a_{22}}}-1\right]\frac{da_{11}}{d\gamma}+\left[\frac{(a_{11}+a_{22})-2\frac{T}{\theta}a_{11}}{\sqrt{(a_{11}+a_{22})^2-4\frac{T}{\theta}a_{11}a_{22}}}-1\right]$$

$$\frac{da_{22}}{d\gamma}-\frac{\frac{2}{\theta}a_{11}a_{22}}{\sqrt{(a_{11}+a_{22})^2-4\frac{T}{\theta}a_{11}a_{22}}}\frac{dT}{d\gamma}=\frac{1}{\sqrt{(a_{11}+a_{22})^2-4\frac{T}{\theta}a_{11}a_{22}}}$$

(4-40)

$$\left\{\left[(a_{11}+a_{22})-\sqrt{(a_{11}+a_{22})^2-4\frac{T}{\theta}a_{11}a_{22}}-2\frac{T}{\theta}a_{22}\right]M+\right.$$

$$\left.\left[(a_{11}+a_{22})-\sqrt{(a_{11}+a_{22})^2-4\frac{T}{\theta}a_{11}a_{22}}-2\frac{T}{\theta}a_{11}\right]N\right\}$$

$$\frac{\frac{2}{\theta}a_{11}a_{22}}{\sqrt{(a_{11}+a_{22})^2-4\frac{T}{\theta}a_{11}a_{22}}}\frac{1-\alpha}{1+\beta(\alpha-1)}$$

由此,**推论④**:当满足:

$$\left[(a_{11}+a_{22})-\sqrt{(a_{11}+a_{22})^2-4\frac{T}{\theta}a_{11}a_{22}}-2\frac{T}{\theta}a_{22}\right]M+$$

$$\left[(a_{11}+a_{22})-\sqrt{(a_{11}+a_{22})^2-4\frac{T}{\theta}a_{11}a_{22}}-2\frac{T}{\theta}a_{11}\right]N>$$

$$\frac{\frac{2}{\theta}a_{11}a_{22}}{\sqrt{(a_{11}+a_{22})^2-4\frac{T}{\theta}a_{11}a_{22}}}\frac{1-\alpha}{1+\beta(\alpha-1)}$$

时,随着制造业集聚因子 γ 增大,t_h 会随之减小。在此条件下,制造业集聚因子 γ 增大可加快贫穷地区赶上富裕地区的速度,进而加快缩小地区收入差距的进程。

第五节 理论分析启示

本章在构建基本数理模型的基础上,分析了制造业集聚和制度因子以及技术和劳动力的增长率对地区经济增长和地区之间收入差距的影响。然后,进一步考察了经济从最初的不均衡状态向鞍点稳定均衡点的运动轨迹和产业集聚因子对地区经济收敛速度的影响,得出了以下推论和启示。

一方面,产业集聚对地区收入的影响存在一个最优的水平。在这个最优的水平之下,产业集聚水平的提升会加快促进地区经济增长,然而一旦超过一定这个最优水平,过度的产业集聚所带来的负效用开始凸显,最终可能导致地区收入的巨大回落,甚至一直维持在负的增长率水平上。进而,当不同地区的产业集聚水平处于同一区间时,提升产业集聚水平可能会进一步扩大地区间的收入差距。

当不同地区的产业集聚水平差距较大且分别处于不同区间时,地区收入差距虽然会随着产业集聚水平的提升而有所缩小,但是以牺牲发达地区的经济发展为代价的。这说明在合理的范围内提升经济落后地区的产业集聚水平,并使之超过发达地区,进而推动落后地区的产业升级,才能够带动落后地区的经济发展,是在保证经济发展速度的前提下缩小地区收入差距的可行之路。

另一方面,若地区产业集聚水平维持在符合地区经济发展水平的合理范围内,经济则会沿着最优路径达到鞍点稳定均衡点。反之,若地区产业集聚水平超过这一范围则不存在正的鞍点稳定均衡点。此时,经济处于一种极不稳定的状态,各类因素的弱冲击也可能给经济带来巨大的波动。进一步地,地区产业集聚水平的提高能够缩短达到鞍点稳定均衡点的半程期,即拥有较高产业集聚水平的国家或地区能够以更快的速度赶上甚至超过经济发达的国家或地区。因此,在适度的范围内,提升一国或地区的产业集聚水平不仅能够加快该国或该地区的收入增长速度,也能够加快该国或该地区赶超经济发达国家或地区的速度,国家或地区间的收入差距也会由此改善。

第五章 中国制造业集聚水平动态测算

产业集聚水平深刻地反映了一个国家或地区的市场规模、专业化分工水平、资源与知识共享程度所决定的经济发展阶段。有效地测算产业集聚的水平并研究其演变规律,不仅是实证产业集聚理论的必要前提,也是正确评估国家或地区产业发展阶段的重要依据。本章对1986～2010年中国制造业2位数20个分行业的集聚水平进行了动态测算,并分别从制造业整体及其行业的集聚水平和地域分布三个层面进行统计,分析它们的演变趋势。既为政府正确评估制造业的发展阶段并制定相应发展政策提供决策参考,又为发展中国家认识产业集聚的变化趋势,把握演变规律提供有价值的经验借鉴。

第一节 计算方法综述

国外学者创建了许多计算方法应用于测算发达国家或地区的产业聚集水平。Hoover(1936)依据衡量收入分配不平等程度的洛伦兹曲线设计Hoover指数,成为测算产业集聚水平的基本方法。Krugman(1991)不但将以洛伦兹曲线为依据计算收入分配差距的基尼系数应用于测算美国制造业106个3位数行业的区位分布差异化水平,而且还进一步构建了衡量地区产业集中程度的地区差异系数,用于测度与比较1985年欧盟4个国家之间以及1977年美国内部各个地区产业专业化集中程度,得到欧盟国家的产业集中度低于美国的结论。与之类似,Kim(1998)计算了1860～1987年美国部门地方专业化的平均系数,发现农业的地区集中程度一直呈现出单边上升,批发业的区域集中水平却一直下降,而制造业则表现出先升后降的趋势。Amiti(1998)则采用修正的空间基尼系数,分别计算了1968～1990年欧盟10国3位数27个行业和5国65个行业的空间集中度,并经过对比之后,发现60%以上行业的区位分布更加集中。Combes and Overman(2004)在分析欧盟各国家产业竞争力时,运用他们所构建的产业地区平均集中率系数测算了欧盟各国制造业平均集中率,结果表明随着欧盟成员国的扩张和经济一体化的发展,各国之间的产业结构由趋同转变为明显的差异化,特别是小国已实现了地方专业化生产,而英国、法国、德国等的产业专业化集中水平也在不断提升。

然而,无论是Hoover系数、空间区位基尼系数等测算方法都没有考虑厂商的规模和地理分布,这不便于跨时间在不同地区的不同产业之间进行比较。对此,Ellison and Glaeser(1997)引入反映市场集中度的赫芬达尔指数,开创性地构建了考虑厂商规模及其地理分布的产业内集聚水平系数和产业间共同集聚水平系数,并分别从美国国家、区域和州三个层面测算了制造业4位数459个行业内的地区集中水平和制造业2位数至4位数分行业的共同集聚水平。结果发现,虽然大多数制造行业的区位分布更加集中,但有小部分行业的区位分布集中程度仍没有Krugman(1991)所估计得那么高,且在州层面上估计的制造业集中度远远高于国家或地区层面。Duranton and Overman(2005)更是考虑了企业之间距离因素构造新的产业集聚水平测算方法,分别测算英国制造业分行业的集聚水平。这种方法显然更加符合产业集聚的定义,但由于需要企业之间距离等更为微观、更为严格的数据,因而适用性有限。

在中国产业集聚测度的实证研究方面,专门测度产业集聚水平的研究不仅不多见,而且已有的研究未能取得一致性结论。Young(2000)计算了1985～1997年中国各地区农业、工业、建设、交通和贸易五个部门的国民收入比重和三大产业国民生产总值的相对比重,发现中国各产业集聚水平呈下降趋势。与之相反,梁琦(2003)计算了1994～2000年中国制造业分行业的区位基尼系数,发现自然资源密集型行业、劳动密集型行业和知识密集型行业地区分布较为集中,而资本密集型行业则分布较为分散。类似的研究还有,徐康宁和冯春虎(2003)借用了衡量市场集中度的CR指数、标准差系数和自定义的η值测算了1997年中国制造业行业的地理集中度;Amiti and Wen(2001)、范剑勇(2004)分别采用修正的空间基尼系数和产业地区集中指数计算了中国制造业的地理集中水平;Bai et al.(2004)以就业人数为单位,采用了Hoover系数测算了1985～1997年中国制造业32个分行业的地理集中水平,他们的研究结论都表明中国制造业的区域集中度有不同程度地提高。

有部分学者在考虑厂商的规模和数量区位分布的条件下,利用Ellison and Glaeser(1997)设计的产业内集聚程度系数,测算中国地区产业集聚的水平。例如,罗勇和曹丽莉(2005)采用了就业人数数据,将产业内集聚程度系数和自定义的5省集中度指数分别运用于测算中国制造业20个分行业的集聚水平;王子龙、谭清美和许箫迪(2006)则计算了1994～2003年制造业中5个分行业的产业内集中程度系数;路江涌和陶志刚(2006)为了与国外学者的研究成果进行对比,采用了职工人数数据测算了1998~2003年中国制造业分行业的地区集中度;杨洪焦、孙林岩和高杰(2008)采用同样的方法,计算了1988~2005年中国制造业2位数18个行业的集聚水平,并分析了演变的趋势,结果都表明中国制造业的集聚水平不断上升。然而,魏后凯(2012)以制造业总产值份额占全国总产出份额的比重度量制造业集聚水平,计算了1980~2010年中国制造业集聚水平变化趋势,结果表明20世纪80年代中国制造业集聚在中国东部和中西部地区的变化水平不大;但从1990年开始,中国制造业及其28个分行业在东部地区集聚水平提高,而在中西部地区集聚水平却开始下降;进而,从国家总的固定资产投资、外商直接投资和非政府本国投资三项指标来看,从2005年起中国制造业开始由东部转向中西部地区。Lemoine等人(2015)采用制造业总产值数据计算了1998~2009年中国中西部地区制造业12个分行业地方专业化指数,结果表明1998~2009年中国制造业各分行业中除了冶金工业和交通运输业之外,其他制造业各分行业集聚水平都在不断升高,但在2006年之后,除了食品制造业之外,其他制造业各分行业集聚水平又都呈现下降趋势。

从上述文献可以看出,产业集聚水平测度的研究大多是以发达国家为研究对象,而对发展中国家产业集聚水平的研究却相对较少,更是缺乏对其跨时期演进态势的分析。特别是在中国的研究方面,研究方法和数据处理还存在一定的缺陷。例如,Young(2000)按大类划分行业的方法并用总产值比重作为集聚水平的度量指标过于粗糙;梁琦(2003)、Amiti and Wen(2001)、范剑勇(2004)、魏后凯(2009)与Lemoine等人(2015)等人虽测算了中国制造业分行业的集聚水平,但却没有考虑行业的企业规模和地理分布;罗勇和曹丽莉(2005)、路江涌和陶志刚(2006)使用的计算数据时间年份较少,不能充分地反映制造业集聚水平的演变规律。前者在缺乏企业级微观数据的前提下没有说明赫芬达尔指数估计的方法,使得后续研究难以展开。后者虽采用了企业级微观数据计算了制造业分行业的赫芬达尔指数和集聚水平系数,但其使用"职工人数"这一主要指标的统计口径不一致,从而减弱了研究结果的说服力。此外,杨洪焦、孙林岩和高杰(2008)则在假设同一地区不同行业内所有企业具有相同的规模前提下估算了不同行业的赫芬达尔指数,但是这种估计方法没有考虑某一行业在同一地区内所有企业规模的方差,致使所估计的赫芬达尔指数偏小,产业内集聚系数偏大,使其研究结果仍有待进一步商榷。

与前人的研究相比,本章借鉴于 Sleuwaegen and Dehandschutter(1986)的研究成果,以更加合理的方式估计赫芬达尔指数,进而采用 Ellison and Glaeser(1997)设计的产业内集聚水平系数,对 1986~2010 年我国制造业 2 位数 20 个分行业的集聚水平进行动态测算;再分别从制造业整体、分行业及其地域分布三个层面对计算结果进行统计,分析长期演变趋势,为政府引导区域产业发展提供有价值的经验支撑和宏观决策启示。

第二节 计算方法与数据处理

一、计算方法

Ellison and Glaeser(1997)依据产业集聚机制理论,认为企业对自身的成本与收益的比较是集聚与分散的来源,是由地区的自然资源禀赋和外部性所决定,这包括使用低廉的生产要素、专业化的劳动投入、较低的运输成本和较强的知识溢出;同时,考虑异质性产业有各自的产业特性和市场结构,因而设计了既能有效地评估自然资源禀赋和外部性,又控制厂商的规模和数量区位分布的产业内集聚水平系数,又称之为 γ 系数,以此衡量与比较不同时期不同产业或行业的集聚水平。其计算方法表达式见公式(5-1):

$$\gamma_{it} = \frac{G_{it} - (1 - \sum_{r=1}^{M} x_{rt}^2) H_{it}}{(1 - \sum_{r=1}^{M} x_{rt}^2)(1 - H_{it})} \quad (5-1)$$

其中, $G_{it} = \sum_{r=1}^{M}(q_{rt} - x_{rt})^2$ 且 $H_{it} = \sum_{m=1}^{N_{it,total}} z_{mt}^2$

以第 i 行业第 t 年为例说明公式(5-1)的含义, γ_{it} 表示第 i 行业第 t 年的集聚水平系数,其数值越大表明行业的地理集聚水平越高。G_{it} 则表示不考虑厂商的规模和数量区位分布的第 i 行业空间基尼系数,其数值越大,表明行业的地理分布越集中。q_{rt} 是该年第 i 行业在第 r 个地区的生产总值或就业人数占该行业在所有地区生产总值或就业人数的比重,而 x_r 是第 r 个地区的总产值或总就业人数占全国总产值或总就业人数的比重,M 是区域划分的数量。H_{it} 则是反映第 i 行业第 t 年的市场集中度的赫芬达尔指数,如果该年该行业共有 $N_{it,total}$ 个企业,z_{mt} 则是第 m 个企业产出或就业人数占该行业总产出或总就业人数的比重,反映了该企业的生产规模。因此,与 Hoover 系数、空间基尼系数、产业地区集中度系数不同的是,γ 系数可以简单地看成是剔除企业的规模和数量区位分布信息之后的空间基尼系数,这便于跨时期、跨区域对不同产业的集聚水平进行比较。如果 $\gamma_{it} > 0.05$,表示第 t 年第 i 产业或行业处于高度集聚水平;如果 $0.02 \leqslant \gamma_{it} < 0.05$,为中等集聚水平;而如果 $\gamma_{it} < 0.02$,则为低水平集聚(Ellison and Glaeser,1997)。

由于缺乏长时期不同年份每个行业所包含的每个企业规模的数据资料,因此我们无法直接计算出各年份各行业的赫芬达尔指数。但借鉴于 Sleuwaegen and Dehandschutter(1986)的研究成果,在给定第 i 行业 s 个企业的市场集中比率(CR_{its})的条件下,其赫芬达尔指数的最大值($H_{it,\max}$)和最小值($H_{it,\min}$)必然是:

$$H_{it,\max} = \begin{cases} (CR_{its})^2 & CR_{its} \geqslant 1/s \\ (CR_{its})/s & CR_{its} \leqslant 1/s \end{cases} \quad (5-2)$$

$$H_{it,\min} = (CR_{its})^2/s$$

其中,$CR_{its} = \sum_{p=1}^{s} Z_{itp}$,$Z_{ip}$ 为第 i 行业中生产规模最大的 s 个企业中第 p 个企业的总产值或就业人数占整个行业总产值或就业人数的比例。每个行业在每个地区必然有一个生产规模最大的企业,在此为了估算该企业的生产规模,我们作了如下分解处理。首先,将行业的总产值按该行业在不同地区拥有企业数量的比例分解,并与该行业在该地区的实际值进行比较;再将比较后的余值按地区分别累加到平均值之上,从而估算出该行业在每个地区最大企业的生产规模。取每个行业在所有地区具有最大生产规模的企业,即有 $s=M$。在此基础上计算它们的生产规模占整个行业的比重,即得估算的企业市场集中比率($\hat{CR}_{itM}$)。其分解技术的表达式见(5-3):

$$\hat{CR}_{itM}=\sum_{p=1}^{M}\hat{Z}_{itp}=\sum_{p=1}^{M}[Q_{rit}-Q_{it,total}(n_{rit}/N_{it,total})+Q_{it,total}/N_{it,total}]/Q_{it,total} \quad (5-3)$$

Q_{rit} 和 n_{rit} 分别为第 i 行业第 t 年在地区 r 的总产值和企业个数,$Q_{it,total}$ 和 $N_{it,total}$ 分别为相应年份行业的总产值和企业个数。依据公式(5-2)和(5-3)可计算出赫芬达尔指数的最大值和最小值,取两者的算术平均后得到第 t 年第 i 行业估计的赫芬达尔指数($\hat{H}_{it}$),进而可得到较为精确的估算不同年份不同行业的 γ 系数计算式(5-4):

$$\hat{\gamma}_{it}=\frac{G_{it}-(1-\sum_{r=1}^{M}x_{rt}^{2})\hat{H}_{it}}{(1-\sum_{r=1}^{M}x_{rt}^{2})(1-\hat{H}_{it})} \quad (5-4)$$

二、数据来源和处理

已有的研究大多以就业人数为指标计算各种产业集聚水平的系数,而本章没有使用这一指标是基于以下三个方面的原因。①历史上,行业就业人数的统计口径发生过三次大的变化。1992 年以前是以"年末职工人数"统计各地区各行业的就业人数,1993~1994年是以"全部职工平均人数"为统计指标,而自 1994 年以后则修改为"全部从业人员年平均人数",这意味着就业人数统计口径的缩小。②以就业人数为统计指标衡量产业集聚水平可能受到国有企业劳动力严重过剩的影响(Bai et al.,2004)。③各地区就业人员质量的差异使得据此计算的产业集聚系数存在偏差(岳希明和任若恩,2008)。为了保持数据统计口径的一致性,本章以工业总产值为指标分别计算了除缺乏统计数据的1995年、1996年和1998年之外的1986～2010年中22个年份制造业2位数20个分行业的γ系数。之所以选择2位数20个分行业为研究对象,不仅因为它们涵盖了各类要素密集型行业,而且作为制造业的重要组成部分可以代表区域整个制造业的发展水平;同时也由于这些行业不受资源的约束,可以在地区之间转移,表现出较强的规模经济效应。国家统计局制定的《国民经济行业分类与代码》曾分别在样本时段的1994年和2003年发生过2次修订,表5-1是依据2003年修订并应用于2002年统计数据中的《国民经济行业分类与代码》(GB/T4754-2002)为主要标准的制造业2位数20个分行业分类表,各年份的行业均按此分类表进行整合归类。其中,1987～1993年我国虽没有专门统计农副食品加工业,但却对所属门类的饲料加工业进行了统计,因而以饲料加工业近似替代农副食品加工业。1987～1992年,我国只对机械工业总体进行了统计,但没有专门将其分类为通用设备制造业和专用设备制造业,但这两类行业的集聚水平可能具有各自不同的演变趋势,因而在其他年份尽可能将两类行业分别归类计算。主要指标的详细数据来源及处理说明如下。

第一,各地区各行业的工业总产值。除1986年饲料加工和仪器仪表及文化、办公用品机械及其他计量器具制造业,以及1990～1992年间有色金属制品、冶炼及压延加工业未做统计之外,该指标1986～1989年的数据来源于《中国统计年鉴》(1987～1990年),以后年份数据来源于《中国工业经济统计年鉴》(1991～2011年)和《中国经济普查年鉴2004》(地区卷)。1997～2010年的行业总产值数据均以1990年为基期按工业品出厂价格指数进行平减,1997年以前则按工业生产总值指数进行近似替代折算,相应的指数数据都来自《新中国五十五年统计资料汇编》和《中国统计年鉴》(2006～2011年)。

表5-1 制造业2位数20个分行业分类

行业代码	行业类别说明	行业代码	行业类别说明
C13	农副食品加工业(饲料加工)	C31	建筑材料及非金属矿物制品业
C14	食品制造业	C32	黑色金属冶炼及压延加工业
C15	饮料制造业	C33	有色金属制品、冶炼及压延加工业
C16	烟草加工业	C34	金属制品业
C17	纺织工业	C35&C36 机械工业 { C35	通用设备制造业或普通机械设备制造业(机械工业)
C22	造纸及纸制品业	C36	专用或专有设备制造业(机械工业)
C25	石油加工、炼焦及核燃料加工业	C37	交通运输设备制造业
C26	化学工业、化学原料及化学制品制造业	C39	电气机械及器材制造业
C27	医药制造业或医药工业	C40	通信设备(电子通信设备)、计算机及其他电子设备制造业
C28	化学纤维制造业	C41	仪器仪表及文化、办公用品机械及其他计量器具制造业

第二,各地区各行业的企业个数。除缺乏 1986 年饲料加工和仪器仪表及文化办公用品机械及其他计量器具制造业和 1990～1992 年间有色金属制品、冶炼及压延加工业统计数据外,该统计指标的其余数据均来自《中国统计年鉴》(1987～1990 年)、《中国工业经济统计年鉴》(1991～2011 年)和《中国经济普查年鉴 2004》(地区卷)。需要指出的是,虽然我们尽量保持数据的一致性,但对于各地区各行业企业总数的统计口径在 1988 年由原来的"乡及乡以上的工业企业数"改为"所有国有企业和年销售额 500 万元人民币以上的非国有企业",对此我们没有办法使其统一。

第三,各地区总产值。该指标数据来自《新中国五十五年统计资料汇编》和《中国统计年鉴》(2006～2011 年)。各年各地区总产值数据都以 1990 年为基期并利用 GDP 指数进行平减。

此外,在进行地区划分时,除西藏、香港、澳门和台湾以外,本章统计包括了全国 29 个省、直辖市和自治区的地区数据。自 1997 年以来,重庆被设立为直辖市,我国该地区所有指标数据均与四川省分开统计,但为了保证时间序列上的地区样本前后一致性,而将四川与重庆的产值数据合并,并对指数取其两者平均计算。

第三节　制造业集聚水平动态变化分析

依据 γ 系数的计算公式,测算了 1986～2010 年 22 年的制造业 2 位数 20 个分行业的集聚水平,并将计算结果列于表 5-2 和表 5-3,且分别从制造业的集聚水平、分行业的集聚水平及其相应的地域分布三个层面统计分析制造业集聚的变化趋势。

表 5-2 1986~2006 年中国制造业 2 位数 20 个分行业集聚水平 γ 系数

变量\年份	1986	1987	1988	1989	1990	1991	1992	1993	1994	1997	1999	2000
C13	——	0.0100	0.0157	0.0102	0.0098	0.0106	0.0147	0.0106	0.0114	0.0160	0.0240	0.0370
C14	0.0037	0.0024	0.0023	0.0026	0.0034	0.0026	0.0032	0.0120	0.0132	0.0163	0.0198	0.0202
C15	0.0061	0.0047	0.0052	0.0054	0.0040	0.0043	0.0052	0.0117	0.0084	0.0090	0.0133	0.0472
C16	0.0183	0.0244	0.0257	0.0331	0.0360	0.0406	0.0474	0.0382	0.0464	0.0426	0.0415	0.0424
C17	0.0219	0.0200	0.0229	0.0242	0.0294	0.0279	0.0327	0.0560	0.0664	0.0562	0.0701	0.0741
C22	0.0034	0.0033	0.0033	0.0034	0.0033	0.0027	0.0027	0.0079	0.0096	0.0170	0.0287	0.0349
C25	0.0430	0.0285	0.0301	0.0287	0.0302	0.0282	0.0304	0.0304	0.0293	0.0330	0.0217	0.0252
C26	0.0106	0.007	0.0070	0.0085	0.0098	0.0100	0.0102	0.0114	0.0133	0.0137	0.0192	0.0216
C27	0.0101	0.0068	0.0053	0.0051	0.0224	0.0062	0.0078	0.0075	0.0080	0.0070	0.0089	0.0103
C28	0.0830	0.0572	0.0546	0.0491	0.056	0.0630	0.0588	0.0687	0.0621	0.0540	0.0489	0.0557
C31	0.0050	0.0034	0.0033	0.003	0.0028	0.0026	0.0029	0.0194	0.0111	0.0112	0.0218	0.0222
C32	0.0391	0.0295	0.0304	0.0312	0.0328	0.0363	0.0313	0.0249	0.0232	0.0178	0.0185	0.0172
C33	0.0222	0.018	0.0155	——	——	0.0116	0.0134	0.0133	0.0162	0.0123	0.0132	0.0151
C34	0.0113	0.008	0.0095	0.0138	0.0101	——	——	0.0191	0.0210	0.0268	0.0509	0.0545
C35 & C36	0.0541	0.0082	0.0094	0.0095	0.0108	0.0105	0.0080	0.0195	0.0211	0.0396	0.0289	0.0405
C35								0.0156	0.0240	0.0381	0.0259	0.0363
C36	0.0159							0.0145	0.0162	0.0185	0.0193	0.0175
C37	0.0177	0.0169	0.0182	0.0191	0.0199	0.0193	0.0206	0.0323	0.0348	0.0452	0.0547	0.0597
C39	0.0226	0.0160	0.0178	0.0157	0.0167	0.0196	0.0193	0.0613	0.0618	0.0748	0.1248	0.0898
C40	0.0443	0.0373	0.0336	0.0334	0.0342	0.0464	0.0495	0.0388	0.0440	0.0711	0.1076	0.1083
C41	——	0.0252	0.0244	0.0254	0.0250	0.0273	0.0322					

注释：① 计算结果均按 4 舍 5 入法保留 4 位小数；② "——"表示该行业缺乏该年份的统计数据。

表 5-3　2001~2010 年中国制造业 2 位数 20 个分行业集聚水平 γ 系数

变量\年份	2001	2002	2003	2004	2005	2006	2007	2008	2009	2010
C13	0.0443	0.0464	0.0467	0.0746	0.0794	0.0784	0.0392	0.0321	0.0287	0.0245
C14	0.0168	0.0174	0.0184	0.0267	0.0342	0.0379	0.0219	0.0212	0.0200	0.0171
C15	0.0166	0.0179	0.0214	0.0265	0.0307	0.0312	0.0144	0.0149	0.0160	0.0194
C16	0.0412	0.0376	0.0356	0.0450	0.0419	0.0358	0.0377	0.0339	0.0352	0.0290
C17	0.0835	0.0931	0.0926	0.1212	0.1190	0.1200	0.0603	0.0589	0.0546	0.0504
C22	0.0379	0.0429	0.0507	0.0654	0.0654	0.0653	0.0248	0.0231	0.0201	0.0184
C25	0.0188	0.0195	0.0196	0.0220	0.0264	0.0283	0.0160	0.0161	0.0147	0.0127
C26	0.0221	0.0245	0.0271	0.0471	0.0693	0.0569	0.0143	0.0156	0.0185	0.0159
C27	0.0111	0.0107	0.0122	0.0215	0.0258	0.0251	0.0061	0.0087	0.0062	0.0063
C28	0.0936	0.1151	0.1904	0.1883	0.2122	0.2300	0.1636	0.1824	0.1855	0.1884
C31	0.0218	0.0228	0.0271	0.0372	0.043	0.029	0.0144	0.0134	0.0120	0.0100
C32	0.0170	0.0192	0.023	0.0405	0.0418	0.0451	0.0250	0.0275	0.0287	0.0269
C33	0.0158	0.0168	0.0200	0.0317	0.0325	0.0329	0.0149	0.0163	0.0147	0.0158
C34	0.0533	0.0573	0.0638	0.0602	0.0612	0.0647	0.0291	0.0247	0.0222	0.0219
C35 & C36	0.0436	0.0390	0.0303	0.0510	0.0509	0.0220	0.0196	0.0190	0.0185	0.0405
C37	0.0348	0.0292	0.0382	0.0386	0.0389	0.0069	0.0069	0.0075	0.0091	0.0363
C39	0.0187	0.0191	0.0170	0.0167	0.0184	0.0171	0.0128	0.0114	0.0113	0.0114
C40	0.0625	0.0702	0.0785	0.0722	0.0742	0.0742	0.0385	0.0443	0.0310	0.0321
C41	0.0940	0.1038	0.1129	0.1212	0.1213	0.1185	0.0925	0.1023	0.1056	0.1046
	0.1220	0.1156	0.1315	0.0959	0.0937	0.0915	0.0637	0.0600	0.0539	0.0570

注释：计算结果均按 4 舍 5 入法保留 4 位小数。

第五章 中国制造业集聚水平动态测算

以 1986～2010 年制造业 2 位数 20 个分行业集聚水平的 γ 系数为样本,计算了样本数据在各年份的行业数、最大值、最小值、中位数、算术平均值、加权平均值、标准差与标准差系数、偏度、偏斜度等统计描述量数(表 5-4)。其中,加权平均值按行业总产值份额加权计算。同时,还依据 Ellison and Glaeser(1997) 对 γ 系数的分类分别统计了各年份的高、中、低度集聚的行业个数,以便于从整体上分析制造业集聚水平的动态变化趋势。由于选取的制造业行业在一些年份缺失数据,因此为了保持行业样本的一致性,将时间序列划分为 1986 年、1987～1989 年、1990～1992 年、1993～2006 年和 2007～2010 年五个阶段。

从表 5-4 整个时间序列数据中,随着年份的增加,制造业 20 个分行业 γ 系数中的最大值、最小值、算术平均值和加权平均值都基本呈现出"先降后升再降"的"倒 N 型"变化趋势,但仅从这些统计量的数值变化不足以完全反映制造业整体集聚水平的演变规律。由于偏斜度均大于 0 并呈上升趋势,说明在观测年份内,制造业的系数越来越有右偏分布的趋势,此时各年份行业 γ 系数的中位数水平的变化更具有说服力。由于中位数不易受样本极值的影响,因此中位数数值逐年表现出"先降后升再降"的变化,可表明制造业整体集聚水平也呈"先降后升再降"的"倒 N 型"动态演变趋势。

在第一阶段,γ 系数的算术平均值和加权平均值均大于 0.0200,而中位数却只有 0.0180。同时,制造业行业的最大值和最小值之间的极差较大,按 γ 系数分类的行业数分布也表现及不均匀,低集聚行业超过 10 个行业,而高集聚行业只有 2 个,使得制造业整体表现为较低的集聚水平。

第二阶段是 1987～1989 年,制造业样本行业 γ 系数的极差减少,同时标准差及其系数也在减少,说明制造业各行业之间的集聚系数有收敛的趋势。此段时期,算术平均值和加权平均值不断增加,但中位数却一直下降且小于0.0200,结合γ系数区间分布的行业数,低集聚行业增加到12个,而高集聚行业在此阶段逐年减少,因此,第二阶段制造业整体的集聚水平仍偏低,且有地区分布分散的趋势。

第三阶段是1990~1992年,行业γ系数的极差、标准差和标准差系数都在增大,说明制造业各分行业的集聚系数分布较为分散。按γ系数分类分布的行业数却很稳定,γ系数的算术平均值和加权平均值也在逐年增加,且中位数在该阶段虽基本保持稳定,但每年其数值都比第二阶段高。因此,制造业整体在第三阶段比第二阶段表现出更高的集聚水平。

第四阶段是1993~2006年,从此时间阶段开始,样本行业数据较为完整、可比性较高且适合反映制造业整体变化趋势。在此阶段,制造业行业的最大值、最小值与标准差分别逐年增大,且高、中度集聚水平的行业数逐年增加,在2005年已分别达到10个行业和9个行业,占了行业总数的绝大多数。但与前三个阶段不同的是,在该阶段γ系数的加权平均值和算术平均值增加且分别在2002年和2003年是各自的"分水岭",之后它们各自数值一直超过0.05。从这两个指标来看,制造业整体可能处于高水平集聚。由于偏斜度大于0且有增加趋势表明应以中位数说明,虽然该阶段中位数也在逐年增大,但数值低于0.05,说明制造业整体仍处于中度集聚水平。

第五阶段是2007~2010年,2007年制造业行业集聚水平的最大值、最小值、算术平均值和加权平均值都比2006年有明显下降,

表 5-4 各年份制造业 γ 系数的统计描述

年份	行业数	最大值	最小值	中位数	算术平均值	加权平均值	标准差	标准差系数	偏度	偏斜度	γ系数分类行业个数 高集聚 γ≥0.05	中等集聚 0.02≤γ<0.05	低集聚 γ<0.02
1986	18	0.0830	0.0034	0.0180	0.0240	0.0206	0.0211	0.8800	1.3696	4.3695	2	6	10
1987	19	0.0572	0.0023	0.0159	0.0171	0.0147	0.0141	0.8223	1.2488	4.3438	1	6	12
1988	19	0.0546	0.0022	0.0156	0.0175	0.0156	0.0135	0.7679	1.0296	3.8892	1	6	12
1989	19	0.0490	0.0026	0.0138	0.0174	0.0164	0.0131	0.7512	0.7409	2.6978	0	7	12
1990	18	0.0560	0.0028	0.0183	0.0198	0.0188	0.0146	0.7397	0.7233	2.9877	1	7	10
1991	18	0.0629	0.0025	0.0154	0.0205	0.0195	0.0173	0.8434	0.9126	3.0245	1	6	11
1992	18	0.0588	0.0026	0.0170	0.0217	0.0210	0.0175	0.8051	0.7033	2.3636	1	7	10
1993	20	0.0687	0.0075	0.0192	0.0256	0.0271	0.0184	0.7152	1.1292	3.1135	3	5	12
1994	20	0.0664	0.0080	0.0210	0.0271	0.0295	0.0190	0.7053	0.9524	2.5557	3	8	9
1997	20	0.0747	0.0070	0.0222	0.0298	0.0319	0.0206	0.6918	0.9230	2.6534	4	6	10

续表

年份	行业数	最大值	最小值	中位数	算术平均值	加权平均值	标准差	标准差系数	偏度	偏斜度	Y系数分类行业个数 高集聚 Y≥0.05	中等集聚 0.02≤Y<0.05	低集聚 Y<0.02
1999	20	0.1247	0.0089	0.0263	0.0392	0.0479	0.0310	0.7896	1.5793	4.7471	5	8	7
2000	20	0.1083	0.0103	0.0381	0.0416	0.0464	0.0262	0.6278	1.0396	3.4556	6	10	4
2001	20	0.1220	0.0111	0.0371	0.0433	0.0485	0.0320	0.7381	1.0741	3.0644	6	7	7
2002	20	0.1156	0.0107	0.0362	0.0464	0.0532	0.0347	0.7491	0.9722	2.5470	6	7	7
2003	20	0.1904	0.0122	0.0324	0.0528	0.0583	0.0468	0.8867	1.6022	4.8756	7	8	5
2004	20	0.1883	0.0167	0.0428	0.0591	0.0607	0.0436	0.7369	1.5438	4.9376	8	11	1
2005	20	0.2122	0.0184	0.0470	0.0640	0.0651	0.0457	0.7144	1.8603	6.5387	10	9	1
2006	20	0.2300	0.0171	0.0480	0.0635	0.0630	0.0490	0.7712	2.1127	7.6702	10	9	1
2007	20	0.1636	0.0061	0.0232	0.0369	0.0407	0.0420	2.6751	2.6751	9.7992	4	7	9
2008	20	0.1824	0.0075	0.0221	0.0367	0.0404	0.0412	2.5350	2.5350	9.1267	4	7	9
2009	20	0.1855	0.0062	0.0200	0.0353	0.0378	0.0419	2.6622	2.6622	9.6071	4	6	10
2010	20	0.1884	0.0063	0.0232	0.0369	0.0379	0.0420	0.0018	2.6751	9.7993	4	7	9

注释：统计结果均经过4舍5入后保留4位小数。

但它们下降的趋势在随后年份却得到缓和,这与魏后凯(2012)与Lemoine等人(2015)的研究结论一致。此阶段偏斜度上升较快,此时应依据中位数说明制造业行业集聚水平的变化。进而,此阶段中位数的变化趋势来看,相比于第四阶段,制造业行业集聚水平整体有所下降。同时,制造业高、中度集聚水平的行业数也开始减少,且在此阶段基本稳定在四个高度集聚水平行业和七个中度集聚水平行业。即便如此,虽然相比与第四阶段,第五阶段制造业行业整体集聚水平有所降低,但相比于前三个阶段,制造业行业集聚水平仍然较高。

从以上五个阶段的统计数据分析可以看出,制造业整体集聚水平是呈先降后升再降的"倒N型"变化趋势。但是,单从数值的变化不足以完全反映集聚水平变化的显著性。进一步地,选取各阶段的起止年份,以各年制造业行业 γ 系数的数据为样本,对它们在第二阶段至第五阶段起止年份相互组成序对和跨阶段起止年份组成的序对做Wilcoxon秩和检验。这种检验方法都是用于判断两个样本之间是否存在显著差异,但其前提是样本数量必须一致。因此,必须统一检验年份的行业,以便于对制造业集聚水平的变化差异的显著性进行跨阶段地分析比较,其处理方法如下:一方面,对部分年份行业数据缺失可能造成两年行业数量不相等引起检验偏差,而剔除了年份序对中缺失的行业;另一方面,将1986年、1993年、2006年和2010年的通用设备制造业或普通机械设备制造业(C35)与专用或专有设备制造业(C36)合并为机械工业并重新计算其在相应年份 γ 系数,便于统一行业数量,以检验制造业跨年份变化的显著性。两种检验方法的原假设为序对年份制造业行业的 γ 系数变化不显著,而备择假设则是序对年份制造业的 γ 系数变化显著。表5-5

列出了 STATA8.0 软件报告的 Wilcoxon 秩和检验结果。

从表 5-5 中可知,除了序对年份 1986 年和 1992 年、1986 年和 1993 年、1986 年和 2010 年、1987 年和 1989 年、1993 年和 2007 年、2007 年和 2010 年、1992 年和 2010 年、1993 年和 2010 年的 Wilcoxon 秩和检验 P 值没有在 20% 的显著性水平上显著之外,其余序对年份的制造业集聚水平变化差异都表现为显著。其中,序对年份 1986 年和 1992 年、1986 年和 1993 年、1987 年和 1989 年的制造业集聚水平变化没有在所设定的显著性水平上显著,结合表 5-4 可知,这些年份制造业 γ 系数的算术平均值、加权平均值、中位数以及行业分布数等变化都不大,既说明这些年份的制造业的集聚水平较为近似,又与其他年份比较可知,制造业在 1993 年前地区分布变化不稳定。

序对年份 1987 年和 2006 年、1989 年和 2006 年以及 1993 年和 2006 年的制造业集聚水平在所有序对年份中变化最为显著。同时,与 2006 年配对的年份的制造业集聚水平的 Wilcoxon 秩和检验 P 值也都显著,表明 2006 年是样本年份中制造业行业集聚程度高的年份,2006 年制造业分行业的算术平均值和加权平均值比 1986 年增加了 2 倍,但这 2 年的中位数从 0.018 增加到 0.048,增幅 167%。此外,除了 1986 年和 2010 年 Wilcoxon 秩和检验 P 值没有在 20% 的显著性水平上显著之外,1987 年、1989 年、1990 年和 2006 年分别与 2007 年组成的序对年份以及 1987 年、1989 年和 2006 年分别与 2010 年组成的序对年份的 Wilcoxon 秩和检验 P 值非常显著,而 1986 年和 2007 年、1990 年和 2010 年分别组成的序对年份的 Wilcoxon 秩和检验 P 值较为显著。同时,1993 年和 2007 年、1993 年和 2010 年表明制造业行业的集聚水平在第五阶段与前三个阶段存在显著差异,但与第四阶段初期的差异性不显著。同时,2006年和2007年、2006年和2010年分别组成的序对年份的Wilcoxon秩和检验P值不显著,又表明了第五阶段制造业行业的集聚水平与第四阶段末期存在显著差异。2006年我国制造业整体的集聚水平从低度向中高度集聚水平迈进之后,从2007年起又有回落趋势,这与表5-4显示的各年份制造业γ系数统计描述的最大值、最小值、中位数、算术平均值、加权平均值以及γ系数分类行业个数变化趋势类似。

表5-5 Wilcoxon秩和检验结果

年份序对	P值	年份序对	P值	年份序对	P值
1986~1987	0.0019	1987~1992	0.0007	1989~2010	0.0425
1986~1989	0.0245	1987~1993	0.0019	1990~1992	0.0642
1986~1990	0.1961	1987~2006	0.0002	1990~1993	0.0139
1986~1992	0.3794	1987~2007	0.0195	1990~2006	0.0006
1986~1993	0.3318	1987~2010	0.0040	1990~2007	0.0660
1986~2006	0.0007	1989~1990	0.0108	1990~2010	0.1715
1986~2007	0.1714	1989~1992	0.0043	1992~1993	0.0249
1986~2010	0.2087	1989~1993	0.0022	1992~2006	0.0005
1987~1989	0.3760	1989~2006	0.0002	1992~2007	0.1008
1987~1990	0.0311	1989~2007	0.0173	1992~2010	0.2128
1993~2006	0.0002	1993~2007	0.2493	1993~2010	0.4327
2006~2007	0.0264	2006~2010	0.0149	2007~2010	0.8331

注释:统计结果均经过4舍5入后保留4位小数。

第四节 制造业分行业集聚水平演变分析

整体上制造业的地区集聚水平表现出不断提高的趋势,我们将进一步对制造业 2 位数 20 个分行业集聚水平的演变趋势进行分析。表 5-6 是依据制造业整体集聚水平变化趋势的四个阶段,结合 Ellison and Glaeser(1997)对行业集聚水平的划分标准,将各阶段起止年份计算的行业 γ 系数进行归类,并按其数值由大到小的顺序进行排列。

表 5-6 制造业 2 位数分行业集聚程度分类排序

年份 行业代码 集聚度	1986	1987	1989	1990	1992	1993	2006	2010
高集聚 ($\gamma \geqslant 0.05$)	C28, C35	C28	—	C28	C28	C28,C40, C17	C28,C17, C40,C41, C13,C39, C22,C34, C26,C35	C17,C28, C40,C41
中度集聚 ($0.02 \leqslant \gamma < 0.05$)	C40,C25, C32,C39, C33,C17	C40,C32, C25,C41, C16,C17	C28,C40, C16,C32, C25,C41, C17	C16,C35, C32,C25, C17,C41, C27	C40,C16, C17,C41, C32,C25, C37	C41,C16, C39,C25, C32	C32,C36, C14,C31, C25,C27, C16,C33, C15	C13,C32, C34,C35, C36
低集聚 ($\gamma < 0.02$)	C16,C37, C36,C34, C26,C27, C15,C31, C14,C22	C33,C37, C39,C13, C35&C36, C33,C13, C34,C28, C27,C15, C31,C22, C14	C37,C39, C35&C36, C34,C26, C34,C26, C15,C27, C22,C31, C14	C37,C39, C35&C36, C34,C26, C13,C15, C14,C22, C31	C39,C13, C34,C26, C35&C36, C27,C15, C14,C31, C22	C35,C31, C34,C36, C37,C33, C14,C15, C26,C13, C22, C27	C37	C14,C15, C16,C22, C25,C26, C27,C31, C33,C37

从各阶段起止年份行业的集聚水平演变上看,自 1986 年以来,制造业分行业各自的集聚水平整体上在不断提高。特别是 2006 年,有 10 个行业进入高集聚类,而只有 1 个行业处于低集聚水平。具体而言,化学纤维制造业(C28)一直处于高集聚水平,通信设备、

计算机及其他电子设备制造业(C40)、仪器仪表及文化、办公用品机械及其他计量器具制造业(C41)、电气机械及器材制造业(C39)、通用设备制造业或普通机械设备制造业(C35)等技术含量高的行业集聚水平迅速提高,并已由中度集聚类转入高水平集聚类;专用或专有设备制造业(C36)虽没有进入高集聚类,但已由低度集聚进入到中度集聚,特别是在"十五"期间中央政府明确要大力发展装备制造业,并且在"十一五"期间继续坚持这一决定,明显地加速这类行业的集聚;纺织工业(C17)、造纸及纸制品业(C22)等技术含量低的劳动密集型传统行业的集聚程度也在不断提高,并已进入高度集聚类;农副食品加工业(C13)、饮料制造业(C15)、烟草加工业(C16)、石油加工、炼焦及核燃料加工业(C25)、建筑材料及非金属矿物制品业(C31)、黑色金属冶炼及压延加工业(C32)、有色金属制品、冶炼及压延加工业(C33)、金属制品业(C34)等对自然资源依赖程度高的行业也已处于中高度集聚水平。此外,交通运输设备制造业(C37)则一直维持低水平集聚状态,这可以从新经济地理学中得到解释。由于全国各地一直以来都在大力发展交通运输服务业,作为其上游交通运输设备制造业的产品空间运输成本较高,不利于集聚而采用接近下游产业的分散生产方式。

从制造业 2 位数 20 各分行业的集聚水平演变上看,呈现以下特点。第一,大多数制造业 2 位数分行业已进入到了中、高度集聚水平,并由此推动了整个制造业地区分布更加集中。第二,对自然资源与劳动力资源依赖程度高的资源密集型行业的集聚水平逐年提高,表现为中高度集聚水平。第三,与杨洪焦、孙林岩和高杰(2008)不同,但与罗勇和曹莉丽(2005)、路江涌和陶志刚(2006)的研究结论一致的是大部分知识含量高的技术密集型行业进入了高度集聚范围,并比资源密集型行业有更高的集聚水平,这说明我国制造业地区集聚的主导行业已由资源密集型行业转向技术密集型行业。

第五节 制造业区位分布变化态势

为了在制造业分行业集聚水平演变的基础上,深入分析其地理分布变化,在剔除缺乏数据的观测年份后,将1986~2010年22个年份按照1990年不变价格分别累计了1986~1994年、1997~2006年和2006~2010年制造业各分行业生产总值份额排名进入前四位地区的上榜次数。在统计了上榜地区在两个等份时间段所集聚的行业后,将行业代码按不变价格计算各地区制造业分行业的总产值占全国的比重由大到小顺序排列,结果见表5-7、表5-8和表5-9,以分析制造业行业集聚地区分布的变化态势。

比较表5-7、表5-8和表5-9可知,制造业行业排名前四位的省、直辖市和自治区总计个数由1986~1994年的23个减少到1997~2006年的20个,且大部分都位于东部沿海地区。而在随后的"十一五"期间,制造业行业有向中西部地区集聚的趋势。其中,2006年之前以长江三角洲和珠江三角洲及其周边地区的集聚优势最为明显,江苏、广东两省的上榜次数一直稳居前两位,且两地集中了制造业中绝大多数行业;山东省在保持原有的制造行业集聚优势之外,也逐渐吸引了许多如有色金属制品、冶炼及压延加工业、黑色金属冶炼及压延加工业等资源密集型行业集聚;浙江省所集聚的行业在两个时间段变化不大,主要是如专用或专有设备制造业等技术密集型的行业,但其上榜次数却大幅增加,表现出该地在原有的基础上有更加明显的集聚优势。虽然长江三角洲和珠江三角洲及其周边地区的江苏、山东、浙江、上海和广东的集聚优势依然明显,但受到国家在"九五"时期制定"区域协调发展战略"的影响,河南、湖北、贵州、青海等中西部地区的集聚优势也开始逐步形成。中西部地区的省份不仅依赖于地区特有自然资源和丰富的劳动力优势而吸引了食品制造业、建筑材料及非金属矿物制品业、有色金属制品、冶炼及压延加工业等资源和劳动密集型行业集聚,而且还吸引了交通运输设备制造业、专用或专有设备制造业等资本和技术密集型行业集聚。

与之相反,东北三省,除在交通运输设备制造业具有一定优势的吉林省上榜次数保持稳定之外;辽宁省的集聚优势有明显减弱趋势,原本集聚此地的技术密集型行业都已进行迁移,只留下了黑色金属冶炼及压延加工业、有色金属制品、冶炼及压延加工业等对自然资源依赖程度高和通用设备制造业或普通机械设备制造业、专用或专有设备制造业等依托老工业基地优势形成了传统行业集聚。黑龙江在1997~2006年虽为石油加工、炼焦及核燃料加工业的集聚地,但其上榜次数却在大幅减少。从表5-9可知,在"十一五"时期黑龙江省既在发挥传统老工业基地优势吸引通用设备制造业或普通机械设备制造业集聚的同时,也开始吸引医药制造业或医药工业等技术密集型制造业集聚。

表 5-7 1986～1994 年制造业分行业生产总值份额排名前四位地区累计上榜次数

地区	次数	集聚行业代码	地区	次数	集聚行业代码
江苏	110	C39,C40,C13,C14,C15,C17,C22,C26,C27,C28,C31,C32,C33,C34,C36,C37,C41,C35&C36	广东	108	C39,C40,C13,C14,C15,C17,C16,C22,C25,C26,C28,C27,C31,C33,C34,C37,C41
上海	101	C39,C40,C13,C17,C27,C26,C28,C32,C33,C34,C36,C37,C41,C35&C36	山东	84	C13,C14,C15,C17,C22,C25,C26,C27,C31,C34,C36,C35&C36
辽宁	63	C39,C22,C25,C26,C27,C28,C31,C32,C33,C37,C36,C35&C36	浙江	55	C39,C40,C13,C14,C15,C17,C22,C28,C27,C31,C34,C41,C35&C36
四川	42	C40,C13,C14,C15,C22,C26,C32,C41	湖北	16	C16,C32,C37
北京	12	C40,C13,C25,C26	河南	11	C16,C31,C36
云南	11	C16,C17,C33	黑龙江	9	C25
湖南	8	C16,C33	甘肃	6	C33
吉林	5	C37	安徽	2	C16,
贵州	2	C16	河北	1	C32
福建	1	C40	陕西	1	C17
天津	1	C28	青海	1	C17,
宁夏	1	C17			

表 5-8 1997～2006 年制造业分行业生产总值份额排名前四位地区累计上榜次数

地区	次数	集聚行业代码	地区	次数	集聚行业代码
江苏	155	C39,C40,C13,C14,C15,C16,C17,C22,C25,C26,C27,C28,C31,C32,C33,C34,C36,C37,C41,C35,C36	广东	133	C39,C40,C13,C14,C15,C17,C22,C25,C26,C28,C31,C33,C34,C36,C37,C41
山东	118	C39,C13,C14,C15,C17,C22,C25,C26,C27,C28,C31,C32,C33,C34,C36,C37,C35,C36	浙江	99	C39,C14,C15,C17,C22,C26,C28,C27,C31,C33,C34,C36,C41,C35,C36

续表

地区	次数	集聚行业代码	地区	次数	集聚行业代码
上海	79	C39,C40,C14,C16,C25,C27,C28,C32,C34,C36,C37,C41,C35,C36	河南	39	C13,C14,C15,C16,C28,C31,C33,C36
辽宁	20	C25,C32,C33,C35,C36	河北	15	C14,C27,C31,C32
四川	12	C15,C16,C37	北京	9	C40
云南	9	C16	吉林	6	C37
贵州	6	C16	湖北	6	C16,C37
福建	5	C28	湖南	4	C16
内蒙古	2	C14	安徽	1	C13
黑龙江	1	C25	广西	1	C25

表 5-9 2007~2010 年制造业分行业生产总值份额排名前四位地区累计上榜次数

地区	次数	集聚行业代码	地区	次数	聚集行业代码
江苏	67	C28,C17,C26,C36,C27,C34,C35,C37,C39,C41,C13,C40	广东	63	C17,C13,C26,C27,C34,C28,C40,C41,C35,C36,C39,
山东	53	C17,C25,C22,C26,C31,C36,C13,C39,C35,C14	浙江	36	C17,C34,C28,C35,C13,C41,C39
上海	30	C34,C35,C40,C41,C37,C36	福建	21	C17,C22,C28,C31,C41,C40
贵州	21	C16,C26,C14,C27	河南	19	C22,C31,C13,C36
湖北	16	C16,C37,C14,C34	青海	11	C26,C33,C31,C32
吉林	13	C26,C27,C37	湖南	12	C16,C31,C33
海南	11	C13,C22,C27,C34,C14,C37	北京	11	C40,C37,C41
辽宁	10	C25,C32,C35,C36	陕西	10	C33,C27,C36
云南	10	C16,C33	内蒙古	6	C32,C13
新疆	8	C25,C28	黑龙江	7	C27,C14,C35
四川	5	C31,C37	甘肃	5	C33,C31
宁夏	5	C26,C33	河北	5	C32
安徽	5	C16,39	江西	4	C31
天津	4	C26,C34,C40			

中部地区金属资源丰富的湖北和曾被称为"有色金属之乡"的湖南原本集聚了有色金属制品、冶炼及压延加工业等资源密集型行业,但从上榜次数和集聚行业的变化上看,1997~2006年两地无一进入有色金属制品、冶炼及压延加工业地区前四位的排名,说明了这段时期两地原有的金属资源优势在逐步丧失。但在2006~2010年,金融制品业和有色金属制品、冶炼及压延加工业又分别开始在湖北和湖南形成集聚规模。不仅如此,这两个地区还分别集聚了食品制造业和建筑材料及非金属矿物制品业等新的制造行业。而河南省在2006年之前的,不但巩固了如烟草加工业、建筑材料及非金属矿物制品业等资源密集型行业,并且也逐渐吸引了化学纤维制造业、专用或专有设备制造业等资本和技术密集型行业的集聚。但随后"十一五"期间,烟草加工业的集聚优势开始减弱,但造纸及纸制品行业在该地区的集聚优势开始形成。

西部地区的四川、贵州、云南、甘肃、青海、宁夏、陕西六省(自治区、直辖市)曾在烟草加工业、石油加工、炼焦及核燃料加工业、有色金属制品、冶炼及压延加工业等资源密集型和劳动密集型行业都进入前四名。但1997~2006年,除贵州省的烟草加工业的地位稳定外,其余几个地区具有的资源型集聚优势消减。特别是四川省在1986~1994年不但在资源密集型行业进入前四位,同时也集中了通用设备制造业或普通机械设备制造业、仪器仪表及文化、办公用品机械及其他计量器具制造业等高技术行业。但在1997~2006年,其在知识与技术方面的集聚优势被沿海地区所取代。可是,在2006年之后,甘肃、青海、宁夏、陕西、云南在有色金属制品、冶炼及压延加工业以及四川、甘肃、青海在建筑材料及非金属矿物制品业等资源型集聚优势又开始增强的同时,四川省、贵州省、陕西省还分别吸引了交通运输设备制造业、化学工业、化学原料及化学制品制造业、食品制造业、医药制造业或医药工业等资本和技术密集型行业集聚。

此外，既具有沿海独特的交通区位优势，也享受了对外开放的政策优惠，且又作为直辖市的上海，在1986～1994年集聚了如通信设备、计算机及其他电子设备制造业、仪器仪表及文化、办公用品机械及其他计量器具制造业等技术密集型行业和如烟草加工业、黑色金属冶炼及压延加工业、有色金属制品、冶炼及压延加工业、建筑材料及非金属矿物制品业等资源密集型行业。但在1997～2006年和2006～2010年其集聚优势弱化且行业数不断减少。类似的地区还有北京，在1986～1994年其农副食品加工业、石油加工、炼焦及核燃料加工业等行业的排名进入前四位，但在1997～2006年只剩下通信设备、计算机及其他电子设备制造业一个行业，而天津则在该时期没有在所分析的制造业分行业的排名中进前四位。即便在"十一五"时期，北京市也仅吸引了交通运输设备制造业、仪器仪表及文化、办公用品机械及其他计量器具制造业和通信设备（电子通信设备）、计算机及其他电子设备制造业等技术密集型行业集聚。而天津市也仅在化学工业、化学原料及化学制品制造业、金属制品业和通信设备（电子通信设备）、计算机及其他电子设备制造业三个行业上有集聚优势。

从制造业行业的区位分布变化中，不难得到以下三个特征。第一，在2006年之前制造业整体上集中在东部沿海的长江三角洲和珠江三角洲地区，且中西部地区制造业也有向这两个地区转移的趋势。而随后的"十一五"时期，制造业行业的空间布局又有了新的变化，它们开始有向中西部地区集聚的趋势，这与魏后凯（2012）与

Lemoine等人(2015)的研究成果一致，产业布局的重心已在"十一五"时期由东部向中西部地区转移。国家在"六五"至"九五"时期实施"区域非均衡发展战略"，东部地区借助于天然的接近国际市场的地理位置优势和国家向东部地区倾斜的优惠政策，引导了制造业行业向东部地区集聚。之后，国家"十五"规划纲要提出要"加快中西部地区发展，合理调整地区经济布局，促进地区经济协调发展"，随后中央优惠的政策向中西部地区倾斜，在"十一五"时期加快中西部地区发展的优惠政策显示效果，又重新引导了制造业行业向中西部地区集聚。第二，从制造业分行业的地区分布上看，2006年之前，东部地区一直维持技术密集型行业集聚的优势且这种优势不断增强。与之相比，中西部地区对技术密集型行业的吸引力减弱，而主要集聚了资源密集型行业和劳动力密集型行业；而此后，技术密集型行业也开始向中西部地区集聚。第三，与Brulhart and Koeing(2006)提出的"经互会假说"不同，但与金煜、陈钊和陆铭(2006)的研究结论一致的是，中国直辖市的制造业集聚优势正在逐步弱化。这可能由于直辖市的经济功能发生了改变，它们更多地成为了交通、政治和服务的中心，而在一定程度上排挤他们成为制造业中心的可能。

第六节 制造业集聚变化启示

本章借鉴了Sleuwaegen and Dehandschutter(1986)的研究成果，采用Ellison and Glaeser(1997)考虑企业的规模和数量区位分布而建立的有效衡量产业内集聚水平的γ系数计算方法，对1986～2010

年我国制造业2位数20个分行业的集聚水平进行了动态测算,并分别从制造业整体、分行业及行业区位分布三个层面对计算结果进行统计,分析演变趋势。研究结论更进一步地表明:①虽然中国制造业整体集聚水平具有显著的"倒N型"变化趋势,但正由低度向中高度集聚水平迈进;②大部分制造业2位数分行业已进入中高度集聚水平且集聚程度正逐年提高,其中技术密集型行业已进入高度集聚水平,并取代了资源密集型行业而成为制造业集聚的主导行业;③在行业的地域分布变化上,虽然东部与中西部地区之间亦有显著差异,但东部与中西部地区之间的差异有明显缩小趋势。1993~2006年,制造业主要集中在东部沿海的长江三角洲和珠江三角洲地区,且中西部地区的制造业有向沿海的这两个地区转移的趋势。而2006~2010年,制造业行业的空间分布有所变化,开始向中西部地区集聚。虽然制造业2位数分行业中技术密集型行业大多集聚在东部地区且该地区的集聚优势在不断增强,相比之下,中西部地区则集聚了一些资源密集型行业和劳动力密集型行业的同时,也开始吸引技术密集型行业集聚。此外,与Brulhart and Koeing(2006)提出的"经互会假说"不同,本章的实证研究表明,中国直辖市的制造业集聚优势正在逐步弱化,它们更可能成为政治、文化与服务的中心。

国家"十三五"规划纲要明确提出要"实施制造业强国发展战略,促进区域协调、协同、共同发展,努力缩小区域发展差距"。制造业集聚水平是衡量一个国家或地区制造业发展水平和竞争能力的重要指标。以此结合本章的分析,可得到如下启示。

第一,当前我国制造业整体集聚水平已由低集聚水平向中高度集聚迈进,标志着我国制造业的整体发展水平不断提高。随着我国改革的深化和开放水平的提高,市场机制在区域资源配置中发挥着越来越重要的作用,将加快生产要素向资源配置效率高的地区集聚。因此,未来我国制造业总体的集聚水平还将会进一步提升。

第二,我国制造业集聚的主导行业已由资源密集型行业转变为技术密集型行业。这为我国振兴和发展制造业提供了重要的战略机遇。一方面,充分利用制造业集聚产生的规模经济效应能提高资源的利用效率、降低生产成本、提升产业内技术水平。另一方面,可以通过技术密集型制造行业集聚所产生的正外部性有效地推动其他产业的技术升级。同时,通过资源密集型和劳动密集型制造行业向中西部地区集聚,促进地区之间经济的协调发展。

第三,大多数制造业特别是技术密集型行业主要集聚于东部沿海地区,并且有吸引其他地区的产业向该地集聚的趋势。中西部地区则主要是利用本地自然资源和劳动力优势吸引部分资源密集型行业和劳动密集型行业集聚。这既不利于东部地区产业结构的优化与升级,也不利于中西部地区产业结构的调整与改善。因此,未来需进一步按中央的统筹规划,继续深入推进西部大开发、振兴东北老工业基地和中部崛起等区域协调发展战略,引导生产要素的跨区域合理流动,推动技术密集型行业合理、有序地向中西部地区转移与集聚,以带动中西部地区产业结构优化和升级,促进区域经济协调发展。

第六章　制度安排与产业集聚：来自中国制造业的经验证据

什么因素促使了中国制造业及其行业的地理分布变化？中国不同地区应当制定怎样的产业发展政策，才能吸引产业的转移与集聚，优化区域之间的分工？对此，许多学者试图依据传统的经济地理和新经济地理理论，在假设同一国家或地区具有相同制度背景的前提下，承袭欧盟地区和美国制造业集聚水平影响因素的实证研究方法，分析中国制造业集聚水平的影响因素。然而，一方面，从传统的经济地理和新经济地理因素中寻找产业集聚的机制过于客观，而对地方政府依据市场规律采取主观可操作性手段转移或是吸引产业，未必有较大的政策参考价值。另一方面，中国地广人多、资源丰富但地域分布不均，同时，作为积极改革开放的世界转型国家代表，使得各地区不仅资源禀赋不同，而且地区之间实施的政策与制度安排亦存在差异，这可能决定了不同地区具有不同的产业结构和专业化水平。因此，本章在控制了自然因素、经济地理因素和新经济地理因素基础上，将制度因素纳入到中国制造业影响因素的计量模型之中，分析制度因素对制造业集聚的影响程度。不仅为产业集聚理论提供更加合理的中国经验实证，更为中国的地方决策机构积极参与区域间的分工，调整产业结构布局，吸引产业集聚，提供决策参考的经验依据。

第一节　中国经验研究评述

由于中国制造业集聚与区域之间的经济发展不平衡相伴随,因而对于中国制造业集聚水平及其地理分布的研究一直是中国经济学者和决策机构所关注的焦点。同时,转型时期的中国经济保持高速增长,诸多国际经济学者试图从资源、地理、制度、技术等方面解剖中国经济增长之谜,这也使得中国制造业地区集聚机制的实证分析成为国际经济学界的一项挑战。

Kim and Knaap(2001)不仅计算了1952~1985年中国及其26个省(自治区、直辖市)的农业、工业、建筑业、交通运输业和商业五大产业的总产出份额,并且运用所构建衡量产业区位分布的熵指数,分别测算了五大产业各自总产出份额的空间分布指数。同时,结合国家政策的演变和市场经济体系的确立,分析了政府政策对产业区位分布的影响。结果发现,十一届三中全会之后,政府对非公有制态度的转变、农村家庭承包责任制的有效实施和经济特区等的建立,明显地促使了建筑业、农业和商业的空间集聚。与之相对应地是,政府通过设立经济特区等方式逐步推动经济开放,工业却在该段时期表现为地区分散。且政府加大对交通基础设施的投资,也促使了该类产业地区分布的分散。Young(2000)从地区产业结构角度运用"生产法"测算了中国大部分省市的农业、工业、建设、交通运输业和商业以及第一产业、第二产业和第三产业与国民总产值的相对比重,发现各个省市宏观产业结构和工业产出的结构趋同,并认为中国的分权化改革使得地方政府追求财政收益和稳定就业而引起地方保护主义行为,造成地区间产业结构趋同,地区专业化水平低,从而从侧面论证了制度影响产业的区位分布。Bai et al. (2004)认为地方政府具有政权基础、保护税基和私人利益的强烈动机,对过去取得高利润、高税收或国有企业比重高的行业进行保护,因而阻碍了产业的地区集中。因此,他们计算了 1985~1997 年中国 29 省(自治区、直辖市)制造业 2 位数 32 个行业的 Hoover 地方化系数,并采用动态面板数据估计方法,直接实证劳动力市场共享、知识溢出、规模经济和地方保护政策对产业地区集中的影响,研究结果支持规模经济对产业集聚有显著正的影响,同时,对劳动力市场共享和知识溢出等影响产业集聚的外部经济因素也提供了有限支持,而政府的地方保护政策却阻碍了产业的地区集中。

Wen(2004)理论分析了地理位置、市场潜力、交易成本等因素对产业集聚的作用机制,且采用了中国第二次和第三次工业普查数据计算了地区工业增加值的份额,以此作为工业集聚的度量指标,分析地理位置、知识溢出、工资差异、价格水平、人口因素、交易成本、地区总产值等因素对工业集聚的影响。同时,考虑到地区总产值与工业集聚可能存在内生性而构建联立方程组,分别对两个方程的系数进行估计,结果表明市场规模越大,运输条件越好,地理位置沿海都会有利于工业集聚。虽然 Wen 的理论分析认为一个地区城市越多,则该地区的运输条件和法律环境越好,越有利于工业集聚,但在其实证模型中,主要考察了运输条件,而忽略了估计制度因素对工业集聚的影响。但是,Demurger 等人的研究表明,中国改革开放以来,政府对东部沿海地区放松管制、赋予税收和公共基础设施投资等方面的优惠政策,使得东部地区成为了衔接国内市场与世界市场的中枢,且能充分地利用接近"国内"与"国际"两个市场的地理位置优势,吸引大量的制造业集聚,推动东部沿海地区优先发展起来(Raiser,1998;Fujita and Hu,2001;Démurger,Jeffrey and WingThye et al.,2002)。Catin等人(2005)则沿着Wen的计算方法,在测算了1988~1997年制造业30个分行业的区位基尼系数的基础上,分别选取了技术密集型、劳动密集型和资本密集型的代表性行业,控制了地区的经济发展水平、经济开放、市场规模和劳动力共享因素,实证研究影响代表性行业在全国各省(自治区、直辖市)及沿海和内陆区域层面上集聚水平的因素,结果表明,在全国层面上,资源密集型行业受资源因素的影响偏向定位于经济欠发达地区,而技术密集型行业的集聚水平则与经济开放和地区市场规模呈显著正相关;在区域层面上,经济开放有利于技术密集型行业向东部沿海转移,而劳动密集型行业向劳动力资源丰富的欠发达区域集中。

林理升和王晔倩(2006)计算了中国1996~2002年全国31省(自治区、直辖市)人口净变动指数和制造业集聚指数,所得结论与国外经验研究结论不一致。但与李国平和范红忠(2003)的研究结论一致的是:随着制造业行业结构的动态升级,由于政府设置了限制人口流动制度,导致人口跨区域流动的成本高昂,而沿海地区已经具备了制造业发展所需的市场规模、完善的工业体系与便利的海外市场销售渠道,使得制造业在沿海地区集聚的同时并未伴随大规模人口流动现象,造成地区间的收入差距拉大。由此,他们认为集聚产生的区域发展不平衡,可以通过改善交通运输条件和政府放松人口流动限制制度两条途径扭转。胡向婷和张璐(2005)实证分析了地方政府的行为能够影响产业地理布局的机制,地方政府如果采用设置贸易壁垒、阻碍地区商品流通的形式保护本地经济,将导致地区间产业结构趋同;如果政府采用直接投资方式扶持地方经济,则在一定条件下推动地区产业结构差异化发展。金煜、陈钊和陆铭（2006）首次将经济地理、新经济地理和经济政策整合在同一理论分析框架之中，利用1987~2001年中国省级面板数据，实证分析沿海地理位置、外部性、企业规模经济、市场需求、城市化、交通运输条件等新经济地理因素和对外开放、政府干预经济程度等经济政策因素对工业集聚的影响。他们发现沿海地区在地理上接近于国际大市场，有利于地区工业集聚，而直辖市的经济职能正在转变使其对集聚的影响程度降低，外部性、企业规模经济、市场规模和交通运输条件的改善等都对工业集聚产生正的效应，对外开放水平提高和政府对经济干预程度降低等自由的经济政策都有利于工业集聚。

路江涌和陶志刚（2007）完全依据 Ellison and Glaeser（1997）的方法和数据要求，分别计算了1998~2003年中国制造业3位数分行业在省、市与县三个区域层次的集聚水平。在此基础上，又分别采用动态面板数据估计方法和静态面板数据中的随机效用模型，估计自然资源、投入产出、知识溢出、劳动力共享等经济地理因素、运输成本和规模经济等新经济地理因素和政府对经济的干预等制度因素对制造业在各个地域层次上集聚水平的影响。估计结果都表明，在所有的地域层面上，除规模经济因素之外，自然资源禀赋、经济地理中的外部性因素和新经济地理因素中的运输成本以及地方保护都显著地影响制造业的集聚水平。杨洪焦、孙林岩和吴安波（2008）采用了 Ellison and Glaeser（1997）计算了1988~2005年制造业18个分行业的集聚水平，并以各年18个分行业的集聚水平进行加权平均作为产业集聚度的指标，分析技术密集度、交通运输、企业规模、地方保护和经济开放等因素对产业集聚的影响，并认为新经济地理和制度因素显著地影响了中国产业集聚。其中，交通运输条件和企业规模对产业集聚度有显著正效应,而地方保护和经济开放则对产业集聚度有显著的负面影响。

贺灿飞、谢秀珍和潘峰华(2008)在全面总结先前学者实证研究的基础上计算了1980~2004年中国省区制造业2位数分行业的地理集中度和省区专业化程度,并估计了自然资源、劳动力成本和素质、区位交通运输成本、市场潜力、集聚经济以及中央和省级政府干预经济的政策因素对制造业整体集聚水平及其26个2位数分行业的集聚水平影响程度。结果显示,政府干预经济的制度因素显著地影响制造业及其分行业的地区集聚水平,且传统的经济地理和新经济地理理论可以在一定程度上解释制造业及其行业的空间集聚。特别是集聚经济、劳动力素质和水平能显著地促进制造业的集聚水平,自然资源和国外市场通达性对制造业整体集聚水平的影响程度在下降,但国内市场的通达性的影响程度却在上升。

以上研究文献虽然注意到了经济开放或地方保护以及政府对经济的干预程度等政策或制度因素,但仍主要侧重于实证经济地理和新经济地理因素对产业集聚的影响。研究所采用的方法主要来自体制较为成熟且制度条件差异不大的国家和地区的经济理论实证模型应用于中国地区之间存在政策和制度差异的转轨国家,这可能使得研究结果出现偏差或是忽略了根本的影响因素。中国正处于由计划经济向市场经济转轨时期,市场机制逐步地成为资源空间配置的主导力量,但市场机制在中国各地区发挥的程度不一,各地区市场化进程存在差异。同时,政府为扶植地区经济发展采取政策倾斜,使得各地区的制度安排亦有不同。有效地地区制度安排能降低资源空间配置的内生交易成本,引导资源跨区域合理流动,提高资源的空间配置效率。此外,考虑到行业之间的异质性,各类制度对不同行业的集聚水平的影响程度不同,因此有必要对不同行业的影响因素进行逐一估计分析。由此,本章尝试选取 2000~2010 年全国 29 省(自治区、直辖市)为样本,在控制自然因素、经济地理与新经济地理因素的基础上,进一步估计各类制度因素对制造业整体及其 20 个分行业集聚水平的影响程度,以为地区政府在迎合市场机制配置资源的作用下,通过制定可直接调控或改善的政策和制度,引导产业转移或吸引产业集聚,提高区域间专业化分工水平,缩小地区之间的经济发展差距。

第二节 计量模型与变量设置

一、计量模型设计

中国产业的区位分布,不仅受到资源与地理等自然因素、经济地理和新经济地理因素的影响,而且也受国家采取渐进式改革相配套的政策与制度安排的影响。本章以省、直辖市和自治区为地域单位构建跨时期的面板数据,在考虑控制自然资源与地理、经济地理和新经济地理因素条件下,引入制度因素,估计各类制度因素影响制造业集聚水平的程度和显著性;并进一步实证分析不同地域环境的东、中部和西部地区,制度因素对制造业集聚水平的影响;随后,再针对制造业不同行业估计和检验制度因素对异质性制造业分行业集聚水平的影响程度与显著性。鉴于 Bai et al. (2004)、金煜、陈钊和陆铭(2006)等构建了包含经济地理、新经济地理和制度变量

的计量模型,本章直接设计计量模型见公式(6-1):

$$Agg_{rit} = \alpha + \beta_{Natural}X_{rit,Natural} + \beta_{EG}X_{rit,EG} + \beta_{NEG}X_{rit,NEG}$$
$$+ \beta_{Inst}X_{rit,Inst} + u_{ri} + \varepsilon_{rit} \tag{6-1}$$

其中,下标 r 代表第 r 个省或直辖市,i 表示制造业或其 2 位数分行业,t 表示第 t 个年份。计量模型中的解释变量向量包括：$X_{rit,Natural}$ 为包含资源禀赋与地理等自然因素的向量,$X_{rit,EG}$ 为经济地理因素向量,$X_{rit,NEG}$ 为新经济地理因素向量,$X_{rit,Inst}$ 为制度因素向量,相应地,$\beta_{Natural}$、β_{EG}、β_{NEG}、β_{Inst} 分别表示自然因素、经济地理因素、新经济地理和制度因素变量的系数向量。α 表示截距项,u_{ri} 和 ε_{rit} 分别代表模型的非观测效应项和随机误差项。被解释变量 Agg_{rit} 表示制造业整体或其第 i 个行业的地区集聚水平。Wen(2004)、金煜、陈钊和陆铭(2006)等都以产业地区总产值占全国总产值份额作为产业地区集聚水平的度量,而在本章则采用区位熵衡量各地区制造业及其行业的集聚水平,这是因为区位熵既能反映产业地区集聚的水平,又反映地区专业化的水平,其计算方法见公式(6-2):

$$Agg_{rit} = (q_{rit}/q_{it})/(x_{rt}/x_t) \tag{6-2}$$

q_{rit} 表示第 r 个地区制造业或其第 i 个行业第 t 年的总产值或总就业人数,q_{it} 则表示全国第 i 个行业第 t 年的总产值或总就业人数,x_{rt} 表示第 r 个地区第 t 年所有行业的总产值或总就业人数,x_t 则表示全国第 t 年所有行业的总产值或总就业人数。在此,为了与第五章的指标及其数据保持一致性,我们仍然采用总产值数据进行计算。

由于含有横截面和时间序列的面板数据包含了样本更多的信息量,降低了变量之间共线性的可能性,同时也便于控制样本个体之间的异质性,增加估计的有效性。目前面板数据分析模型主要有固定效应模型和随机效应模型两种,固定效应模型适应于计量模型中设置的随机误差项不随样本中观测个体差异而改变,同时随机误差项中个体差异因素也与模型中的解释变量相关。因此,采用普通最小二乘法(Ordinary Least Squares,以下简称 OLS)估计的结果所产生的不同截距项反映了样本的个体差异。随机效应模型则不把个体差异因素与非个体差异因素分离,且随机误差项中特异性误差与解释变量不相关。因此,估计结果因所有的个体具有相同的截距项而不反映个体差异。但由于个体的特异性误差被包含在随机误差项之中,造成误差项序列相关,使得随机效用模型采用了广义最小二乘法(Generalized Least Squares,以下简称 GLS)估计以消除误差项中的序列相关。

选择固定效应模型还是随机效应模型进行估计,一方面是依据研究目的和样本的选择而定,样本可视为总体的随机抽样,则一般采用随机效应模型估计,如果不能将样本视为随机抽样,而考虑样本个体差异,则可选择采用固定效应模型估计。另一方面,由于固定效应模型中反映个体差异的特异性误差与解释变量相关,而随机效应模型则假定了特异性误差与解释变量不相关。因此,依据两类方法使用的前提条件而一般采用基于 Wald 统计量的 Hausman 检验方法进行分析判断。Wald 统计量计算方法见公式(6-3):

$$W=[b-\hat{\beta}]'\hat{\Psi}[b-\hat{\beta}] \quad (6-3)$$

其中,W 为 Wald 统计量,b 和 $\hat{\beta}$ 分别为采用固定效应模型进行普通最小二乘法(OLS)和随机效应模型进行广义最小二乘法(GLS)的参数估计结果,$\hat{\Psi}$ 是固定效应模型和随机效应模型的协方差矩阵。Wald 统计量服从 $K-1$ 的卡方分布,其中,K 为解释变量个数。Hausman 检验的原假设是如果特异性误差与解释变量不相关,则固定效应模型与随机效应模型估计的结果都是无偏或一致的;但固定效应模型估计的系数却不是有效的,而备择假设即为固定效应模型参数估计是无偏或是一致的,随机效应估计参数则是有偏或不一致的(Wooldridge,2002)。依据 Hausman 检验选择估计模型,FE 表示固定效应模型,RE 表示随机效应模型,随后对所选择模型的估计结果进行经济学分析。

二、变量说明

依据古典生产区位理论,地区之间专业化分工和企业选择生产区位是以地区的地理位置和资源禀赋为导向(Marshall,1920;Ohlin,1933;Fujita and Mori,2005)。$X_{nt,Natural}$ 是自然因素向量,它至少应包含反映一个地区地理位置与资源禀赋的变量。对于一个地区资源资源禀赋的衡量,Bai et al.(2004)、Wen(2004)与金煜、陈钊和陆铭(2006)在研究中国制造业集聚水平的影响因素时,都没有考虑地区的自然资源禀赋优势。Wen(2004)等人的研究侧重于分析市场潜力、运输成本或地方保护对产业地区分布的影响。同时,Bai et al.(2004)也指出 Kim(1995)提出采用地区原材料增加值占全国原材料总增加值的比例,作为衡量地区资源禀赋的方法不适应于中国的国情,而能源消耗强度变量却缺乏相应的数据,因而在他们的实证研究中没有控制资源因素。徐康宁和王剑(2006)认为地区自然资源虽涉及门类众多,但在中国行业统计口径一致性的条件下,可以采用地区采掘业部门的投入水平度量该地区自然资源禀赋,原因是采掘业中包含煤炭、石油、天然气、金属、非金属等直接与自然资源相关联的行业,采掘业的投入水平可直接反映地区资源的可得性。

然而,本章综合了 Kim(1999)、徐康宁和王剑(2006)的研究,以 Agr 和 Min 变量分别表示采用地区农林牧渔的总产值占全国农林牧渔的总产值的比重和地区煤炭、石油及天然气、黑金属矿、有色金属及其他金属这五大采选行业的地区总产值占全国该五大采选行业的总产值的比重,并以这两个变量作为地区自然资源禀赋的度量指标。较之中部和西部地区,沿海的省市由于依赖于靠近国际大市场的天然地理位置优势和享受着国家设立沿海经济特区、经济开发区等优惠政策优先发展起来,这些地区可能具有更高的产业集聚水平。因此,设置了反映一个省(自治区、直辖市)是否为沿海地区的虚拟变量,并以 Coast 变量表示,且预计这一变量将对制造业的集聚水平产生正向效应。此外,Brulhart and Koeing(2006)提出了"经互会假说",认为社会主义国家政府对政治与经济具有较强的控制力,经济活动会集中在政治中心;而金煜、陈钊和陆铭(2006)认为政治中心更多地承担了政治、航运或服务功能,因此在一定程度上排挤了它们成为制造业中心的可能。为了判别检验两类理论的准确性,同时也设定了采用 City 变量表示地区是否为直辖市的虚拟变量,以估计这一变量对制造业及其行业集聚水平的影响。

经济地理理论侧重于分析经济外部性对产业集聚的影响,Fujita and Mori(2005)将经济外部性分解为产业关联的"金融外部性"(Pecuniary Externalities)和知识溢出的"技术外部性"(Technological Externalities)。"金融外部性"产生的企业集聚是由于企业聚集在投入资源丰富的地区,以获取稳定的原材料来源,因此地区自然资源禀赋变量能在一定程度上反映了产业的物质生产资源投入关联。而劳动力共享水平既反映在同一行业内部,又反映了在不同行业之间劳动力资源共享。为此,按三次产业划分,制造业属于第二产业①,第二产业的劳动力向制造业转移的成本低于第一产业和第三产业的劳动力向制造业转移的成本。因此,我们以各地区第二产业就业人数占全国第二产业就业人数的比重作为地区劳动力共享程度的度量,并用 Labor 来表示。

如果一个地区第二产业就业人数比重越高,劳动力资源就越丰富,越能吸引企业到该地区从事生产活动。"技术外部性"则指通过企业之间或劳动力之间的知识交流和共享产生的外部性,包括行业内的知识溢出和行业间的知识溢出。Marshall 等人认为同一行业的专业化集聚产生的知识共享与溢出效应能增强创新与发明,即所谓的 MAR 知识外部性和 Porter 知识外部性(Marshall,1920;Arrow,1962;Romer,1986;Porter,1990);而 Jacobs(1969)认为多样化和异质性行业集聚能形成互补性知识,因而更有利于知识创新与外溢(梁琦和钱学锋,2007)。Keller(2000)、Coe and Helpman(2005)等在分别研究知识溢出对制造业集聚影响以及贸易对技术外溢的影响时,采用 R&D 支出作为知识溢出水平的度量。借鉴于这一方法,本章以各地区研究与开发机构的研究与试验发展投资占全国研究与开发机构的研究与试验发展投资的比重作为衡量地区知识溢出水平的指标,并以 K-ledge 表示。

新经济地理理论并不否认产业集聚的经济地理因素,但是该理论认为历史偶然和预期是产业集聚的根源,并将经济地理因素归结于历史的偶然和预期之中。通过历史偶然和预期形成产业集聚起源,并通过收益递增和降低以运输成本为主的外生交易成本所产生

---

① 第二产业包含了采矿业、制造业、电力、燃气和水的生产与供应业和建筑业。

的正反馈效应,提高产业集聚的水平(梁琦,2004;陆铭和陈钊,2006)。因此,侧重分别度量收益递增和外生交易成本中的运输成本变量,以反映新经济地理因素对制造业及其行业集聚的影响。收益递增使企业在选择生产区位时必须依靠市场潜力大小,如果一个地区的市场潜力越大,则企业生产规模越大,规模经济效应越强,该地区的企业集聚水平越高。度量市场潜力的方法有多种,Head and Mayer(2006)分别对 Harris(1954)、Redding and Venables(2004)等所提出的市场潜力代表性的衡量方法作了比较分析,结果发现这些方法与 Harris(1954)提出了市场潜力函数法估计结果基本趋于一致。Redding and Venables(2004)采用双边贸易数据构建分别度量地区最终产品需求和中间投入品需求的市场潜力的 Ma 效应和 Sa 效应指数虽然更加精确,但由于地区之间的贸易流数据不易得,同时,Ottaviano and Pinelli(2006)认为在地区之间劳动力流动不受限制条件下,没有必要区分 Ma 效应和 Sa 效应。因此,刘修岩、殷醒民和贺小海(2007)采用了 Harris(1954)的方法度量各地级城市的市场潜力。然而,这种方法只衡量了国内市场潜力,而没有忽略了开放经济条件下的国外市场潜力,并且以 Harris(1954)的方法度量各地级城市的市场潜力可能存在内生性。因此,既要减少计量模型中变量之间的内生性,又要能衡量开放经济条件下的国内外总的市场潜力,我们采用了黄玖立和李坤望(2006)与贺灿飞、谢秀珍和潘峰华(2008)衡量中国各地区市场潜力的方法,即将地区的市场潜力分为国外市场潜力和国内市场潜力。其中,衡量国外和国内市场潜力的公式分别为(6-4)和(6-5):

$$FMA_j = \begin{cases} 100 d_{jj}^{-1}, j \in C \\ 100(\min d_{jk} + d_{jj})^{-1}, j \notin C, k \in C \end{cases} \quad (6-4)$$

$$DMA_j = 100 \left(\sum_{k \neq j} d_{jk}^{-1} + d_{jj}^{-1} \right) \qquad (6-5)$$

FMA_j 和 DMA_j 分别表示第 j 个地区国外市场潜力和国内市场潜力，d_{jj} 为第 j 个地区的内部空间距离，且 $d_{jj} = 0.66 \sqrt{area_j/\pi}$，其中 $area_j$ 为该地区的土地面积。与贺灿飞、谢秀珍和潘峰华（2008）不同的是[①]，为了减少计量模型中变量的内生性，以 d_{jk} 表示第 j 省的省会城市或直辖市到第 k 个省的省会城市或直辖市的空间直线距离，C 为沿海地区省和直辖市的集合。第 j 地区的国内市场潜力为该省或直辖市的内部空间距离的倒数，与其他所有省的省会城市或直辖市到该省份的省会城市或直辖市的空间直线距离的倒数之和，乘以 100 的权数之后计算得出。如果第 j 地区是沿海省份或直辖市，则该地区的国外市场潜力为该地区空间内部距离的倒数乘以 100；如果第 j 地区是内陆省份或直辖市，则第 j 个地区的外部市场潜力为该地区省会城市或直辖市，到离该地区最近的沿海省份的省会城市或直辖市的空间直线距离，与第 j 个省份内部空间距离加总的倒数并乘以 100 的权数之后计算。同时，考虑到第 j 个地区的国内市场潜力与国外市场潜力，我们将两者合并计算出第 j 个地区的总的市场潜力 MA_j，即为公式（6-6）：

$$MA_j = FMA_j + DMA_j \qquad (6-6)$$

此外，新经济地理理论中的交易成本主要指运输成本。如果一个地区交通基础设施越发达，该地区的外生交易成本就越低。我们

[①] 贺灿飞、谢秀珍和潘峰华（2008）的研究中，国内市场潜力和国外市场潜力变量不随时间变化。与之不同的是，从本章的数据来源上看，由于样本年份部分省、直辖市和自治区所管辖的土地面积有变动，因此本章研究中市场潜力变量取值会随时间变化而变化。

采用反映地区公路密度的每平方公里中公路里程数,作为地区运输成本①(Trans)的度量。此外,Henderson等认为地区城市化水平越高,人力资本越丰富,知识溢出水平越高。各地区城市的发展水平越好,则法律体系、交通运输、通信网络等基础设施越好,该地区的交易成本越低(Henderson,1974;Wen,2004)②。陆铭和陈钊(2006)认为以地区拥有的城市数度量地区城市的发展水平显然不适合,而应以陆铭和陈钊(2004)提出的以地区非农人口数占该地区总人口数的比重作为城市化水平的度量。本章借鉴于此方法,用Urban表示城市化水平的变量。

从制度经济理论来看,North(1990)将交易成本理解为规定和实施构成交易基础的契约成本,包含了经济组织从贸易中获取的政治和经济的所有成本;制度确定和限制了经济主体的行为选择集合,构造了他们在政治、社会或经济发生的交换的激励结构,而这种交换的激励结构,加上技术决定了交易成本。威廉姆森(2002)认为交易成本是经济系统运行的成本,由人的有限理性和机会主义行为,资产专用性、交易的不确定性、交易频率等特定交易因素和市场交易环境所决定。显然,企业对生产区位的选择也被认为是经济主体的行为选择,其必然受到制度环境的约束。

---

① 在衡量地区内的运输成本时,没有考虑每平方公里的铁路里程数。原因是金煜、陈钊和陆铭(2006)采用1987~2001年的省级面板数据分析中国地区工业集聚时,发现各省市的铁路里程数存在不明原因的波动,因此考虑铁路里程数可能会降低估计结果的可信度。

② 虽然Wen(2004)认为如果地区城市化水平越高,该地区的法律制度越完善,但在其实证研究中却并没有将法律完善程度等制度因素引入到计量模型进行检验,其主要考虑是城市化水平提高使得地区的交通运输条件改善,降低了产品运输成本。

依据杨小凯和黄有光(1999)将交易成本划分为外生交易成本和内生交易成本的理论,新经济地理学中考虑的交易成本主要是指以运输成本为代表的外生交易成本,技术进步可以降低外生交易成本,但有效的制度安排则降低了企业集聚过程中所产生的内生交易成本。特别是中国正处于计划经济向市场经济转型时期,政府通过设计促进市场化和提高开放水平的政策与制度安排,引导生产资源的空间配置(Démurger,Jeffrey and WingThye et al. ,2002)。为此,我们侧重分析反映地区市场化进程和经济开放水平的制度因素,相关数据来源于《中国市场化指数——各地区市场化相对进程2006年报告》《中国市场化指数——各地区市场化相对进程2009年报告》和《中国市场化指数——各地区市场化相对进程2011年报告》,相应变量的设置和经济解释说明如下。

第一,关于生产者产权保护制度(PPR)。市场经济条件下,政府对生产者的产权保护是为生产者提供生产激励的必要制度保证。这些产权包括私有财产权、合法生产与经营权、知识产权[①]等。如果地区政府对于生产者的产权保护程度越高,越能保障生产者的财产安全、鼓励研发创新并提高生产效率。因此,假定地区的生产者产权保护制度越完善,企业在该地区的集聚水平越高。生产者保护制度指标的数值最低分为0分,如果分值越高,表示该

---

① 《中国市场化指数——各地区市场化相对进程2006年报告》《中国市场化指数——各地区市场化相对进程2009年报告》和《中国市场化指数——各地区市场化相对进程2011年报告》中也有衡量各地区知识产权保护水平的指标和数据。它是依据专利的申请与处理情况进行评估,而生产者产权保护指标则依据生产者权利受到侵犯的程度进行评估,且包含了对生产者的知识产权保护。因此,为了避免指标重复选取,仅将生产者产权保护指标变量纳入到计量方程之中。

地区的生产者保护制度越完善,生产者维护产权的内生交易成本越低。

第二,关于财政政策(FP)。财政政策是政府干预经济的重要手段,特别是中国实行了财税分权式改革,地方政府因占有地方财政收入的部分份额,可以采用财政手段干预地方经济。地方政府采取的财政政策越宽松,会减少政府对经济的干预,提高了地区市场化进程,降低企业集聚的交易成本;反之,则加强了政府对经济的干预力度,降低了地区市场化进程,增加了企业集聚的交易成本。因此,我们假设地区采取越宽松的财政政策,将提高该地区企业的集聚水平。地区的财政政策分值最低分 0 分,且分值越高,该地区的财政政策越宽松。

第三,关于贸易政策(TP)。地区的贸易政策反映了该地区商品市场的开放水平。如果地区的运输条件直接决定了商品跨地区贸易的外生交易成本,那么地区的贸易政策就决定了商品跨地区贸易的内生交易成本。一个地区采取贸易保护的政策,该地区贸易壁垒越高,经济开放水平越低,企业集聚到该地区生产与经营的内生交易成本可能越高。因此,我们假设地区采取的自由的贸易政策将提高该地区企业的集聚水平。贸易政策的评分值最低为 0 分,分值越高,则地区的贸易政策越自由。

第四,关于劳动力流动管制(LI)。地区所采取的劳动力流动管制反映了该地区的劳动力市场开放与自由程度。如果地方劳动力市场越开放,劳动力跨区域流动越自由,便于企业共享劳动力资源。因此,假定劳动力流动的管制水平越紧,则企业集聚水平越低,且该指标的最低分值为 0 分,分值越高,地区劳动力跨区域流动水平越高。

第五,关于投资政策(IP)。地区的投资政策反映了地区资本市场的开放和对资本流的控制程度。如果地区采取自由的投资政策,那么,该地区对资本的管制程度越低,同时也反映出政府对资本的欢迎态度。投资政策指标的最低分值为0分,分值越高,投资政策越自由。同时,假设自由的投资政策,将提高在该地区的投资水平,企业的集聚水平越高;反之,则集聚水平越低。

第六,关于企业融资的便利程度(CI)。融资是企业从事生产与经营活动的必要环节。如果地方政府为企业提供的融资环境越宽松,企业获得资本越便利,融资成本越低。因此,我们假设地区的融资便利程度越高,将提高该地区的企业集聚水平,且该指标最低分值为0分,分值越高,企业融资的便利程度越高。

第七,关于产品价格的管制程度(PP)。市场经济要求产品的价格由市场决定,市场机制通过产品的价格作用于生产资源的优化配置。如果地区的产品价格管制程度越严格,则会扭曲该地区的生产资源配置。不仅会提高了企业的生产成本,同时还降低了企业的生产效率。因此,假设地区的产品价格管制程度越高,企业的集聚水平越低。该指标的最低分值为0分,表明地区对产品价格的管制程度越高,而分值越高,则地区的产品的价格管制程度越低。

第八,关于政府的清廉程度(Clear)。企业的创建、生产与经营的过程必然与政府交往。《中国市场化指数——各地区市场化相对进程2006年报告》《中国市场化指数——各地区市场化相对进程2009年报告》和《中国市场化指数——各地区市场化相对进程2011年报告》中该指标的数据是通过企业调查抽样采用管理者与政府部门人员交往时间占其工作时间的比例计算。因此,该指标反映了企业与政府交往的交易成本。如果地区政府越廉洁、运作越透明且效率越高,则企业所耗费与政府交往的非生产性交易成本越低;反之,则增加了企业在该地区的政府交易成本。假设地区政府的清廉程度越高,将提高企业在该地区的集聚水平。该指标的分值最低为 0 分,且地方政府越清廉,则分值相应会越高。

此外,地区的文化、价值信念、伦理规范、道德风俗等非正式制度也可能影响企业的生产与经营成本,特别是非正式制度能降低交易成本、促进生产协作、带来规模经济、减少不确定性并获取比较优势等(North,1990;张宇燕,1992;卢现祥,1996;罗能生,2002)。而这些因素可能影响企业的生产区位选择和产业集聚,尤其是在跨国经验研究中体现。然而,本章却没有将反映地区非正式制度的变量纳入计量模型,其原因有两个方面。一是我们没有获得能反映地区文化、价值观念、伦理规范和道德风俗等非正式制度的指标数据,同时,国际经验研究中通常采用语言变量反映地区的文化,却不适合作为中国地区文化的度量。二是虽然国家之间存在文化、价值观念、伦理道德规范等非正式制度差异,但一国内部的地区之间的非正式制度差异比国家之间的差异小。由于中国采取渐进式地由计划经济向市场经济转型,影响地区经济发展差异的制度安排主要体现在地区市场化改革的进程和经济开放水平,因此本章侧重于检验这些制度因素对中国制造业集聚水平的影响程度与显著性。

第三节　数据来源与统计性描述

一、数据来源和处理

本章选择采用 1999~2010 年中国省(自治区、直辖市)为样本,构建跨时期的面板数据。除西藏、香港、澳门、台湾以外,地区样本包括了全国 29 个省、直辖市、自治区的地区数据。自 1997 年以来,重庆被设立为直辖市,我国该地区的所有指标数据均与四川省分开统计。但为了保证时间序列上的地区样本的前后一致性,将四川与重庆的产值、土地面积等非指数数据合并,而对指数数据则取其两者平均计算。主要指标的数据来源和处理的详细说明如下。

第一,反映制造业总体集聚水平的 Agg 变量,是以地区制造业总产值占全国制造业总产值的比重来衡量。依据 2003 年修订的《国民经济行业分类与代码》,可将地区工业总产值数据剔除采矿业和电力、燃气及水生产和供应业的相应数据,即得到各地区各年份的制造业总产值数据。其中,样本年份各地区工业总产值的数据来源于《中国统计年鉴》(2001~2011 年),而各年份采矿业和电力、燃气及水生产和供应业的工业总产值数据则来源于《中国工业经济统计年鉴》(2001~2011 年)。为了在保持数据统计口径的一致性,并进一步实证分析地区制度安排对制造业 2 位数分行业集聚水平的影响,国家统计局制定的《国民经济行业分类与代码》曾分别在样本年份内的 1994 年和 2003 年发生过两次修订,我们仍然按照第五章

表5-1对制造业2位数分行业的划分标准。相应地,各个地区各年份制造业2位数各分行业的总产值数据来源于《中国工业经济统计年鉴》(2001~2011年)和《中国经济普查年鉴2004》(地区卷)。

第二,在样本所选择的29个省(自治区、直辖市)中,处于沿海地区有7个省(自治区),分别是河北、辽宁、江苏、浙江、福建、山东、广东、广西和海南,沿海地区的直辖市有天津和上海。反映地区是否沿海的虚拟变量Coast,对沿海省(自治区、直辖市)取值为1,其余省份和直辖市取值为0。由于作为直辖市的重庆数据被合并入四川省,因此,直辖市的虚拟变量City仅对北京、天津和上海市都取值为1,样本中其余省(自治区)取值为0。

第三,度量地区自然资源禀赋的Agr和Min变量所需的各地区农林牧渔的总产值数据来源于《中国统计年鉴》(2000~2011年)。而煤炭、石油及天然气、黑金属矿、有色金属及其他金属这五大采选行业的地区总产值数据则来源于《中国工业经济统计年鉴》(2001~2011年)和《中国经济普查年鉴2004》(地区卷),并将各地区这些行业的总产值数据合并计算出Min变量所需的地区总产值数据。

第四,反映劳动力共享的Labor变量,以各地区第二产业就业人数比重度量。其中,2000~2005年和2007~2010年的各省、直辖市和自治区的第二产业就业人数分别来源于《中国统计年鉴》(2001~2006年)和《中国统计年鉴》(2008~2011年),2006年的《中国统计年鉴》缺乏三大产业就业人数的统计数据。因此,我们替代采用五年移动平均法,将2005年各省、直辖市和自治区第二产业就业人数乘上2001~2005年这些地区第二产业就业人数的平均变化率估计出2006年各省、直辖市和自治区第二产业就业人数。相应地,数据来源于2008年的《中国统计年鉴》。衡量2000~2010年地区知识溢出水平的各地区研究与开发机构的研究与试验发展投资数据,来源于《中国科技统计年鉴》(2001～2011年)中的"各地区研究与开发机构研究与试验发展经费内部支出"指标及其数据。

第五,Trans变量所需样本年份各地区公路里程数数据来源于《新中国五十五年统计资料汇编》和《中国统计年鉴》(2001～2011年),而MA变量所需的省会城市或直辖市之间的空间直线距离则通过地理距离计算网站(Google Earth)获取。Urban变量度量样本年份各地区省(自治区、直辖市)指标所需的非农业人口数来源于《中国城市建设统计年报》(2001～2011年),而2006年的数据则以《中国城市统计年鉴》(2007年)中的地级以上非农人口数近似替代。

第六,2001～2010年反映各地区市场化进程和经济开放水平的各项制度数据均来自《中国市场化指数——各地区市场化相对进程2006年报告》《中国市场化指数——各地区市场化相对进程2009年报告》和《中国市场化指数——各地区市场化相对进程2011年报告》。由于该报告所提供的各项制度数据均是以2001年为基期采用标准化指数衡量,以后年份地区的制度数据既反映了该地区的制度相对前一年份的变迁程度,同时又反映了该地区与其他地区制度完善程度的比较。因此,对于2000年各地区各项制度数据则分别采用移动平均法,用2001年各地区各项制度指标值处以2001～2005年各地区各项制度指标的平均变化率计算获得。

需要指出的是,财政政策(FP)所采用的数据来自该报告中的"市场分配经济资源的比重"指标及其数据。这一指标的标准化数值是依据地方政府的财政支出占地方国内生产总值的比重计算,因而反映了地方财政政策的宽松程度。投资政策(IP)所采用的数据来源于该报告中的"非国有经济在工业销售收入中所占比重"指标及其数据。这一指标是依据各地区所有的"私营企业""集体企业""股份合作企业""股份有限公司""中外合资、合作经营企业""外资企业和外商投资股份有限公司"等非国有资本工业销售收入，占地区国内生产总值的比重经相对值标准化处理后获得，它能够反映各地区对本国非国有资本和境外资本的投资控制水平。因此，这一指标可以反映地区采取投资政策的松紧程度。"企业融资便利性"的数据则是采用《中国市场化指数——各地区市场化相对进程2006年报告》《中国市场化指数——各地区市场化相对进程2009年报告》和《中国市场化指数——各地区市场化相对进程2011年报告》中"信贷资金分配的市场化"指标及其数据。由于国有企业主要通过政策融资，而"信贷资金分配的市场化"指标却是衡量企业通过资本市场融资的水平，且它反映金融机构为非国有企业提供贷款的水平。因此，这一指标可以用于衡量地方为企业提供融资方便的程度。

此外，为了对深入分析制度结构因素在不同地区对制造业集聚产生影响的程度，进一步分别分析中国东部、中部和西部的各项制度因素对制造业整体集聚的影响程度。1986年，《中华人民共和国国民经济和社会发展的第七个五年计划》将北京、天津、河北、辽宁、上海、江苏、浙江、福建、山东、广东和海南这11个省和直辖市划入到东部地区，将山西、内蒙古、吉林、黑龙江、安徽、江西、河南、湖北、湖南、广西这10个省或自治区划入中部地区，西部地区则包括四川、贵州、云南、西藏、陕西、甘肃、青海、宁夏、新疆这9个省（自治区）。1997年重庆成为直辖市，将其一并划入西部地区之后，西部地区包含了10个行政区。2000年国家将内蒙古和广西纳入到享受西部大开发政策优惠的重点工程地区范围。因此，考虑到西藏没有进入本章所选取的样本地区,而对东部、中部和西部地区所包含的省、直辖市和自治区的行政区划分见表6-1。

表6-1 地区所含省、直辖市或自治区划分

地区	省、直辖市或自治区
东部	北京、天津、河北、辽宁、上海、江苏、浙江、福建、山东、广东、海南
中部	山西、吉林、黑龙江、安徽、江西、河南、湖北、湖南
西部	四川(含重庆)、贵州、云南、陕西、甘肃、青海、宁夏、新疆、广西、内蒙古

二、数据的统计描述

变量数据的平均值和标准差变化分别反映该变量的平均变化趋势和数据与均值的离散程度。表6-2分别统计了2000～2010年制造业整体集聚水平(Agg)及其2位数20个分行业的集聚水平(Agg_r)变量的均值和标准差。如同第五章的分析结论:样本年份制造业及其2位数分行业的均数变化来看,其数值变化不大,但制造业及其2位数分行业的标准差变化确有差异。首先,制造业的地区集聚水平均值下降但标准差数值先升后降,表明制造业整体的地区集聚水平存在差异。其次,从2位数分行业来看,化学工业、化学原料及化学制品制造业(C26),化学纤维制造业(C28),通用设备制造业或普通机械设备制造业(C35),专用或专有设备制造业(C36),电气机械及器材制造业(C39)等技术密集型行业和纺织工业(C17),造纸及纸制品业(C22)等传统的劳动密集型行业,以及农副食品加

表6-2 被解释变量统计描述

年份 变量	2000	2001	2002	2003	2004	2005	2006	2007	2008	2009	2010	横截面	年份	观测数
Agg	0.8874 (0.5673)	0.8452 (0.5531)	0.8501 (0.5945)	0.8594 (0.6342)	0.8365 (0.6084)	0.8288 (0.6125)	0.8281 (0.6199)	0.8324 (0.6403)	0.0309 (0.0377)	0.0290 (0.0358)	0.0287 (0.0340)	29	11	319
Agg$_{C13}$	0.8828 (0.6504)	0.8792 (0.6941)	0.8971 (0.7331)	0.9380 (0.7281)	0.9024 (0.8115)	0.8823 (0.8243)	0.8865 (0.8237)	0.7843 (0.5619)	0.7897 (0.5609)	0.7908 (0.5561)	0.7968 (0.5641)	29	11	319
Agg$_{C14}$	0.9420 (0.6268)	0.9402 (0.6115)	0.9445 (0.5852)	0.9588 (0.6420)	0.9780 (0.7736)	0.9534 (0.8178)	0.9468 (0.8310)	0.8501 (0.5499)	0.8502 (0.5004)	0.8420 (0.4917)	0.8427 (0.4523)	29	11	319
Agg$_{C15}$	0.0774 (0.0337)	0.9054 (0.5332)	0.8983 (0.5253)	0.8965 (0.5518)	1.0022 (0.5380)	0.9757 (0.5606)	0.9768 (0.5501)	0.8850 (0.3291)	0.8704 (0.3943)	0.8558 (0.3909)	0.8397 (0.4035)	29	11	319
Agg$_{C16}$	1.1641 (1.7064)	1.1793 (1.6548)	1.3275 (1.6439)	1.1830 (1.5357)	1.0830 (1.6635)	1.0930 (1.6516)	1.0708 (1.5627)	1.1689 (2.0491)	1.1326 (1.9439)	1.1169 (1.8832)	1.0964 (1.8228)	29	11	319
Agg$_{C17}$	0.7468 (1.0185)	0.7435 (1.0952)	0.74581 (1.1477)	0.7640 (1.1549)	0.7461 (1.2245)	0.7441 (1.2135)	0.7371 (1.2075)	0.5767 (0.7439)	0.5629 (0.7371)	0.5659 (0.7203)	0.5634 (0.6853)	29	11	319
Agg$_{C22}$	0.8096 (0.7088)	0.8042 (0.7382)	0.7927 (0.7639)	0.7954 (0.8094)	0.7878 (0.8829)	0.8474 (0.9223)	0.8568 (0.9796)	0.7476 (0.6505)	0.7577 (0.6575)	0.7673 (0.6847)	0.7370 (0.5864)	29	11	319
Agg$_{C25}$	0.9111 (0.7911)	0.9143 (0.8150)	1.1245 (0.8191)	0.9471 (0.8338)	1.0069 (0.8312)	1.0778 (1.0164)	1.1024 (0.9711)	1.2235 (1.1367)	1.1991 (1.0634)	1.2271 (1.0499)	1.1577 (0.9161)	29	11	319
Agg$_{C26}$	0.9165 (0.5624)	0.8964 (0.6037)	0.8836 (0.5908)	0.8723 (0.5832)	0.8889 (0.6785)	1.0015 (0.8064)	0.9597 (0.8768)	0.7966 (0.4108)	0.7986 (0.4207)	0.7627 (0.4256)	0.7468 (0.3935)	29	11	319

续表

年份 变量	2000	2001	2002	2003	2004	2005	2006	2007	2008	2009	2010	横截面	年份	观测数
Agg$_{C27}$	0.9562 (0.5684)	0.9507 (0.5869)	0.9572 (0.5732)	0.9604 (0.5833)	1.0154 (0.5822)	1.0055 (0.5908)	0.9886 (0.5728)	0.9000 (0.4284)	0.8667 (0.4261)	0.8590 (0.4282)	0.8466 (0.4508)	29	11	319
Agg$_{C28}$	0.7340 (0.9930)	0.7866 (1.2571)	0.8010 (1.3484)	0.8028 (1.7105)	0.7521 (1.6337)	0.7650 (1.7040)	0.7595 (1.7784)	0.5634 (1.1046)	0.5726 (1.1791)	0.5673 (1.1838)	0.5575 (1.1651)	29	11	319
Agg$_{C31}$	0.8330 (0.4952)	0.8309 (0.5151)	0.8402 (0.5225)	0.8507 (0.5698)	0.8772 (0.6524)	0.8528 (0.6923)	0.8456 (0.7150)	0.7485 (0.4479)	0.7488 (0.4474)	0.7952 (0.3617)	0.8194 (0.4814)	29	11	319
Agg$_{C32}$	0.9776 (0.6897)	0.9629 (0.7014)	0.9577 (0.6970)	0.9991 (0.7238)	0.9600 (0.7567)	0.9275 (0.7638)	0.9307 (0.8006)	0.9064 (0.6803)	0.9133 (0.7225)	0.9076 (0.7494)	0.8710 (0.6901)	29	11	319
Agg$_{C33}$	1.2750 (1.0900)	1.2395 (0.9839)	1.2555 (1.0133)	1.2266 (0.9426)	1.2218 (1.0209)	1.2029 (1.0290)	1.1667 (0.9577)	1.1544 (1.0696)	1.0827 (0.9746)	1.0535 (0.9545)	1.0586 (0.9606)	29	11	319
Agg$_{C34}$	0.7637 (0.8603)	0.7487 (0.8295)	0.7363 (0.8606)	0.7224 (0.9129)	0.7172 (0.8733)	0.7242 (0.8751)	0.7083 (0.8834)	0.6069 (0.5833)	0.6254 (0.5847)	0.6259 (0.5221)	0.6168 (0.5166)	29	11	319
Agg$_{C35}$	0.7456 (0.7905)	0.7358 (0.8004)	0.7531 (0.8236)	0.7192 (0.8112)	0.7430 (0.7249)	0.7085 (0.8620)	0.6970 (0.8536)	0.6440 (0.6352)	0.6411 (0.6218)	0.6307 (0.6104)	0.6256 (0.5848)	29	11	319
Agg$_{C36}$	0.7809 (0.7242)	0.7776 (0.7045)	0.7868 (0.7113)	0.8218 (0.6352)	0.7759 (0.6928)	0.7793 (0.6862)	0.7781 (0.6796)	0.7104 (0.4582)	0.7123 (0.4775)	0.7085 (0.4878)	0.6908 (0.4910)	29	11	319
Agg$_{C37}$	0.8939 (0.9704)	0.9121 (1.0117)	0.9188 (1.0540)	0.9239 (1.0226)	0.9374 (0.9475)	0.9283 (0.8715)	0.9067 (0.8386)	0.8331 (0.8356)	0.7872 (0.7441)	0.7741 (0.7322)	0.7661 (0.7349)	29	11	319

续表

年份 变量	2000	2001	2002	2003	2004	2005	2006	2007	2008	2009	2010	横截面	年份	观测数
Agg_{C39}	0.7091 (0.8567)	0.6944 (0.8534)	0.6973 (0.8988)	0.7090 (0.9384)	0.6867 (0.9168)	0.6811 (0.9104)	0.6829 (0.9125)	0.5851 (0.5901)	0.5948 (0.5754)	0.6066 (0.5438)	0.6066 (0.5370)	29	11	232
Agg_{C40}	0.7926 (1.2885)	0.7328 (1.1815)	0.7194 (1.1572)	0.6945 (1.1478)	0.6571 (1.1724)	0.6539 (1.1683)	0.6620 (1.1679)	0.5616 (0.9087)	0.5381 (0.8628)	0.5220 (0.8260)	0.5210 (0.8205)	29	11	319
Agg_{C41}	0.7155 (1.0234)	0.6851 (0.9840)	0.6983 (0.9688)	0.6923 (1.0705)	0.6809 (0.9903)	0.6688 (0.9966)	0.6642 (0.9994)	0.5594 (0.6636)	0.5720 (0.6573)	0.5696 (0.6258)	0.5631 (0.6317)	29	11	319

注释：①所列数据为一个年份横截面样本地区的变量在该年份的均值，括号内的值为标准差；②统计结果均经过4舍5入后保留4位小数。

工业(C13)、食品制造业(C14)、饮料制造业(C15)、石油加工、炼焦及核燃料加工业(C25)、建筑材料及非金属矿物制品业(C31)、黑色金属冶炼及压延加工业(C32)、金属制品业(C34)等资源密集型行业集聚水平变量的标准差都在不断上升,说明这些行业的集聚程度也在不断提高。而金属制品业(C34),通用设备制造业或普通机械设备制造业(C35)和仪器仪表及文化、办公用品机械及其他计量器具制造业(C41)的标准差却在不断减少,说明各年份内该行业在地区之间分布越来越分散,这一行业的集聚水平会降低。此外,烟草加工业(C16)、有色金属制造品、冶炼及压延加工业(C33),交通运输设备制造业(C37),通信设备、计算机及其他电子设备制造业(C40),仪器仪表及文化、办公用品机械及其他计量器具制造业(C41)的标准差数值虽然逐年呈现递减趋势,却比其他行业的标准差更大,表明这一行业的集聚水平相对于其他行业仍然较高。

表6-3对所有的解释变量各年的均数和标准差进行了统计描述,Coast和City变量取值不随时间的变化,因此这些变量的均值和标准差一直维持不变。衡量地区自然资源禀赋Agr和Min变量的均值和标准差数值变化基本稳定。Urban、MA、Trans变量的均值逐年递增,表明样本年份内各省、直辖市和自治区的城市化、市场潜力和交通运输条件的平均水平不断上升。同时,Labor、K-ledge、Urban、MA、Trans变量的均值或标准差都呈现出递增的趋势,表明样本年份内劳动力共享、知识溢出、市场潜力、城市化和交通运输条件的地区差异却在拉大。在地区市场化进程和开放程度的制度变量中,生产者产权保护(PPR)、劳动力流动管制(LI)和投资政策(IP),变量的平均值逐年递增,分别表明各地区对生产者产权保护越来越严格、劳动力流动管制和投资政策都越来越宽松。同时,由于这些

表6-3 解释变量的统计描述

年份 变量	2000	2001	2002	2003	2004	2005	2006	2007	2008	2009	2010	横截面	年份	观测数
Coast	0.3793 (0.4938)	0.3793 (0.4938)	0.3793 (0.4938)	0.3793 (0.4938)	0.3793 (0.4938)	0.3793 (0.4938)	0.3793 (0.4938)	0.3793 (0.4938)	0.3793 (0.4938)	0.3793 (0.4938)	0.3793 (0.4938)	29	11	319
City	0.1034 (0.3099)	0.1034 (0.3099)	0.1034 (0.3099)	0.1034 (0.3099)	0.1034 (0.3099)	0.1034 (0.3099)	0.1034 (0.3099)	0.1034 (0.3099)	0.1034 (0.3099)	0.1034 (0.3099)	0.1034 (0.3099)	29	11	319
Min	0.0345 (0.0458)	0.0845 (0.1056)	0.0854 (0.1022)	0.0345 (0.0406)	0.0345 (0.0399)	0.0345 (0.0373)	0.0345 (0.0359)	0.0345 (0.0349)	0.0345 (0.0338)	0.0345 (0.0335)	0.0347 (0.0326)	29	11	319
Agr	0.0345 (0.0252)	0.0345 (0.0254)	0.0345 (0.0251)	0.0345 (0.0248)	0.0345 (0.02543)	0.0345 (0.0255)	0.0345 (0.0254)	0.0344 (0.0256)	0.0344 (0.0255)	0.0344 (0.0251)	0.0344 (0.0247)	29	11	319
Labor	0.0345 (0.0266)	0.0345 (0.0276)	0.0345 (0.0281)	0.0340 (0.0285)	0.0345 (0.0296)	0.0347 (0.0301)	0.0345 (0.0304)	0.2505 (0.0965)	0.2535 (0.0957)	0.2573 (0.0948)	0.2649 (0.0962)	29	11	319
K-ledge	0.0346 (0.0396)	0.0346 (0.0396)	0.0345 (0.0399)	0.0345 (0.0390)	0.0345 (0.0394)	0.0345 (0.0387)	0.0345 (0.0381)	0.0345 (0.0655)	0.0345 (0.0618)	0.0345 (0.0621)	0.0345 (0.0653)	29	11	319
Urban	0.2052 (0.1467)	0.2112 (0.1549)	0.3859 (0.2419)	0.2234 (0.1586)	0.2264 (0.1641)	0.2355 (0.1678)	0.3106 (0.1395)	0.3704 (0.1674)	0.3738 (0.1683)	0.3782 (0.1700)	0.3813 (0.1701)	29	11	319
MA	4.6364 (1.8341)	4.6360 (1.8312)	4.6312 (1.8324)	4.6290 (1.8318)	4.6300 (1.8328)	4.6311 (1.8356)	4.6312 (1.8356)	6.1837 (2.8946)	6.1837 (2.8946)	6.1837 (2.8946)	6.1837 (2.8946)	29	11	319
Trans	0.3393 (0.2272)	0.3743 (0.2361)	0.3859 (0.2419)	0.4023 (0.2661)	0.4159 (0.2731)	0.4295 (0.2827)	0.7168 (0.4135)	1.4555 (1.6010)	1.5113 (1.6848)	1.5866 (1.7906)	1.6429 (1.8521)	29	11	319

续表

年份 变量	2000	2001	2002	2003	2004	2005	2006	2007	2008	2009	2010	横截面	年份	观测数
PPR	4.2123 (2.6166)	4.0776 (2.4755)	4.0776 (2.4755)	4.0776 (2.4755)	4.3147 (2.2285)	3.7010 (1.9776)	4.2169 (2.3949)	3.4448 (1.8906)	4.6555 (1.6933)	4.7933 (1.4999)	5.7500 (2.6035)	29	11	319
FP	7.0496 (2.4231)	7.1074 (2.3937)	7.0529 (2.4434)	7.1286 (2.3535)	7.2717 (2.2422)	7.4210 (2.1534)	7.5289 (2.0596)	7.0769 (2.2784)	6.7690 (2.4399)	6.1755 (2.8460)	6.2067 (2.6484)	29	11	319
TP	6.2980 (2.3833)	8.5457 (1.4475)	7.3612 (1.9762)	6.8766 (2.2381)	6.8171 (2.3130)	7.3659 (2.3733)	6.9315 (2.6684)	3.3109 (2.4285)	3.2679 (2.5612)	3.1878 (2.5628)	3.5474 (2.7441)	29	11	319
LI	2.3250 (2.0142)	2.5662 (2.2010)	2.8960 (2.4878)	3.3759 (2.7827)	3.8191 (3.2412)	3.8191 (3.2412)	4.2883 (3.6279)	6.2907 (2.9269)	6.0900 (2.8719)	6.0900 (2.8719)	7.2472 (2.9308)	29	11	319
IP	3.6683 (2.5178)	3.4912 (2.6324)	3.9290 (2.5186)	4.1533 (2.3204)	4.4523 (2.2853)	4.5490 (2.1426)	5.2072 (2.1666)	6.2448 (2.7942)	6.6466 (2.7017)	6.8255 (2.6942)	7.4882 (2.8153)	29	11	319
CI	3.7595 (2.5199)	4.3095 (2.5701)	5.1840 (2.4937)	6.6193 (2.2900)	7.4803 (2.1419)	8.2676 (2.2713)	10.2638 (2.5142)	9.3590 (1.7664)	12.5831 (1.2562)	12.8086 (0.8451)	15.4801 (1.6568)	29	11	319
PP	6.5951 (2.6023)	6.8684 (2.3352)	6.7815 (2.1193)	6.5926 (2.3265)	6.5691 (2.4683)	7.4967 (1.9755)	7.4967 (1.9755)	7.2076 (2.4033)	7.5288 (2.2927)	7.5288 (2.2927)	7.9018 (2.5851)	29	11	319
Clear	3.9859 (3.1019)	3.9409 (2.7279)	3.9409 (2.7279)	3.8348 (2.3141)	4.5451 (2.3357)	4.8864 (2.9327)	5.8145 (3.6937)	4.9433 (2.9985)	4.9433 (2.9985)	4.9433 (2.9985)	4.9433 (2.9985)	29	11	319

注释：①所列数据为一个年份横截面样本在该年份的变量的均值，括号内的值为标准差；②统计结果均经过4舍5入后保留4位小数。

变量标准差增加,表明中国的市场化进程存在空间差异。企业融资的便利程度(CI),产品价格的管制程度(PP)变量和政府的清廉程度(Clear)变量的平均值上升,分别说明全国的融资环境越来越宽松,产品价格管制的平均水平也逐渐降低,政府的清廉程度也在逐步提高。同时,这两个变量标准差的数值减少,表明全国各地区的企业融资的便利程度、产品价格的管制程度和政府清廉程度虽然存在差异,但这种差异有缩小的趋势。而贸易政策(TP)和财政政策(FP)变量的平均值在样本年份内呈现出下降趋势,表明不仅自由贸易政策和财政政策越来紧缩。同时,这二个变量的标准差在样本年份呈现出先下降后上升的趋势,表明各地区的差异先减小后增大。全国各地区的市场化进程和经济开放制度存在空间差异,为分析制度结构因素对产业集聚的影响提供了很好的数据样本。

为了进一步对制度因素影响制造业集聚水平的作用机制和程度进行检验,表6-4是采用配对相关法对解释变量之间的相关性系数进行估计,以检验变量之间的多重共线性,检验结果表明解释变量相互之间不存在严格的多重共线性。

三、面板数据的单位根检验

为了确定面板数据的估计方法,必须分别对被解释变量和解释变量进行面板单位根检验,以检验数据的平稳性。如果面板数据存在单位根,则不能采用一般的面板数据方法进行分析。为了准确检验各变量面板数据是否存在单位根,本章仍然选择Levinlin、IPshin、ADF-Fisher和PP-Fisher这四类检验方法并采用STATA8.0软件对所有的被解释变量和解释变量进行检验。Levinlin检验是用于检

表6-4 解释变量相关系数矩阵

变量	Coast	City	Min	Agr	Labor	K-ledge	Urban	MA	Trans	PPR	FP	TP	LI	IP	CI	PP	Clear
Coast	1.0000																
City	0.2012*	1.0000															
Min	−0.0329	−0.1505*	1.0000														
Agr	0.1117***	−0.2494*	0.2224*	1.0000													
Labor	0.5554*	0.4137*	0.0567	0.0819	1.0000												
K-ledge	−0.0841	0.6142*	−0.0886	−0.0718	0.1958*	1.0000											
Urban	0.2823*	0.7757*	0.0034	−0.2136*	0.4784*	0.5358*	1.0000										
MA	0.2580*	0.0162	−0.1089**	−0.0882	0.2706*	−0.0783	0.0643	1.0000									
Trans	0.2117*	0.1317***	−0.1298**	−0.1491*	0.4286*	0.2537*	0.0899***	0.2335*	1.0000								
PPR	0.1903*	0.0630	0.0587	0.0214	0.2335*	0.1343**	0.2824*	0.0700	−0.0084	1.0000							
FP	0.5249*	0.2903*	0.3002*	0.3907*	0.5614*	0.1269**	0.1933*	0.1063**	−0.3185*	0.1009***	1.0000						
TP	0.5976*	−0.0840	−0.0909***	−0.0009	0.5047*	0.1848*	0.5106*	0.2549*	0.0721	0.3046*	0.3898*	1.0000					

续表

变量	Coast	City	Min	Agr	Labor	K-ledge	Urban	MA	Trans	PPR	FP	TP	LI	IP	CI	PP	Clear
LI	0.2472*	−0.0713	−0.0722	0.1072*	0.2972*	0.0343	0.0377	0.0078	−0.0495	0.2523*	0.1892*	0.1842*	1.0000				
IP	0.6016*	−0.0306	−0.0218	0.2504*	0.6076**	0.0271	0.1817*	0.1602*	−0.1320**	0.2397*	0.5580*	0.5764*	0.6427*	1.0000			
CI	0.1751**	−0.0492	−0.0466	0.0083	0.1783	−0.0398	0.1150**	0.0834	0.1276**	0.2919*	−0.0612	0.2897	0.6744*	0.6189*	1.0000		
PP	0.2578*	0.1649**	0.0930***	0.0868	0.4056	0.0351	0.3140*	0.2064*	−0.2182*	0.3591*	0.4335*	0.3844	0.4355*	0.4838*	0.2786*	1.0000	
Clear	0.4356*	0.3448*	−0.1629*	0.0889*0.5607*	0.2536*	0.3755*	−0.0338	−0.0219	0.5595*	0.3818*	0.5304*	0.3238*	0.4905*	0.2845*	0.2715*	1.0000

注释:①表中数据为采用配对相关法计算解释变量的相关系数,并将结果按4舍5入法保留4位小数;②*、**和***分别表示变量之间的相关系数在1%、5%和10%的双尾检验显著性水平上显著异于零。

验变量面板数据的横截面是否存在相同单位根的检验方法,其原假设为变量各横截面具有相同的单位根,而备择假设为变量各横截面不存在单位根。而 IPshin、ADF-Fisher 和 PP-Fisher 是检验数据是否存在不同单位根的方法,其原假设都为变量各横截面具有不相同的单位根,而备择假设为变量各横截面不存在单位根。表 6-5 和表 6-6 是对所有的被解释变量和解释变量分别进行 Levinlin、IPshin、ADF-Fisher 和 PP-Fisher 检验的结果,其详细分析如下。

表 6-5 中在所有的被解释变量进行 Levinlin 检验时,除了变量 Agg 和 Agg_{C39} 没有在所设定的显著性水平上拒绝原假设,Agg_{C15} 和 Agg_{C35} 在 5% 的显著上拒绝原假设,其余被解释变量均在 1% 的显著性水平上拒绝该检验的原假设,表明这些变量的横截面数据不存在单位根。Agg_{C14}、Agg_{C17} 和 Agg_{C32} 分别在 5%、1% 和 1% 的显著性水平上拒绝了 IPshin 检验的原假设,变量 Agg_{C13}、Agg_{C14}、Agg_{C16}、Agg_{C17}、Agg_{C25}、Agg_{C26}、Agg_{C28}、Agg_{C32}、Agg_{C33}、Agg_{C36} 和 Agg_{C40} 在 1% 的显著性水平上拒绝了 ADF-Fisher 检验的原假设,Agg_{C31} 和 Agg_{C41} 在 10% 的显著性水平上拒绝了 ADF-Fisher 检验的原假设,变量 Agg_{C16}、Agg_{C17}、Agg_{C22}、Agg_{C25}、Agg_{C26}、Agg_{C28}、Agg_{C31}、Agg_{C32} 和 Agg_{C40} 在 1% 的显著性水平上拒绝了 PP-Fisher 检验的原假设,Agg 在 10% 的显著性水平上拒绝 PP-Fisher 检验的原假设。由此可知,在对所有被解释变量进行 IPshin、ADF-Fisher 和 PP-Fisher 检验时,除被解释变量 Agg_{C15}、Agg_{C27}、Agg_{C34}、Agg_{C35}、Agg_{C37} 和 Agg_{C39} 变量分别不能拒绝 IPshin、ADF-Fisher 和 PP-Fisher 检验方法的原假设,其余的被解释变量在所设定的显著性水平上,至少拒绝了 IPshin、ADF-Fisher 和 PP-Fisher 检验中的原假设,Agg_{C17}、Agg_{C32} 和 Agg_{C40} 在所设定的显著性水平上都拒绝了 IPshin、ADF-Fisher 和 PP-Fisher 检验的原假设。

表 6-5 被解释变量的面板单位根检验结果

检验变量 \ 面板单位根	Levinlin (t值)	IPshin (t值)	ADF-Fisher (卡方值)	PP-Fisher (卡方值)
Agg	-2.5939	1.2228	67.2187	76.3317***
Agg$_{C13}$	-6.1575*	-0.1410	92.7136*	48.0078
Agg$_{C14}$	-5.9705*	-1.7079**	123.9233*	61.7490
Agg$_{C15}$	-1.9223**	2.1333	42.5812	53.3553
Agg$_{C16}$	-5.0809*	—	131.9274*	169.7757*
Agg$_{C17}$	-8.0184*	-3.0922*	102.9811*	90.3051*
Agg$_{C22}$	-4.8300*	0.8128	68.5261	107.6210*
Agg$_{C25}$	-4.6437*	0.3793	93.2677*	107.5769*
Agg$_{C26}$	-6.5438*	-0.5006	100.5114*	143.4444
Agg$_{C27}$	-5.0442*	0.6974	63.0276	49.3803
Agg$_{C28}$	-9.5945*	—	167.6869*	283.0275*
Agg$_{C31}$	-2.6326*	-0.4670	79.3317***	167.9596*
Agg$_{C32}$	-7.8277*	-2.3466*	120.4566*	285.6923*
Agg$_{C33}$	-6.8275*	-0.1753	104.0930*	42.6370
Agg$_{C34}$	-2.5105*	1.6422	65.3013	50.0943
Agg$_{C35}$	-2.1370**	2.2702	59.3949	45.8983
Agg$_{C36}$	-5.3856*	-1.1673	112.5383*	50.9398
Agg$_{C37}$	-4.0109*	0.1366	63.2240	65.4429
Agg$_{C39}$	-0.5000	1.8972	68.0267	57.9936
Agg$_{C40}$	-5.9102*	-1.2501	167.7354*	169.8415*
Agg$_{C41}$	-2.5602*	-0.2214	85.8096***	69.9767

注释：① 所有检验值均经过 4 舍 5 入后保留 4 位小数；② *、** 和 *** 分别表示变量在 1%、5% 和 10% 的双尾检验显著性水平上拒绝相应检验方法的原假设。

表 6-6 是对所有的解释变量进行 Levinlin、IPshin、ADF-Fisher 和 PP-Fisher 四类检验方法面板数据单位根检验的结果。采用 Levinlin 检验法对所有变量进行检验时，Agr、K-ledge、Urban、TP、LI、IP、PP 和 Clear 变量在 1% 的显著性水平上拒绝了原假设。采用 IPshin、ADF-Fisher 和 PP-Fisher 检验方法检验各变量在横截面是否存在不相同的单位根时，K-ledge、Urban 和 PP 变量在 1% 的显著性水平上拒绝了 IPshin 检验的原假设，K-ledge、Urban、TP 和 PP 变量在 1% 的显著性水平上拒绝了 ADF-Fisher 检验的原假设，而变量 K-ledge、Urban 和 TP 也都在 1% 的显著性水平上拒绝了 PP-Fisher 检验的原假设。此外，除 Labor、Trans PPR、FP 和 CI 变量之外，大多数解释变量都在所设定的显著性水平上拒绝了 Levinlin、IPshin、ADF-Fisher 和 PP-Fisher 这四类检验方法中的至少一类检验方法的原假设。因此，结合表 6-5 中被解释变量面板数据单位根的检验结果，同时，也为了使制造业及其行业的实证结果便于分析对比，而从整体上认为样本数据是平稳数据序列。

表 6-6　解释变量的面板单位根检验结果

面板单位根 检验变量	Levinlin （t 值）	IPshin （t 值）	ADF-Fisher （卡方值）	PP-Fisher （卡方值）
Coast	——	——	0.0000	0.0000
City	——	——	0.0000	0.0000
Min	-1.4548***	2.2713	40.0921	64.9524

续表

检验变量\面板单位根	Levinlin（t值）	IPshin（t值）	ADF-Fisher（卡方值）	PP-Fisher（卡方值）
Agr	−3.6857*	1.4551	44.5970	61.9420
Labor	−1.0343	0.1236	53.1591	40.2542
K-ledge	−22.7868*	−9.9513*	318.2331*	141.6309*
Urban	−16.7896*	−4.0701*	213.3953*	183.3208*
MA	——	——	0.0000	0.0000
Trans	−1.1083	3.7008	42.3093	22.4315
PPR	2.2094	3.0630	42.4772	31.8284
FP	0.8014	2.3660	31.4420	34.0995
TP	−2.4805*	2.1464	120.7750*	128.4431*
LI	−5.3906*	0.3892	67.3739	53.4673
IP	−2.4690*	3.4283	68.7779	77.9716**
CI	6.0816	11.0824	5.6497	3.0114
PP	−29.3760*	−5.6806*	199.3379*	80.1584**
Clear	−6.8405*	−0.5287	49.7265	82.5554**

注释：① 所有检验值均经过4舍5入后保留4位小数；② *、**和***分别表示变量在1%、5%和10%的双尾检验显著性水平上拒绝相应检验方法的原假设。

第四节 实证结果分析

一、全国样本分析

表6-7是制度因素对全国制造业整体集聚水平的影响估计结果。模型FE(1)是考虑自然地理因素和经济地理因素的基准模型。正如经济地理理论所预示的那样,模型FE(1)在反应自然资源与地理因素的变量中,除了反映劳动力共享水平的Labor变量的数值符号为负且在1%的显著性水平上显著之外,其余变量数值符号都为正,但只有反映矿产资源的Min变量在5%的显著性水平上显著,表明一个地区的自然资源越丰富,越能显著地提高该地区制造业整体的集聚水平。而反映劳动力共享水平的Labor变量与产业集聚水平呈显著负相关。童玉芬、朱延红和郑冬冬(2011)认为中国存在大量的剩余劳动力,如果一个地区的剩余劳动力外流将不利于本地区经济发展。由此,本章用第二产业就业人数比例作为反映劳动力共享的变量。如果一个地区第二产业就业人数比例提高,第二产业吸纳劳动力人数有限,那么剩余劳动力向其他地区流动,这将降低本地区制造业集聚的水平。模型FE(2)是在考虑自然地理因素和经济地理因素的基础上,引入了市场潜力、城市化水平、运输成本等反映新经济地理因素的变量。我们发现经济地理和新经济地理因素的数值符号并不是都符合理论预期,反映矿产资源的Min变量在5%的显著性水平上显著。这表明一个地区的自然资源特别是矿产

表 6-7 制度因素对全国制造业整体集聚水平的影响估计

解释变量 \ 被解释变量 系数估计	全国制造业整体集聚水平 (Agg)										
	FE(1)	FE(2)	FE(3)	FE(4)	FE(5)	FE(6)	FE(7)	FE(8)	FE(9)	FE(10)	FE(11)
常数	0.0414* (0.0053)	0.0659** (0.0126)	0.0642* (0.0124)	0.0811* (0.0141)	0.0559* (0.0125)	0.0693* (0.0130)	0.0779* (0.0128)	0.0734* (0.0130)	0.0779* (0.0128)	0.0616* (0.0128)	0.0518* (0.0176)
Coast	(dropped)	(dropped)	(dropped)	(dropped)	(dropped)	(dropped)	(dropped)	(dropped)	(dropped)	(dropped)	(dropped)
City	(dropped)	(dropped)	(dropped)	(dropped)	(dropped)	(dropped)	(dropped)	(dropped)	(dropped)	(dropped)	(dropped)
Min	0.0824** (0.0409)	0.0755** (0.0373)	0.0481 (0.0375)	0.0817** (0.0372)	0.0531 (0.0368)	0.0715*** (0.0375)	0.0666*** (0.0366)	0.0653*** (0.0374)	0.0667*** (0.0366)	0.0686*** (0.0374)	0.0140 (0.0384)
Agr	0.0200 (0.0188)	−0.0015 (0.0171)	−0.0037 (0.0168)	−0.0015 (0.0170)	−0.0007 (0.0167)	−0.0010 (0.0171)	0.0015 (0.0168)	−0.0009 (0.0170)	0.0015 (0.0168)	0.0016 (0.0172)	0.0009 (0.0163)
Labor	−0.0446* (0.0147)	−0.0087 (0.0145)	−0.0026 (0.0144)	−0.0056 (0.0145)	0.0002 (0.0143)	−0.0109 (0.0146)	−0.0175 (0.0144)	−0.0067 (0.0145)	−0.0175 (0.0144)	−0.0060 (0.0145)	−0.0025 (0.0149)
K-ledge	0.0138 (0.1052)	−0.0022 (0.0960)	0.0138 (0.0945)	−0.0059 (0.0954)	−0.0325 (0.0938)	−0.0023 (0.0960)	−0.0216 (0.0942)	−0.0069 (0.0956)	−0.0216 (0.0942)	0.0178 (0.0963)	−0.0251 (0.0930)
Urban	—	−0.1246* (0.0157)	−0.1263* (0.0154)	−0.1355* (0.0162)	−0.1221* (0.0153)	−0.1378* (0.0197)	−0.1611* (0.0181)	−0.1480* (0.0191)	−0.1611* (0.0181)	−0.1314* (0.0160)	−0.1137* (0.0221)

续表

解释变量 被解释变量 系数估计	全国制造业整体集聚水平（Agg）										
	FE(1)	FE(2)	FE(3)	FE(4)	FE(5)	FE(6)	FE(7)	FE(8)	FE(9)	FE(10)	FE(11)
MA	—	0.0022 (0.0019)	0.0016 (0.0018)	0.0020 (0.0018)	0.0030 (0.0018)	0.0022 (0.0019)	0.0014 (0.0018)	0.0019 (0.0019)	0.0014 (0.0018)	0.0024 (0.0019)	0.0012 (0.0019)
Trans	—	−0.0009 (0.0659)	−0.0015** (0.0007)	−0.0008 (0.0007)	−0.0017** (0.0007)	−0.0011 (0.0007)	−0.0009 (0.0007)	−0.0012*** (0.0007)	−0.0009 (0.0007)	−0.0010 (0.0007)	−0.0014*** (0.0007)
PPR	—	—	0.0013 (0.0004)	—	—	—	—	—	—	—	0.0016* (0.0005)
FP	—	—	—	−0.0016** (0.0007)	—	—	—	—	—	—	0.0003 (0.0008)
TP	—	—	—	—	0.0016* (0.0004)	—	—	—	—	—	0.0016* (0.0004)
LI	—	—	—	—	—	0.0004 (0.0004)	—	—	—	—	0.0000 (0.0004)
IP	—	—	—	—	—	—	0.0015* (0.0004)	—	—	—	0.0019* (0.0005)
CI	—	—	—	—	—	—	—	0.0003** (0.0002)	—	—	−0.0008* (0.0003)

续表

解释变量 \ 被解释变量 \ 系数估计	全国制造业整体集聚水平(Agg)										
	FE(1)	FE(2)	FE(3)	FE(4)	FE(5)	FE(6)	FE(7)	FE(8)	FE(9)	FE(10)	FE(11)
PP	—	—	—	—	—	—	—	—	0.0015* (0.0004)	—	0.0006 (0.0004)
Clear	—	—	—	—	—	—	—	—	—	0.0006*** (0.0003)	−0.0006*** (0.0003)
R^2	0.0395	0.2081	0.2382	0.2215	0.2508	0.2112	0.2425	0.2191	0.2425	0.2164	0.3118
F检验值	3.24	11.71	12.15	11.06	13.01	10.41	12.44	10.91	12.44	10.73	9.18
Wald检验值	—	—	—	—	—	—	—	—	—	—	—
Hausman检验值（卡方值）	11.66	28.02	24.47	29.74	27.63	34.84	32.87	28.91	32.87	32.27	39.22
样本数	319	319	319	319	319	319	319	319	319	319	319

注释：①估计结果均经过 4 舍 5 入后保留 4 位小数，括号内的数值为标准差；② *、** 和 *** 分别表示估计系数在 1%、5% 和 10% 的双尾检验显著性水平上显著。

资源的禀赋程度越高,越能显著地提高该地区制造业整体的集聚水平。反映地区城市化进程的 Urban 变量的系数都为负且在 1% 的显著性水平上显著,这表明了城市化水平越高,将降低制造业整体集聚水平。城镇化水平的提高会使生产和生活的成本上升(孙祁祥、王向楠和韩文龙,2013),提高了企业的生产经营成本,因而不利于吸引企业的集聚。

模型 FE(3) 至模型 FE(10) 是在基准模型基础上,逐一引入反映地区市场化进程和经济开放的制度结构因素变量之后,制造业集聚影响因素计量模型的估计结果。自然资源因素中反映矿产资源的 Min 变量在 5% 的显著性水平上显著,这表明一个地区矿产资源越丰富,则越能显著地提高该地区制造业整体的集聚水平。类似于模型 FE(2)、模型 FE(3) 至模型 FE(10) 新经济地理因素中的反映城市化水平的 Urban 变量,和反映地区运输成本的 Trans 变量的系数在模型 FE(3) 至模型 FE(10) 中均为负,且在所给定的显著性水平内显著,这表明了城市化水平越高和运输成本越低,越不利于制造业的集聚。

在反映地区市场化进程和经济开放的制度结构因素变量中,FE(3) 的估计结果,生产者产权保护变量系数为正但不显著。FE(4) 将财政政策变量纳入到基准模型计量进行估计的结果表明,一个地区的财政政策越宽松,该地区制造业的集聚水平越低。《中国市场化进程——各地区市场化相对进程 2006 年报告》《中国市场化指数——各地区市场化相对进程 2009 年报告》和《中国市场化指数——各地区市场化相对进程 2011 年报告》中以地区财政支出,占地区国内生产总值的比重负向数值标准化来衡量地区财政政策的自由化程度。

第六章 制度安排与产业集聚:来自中国制造业的经验证据

自1978年以来,中国实行财政分权改革,改变了中国对财政收入进行统收统支的制度,地方政府拥有了财政收入的部分份额和支出方向上的决定权。财政支出一般用于政府的公共投资和转移支付,前者主要投资于国计民生的基础设施,后者是为了保障社会公平而对弱势群体进行补贴。一方面,一个地区财政支出的份额增加,有利于提高地区基础设施的存量,且产生产业关联效应,带动相关产业发展和地方就业水平提高。另一方面,一个地区财政支出的增加,可能提高企业的税收水平,加强了地方政府对市场机制的干预而产生不利于地方经济发展负面效果。本章的实证表明地区的财政政策越宽松,即地方政府的财政支出占地区国内生产总值的比重越低,可能导致地区的基础设施存量较低和产业关联效应减弱。而降低企业在该地区从事生产与经营活动的潜在收益,超过了企业在地区税收水平低所形成的潜在收益,使得制造业在该地区的集聚水平下降。进而可知,从企业区位选址决策的微观视角来看,制造业企业从事生产与经营活动更看中地区基础设施配套存量和产业关联效应所产生的盈利机会。

模型FE(5)、模型FE(6)和模型FE(7)分别估计了反映地区经济开放水平的贸易政策(TP)、劳动力流动管制程度(LI)和投资政策(IP)对制造业集聚水平的影响。其中,地区的贸易政策反映了产品跨地区交流的成本,FE(5)的估计结果与预期相一致,贸易政策(TP)变量对制造业集聚水平的影响为正,且在1%的显著性水平上显著。这表明一个地区商品贸易的自由,企业的贸易成本越低,制造业在该地区的集聚水平越高。地区的劳动力流动管制是地区劳动力市场开放程度的衡量。FE(6)的估计结果表明劳动力流动管制程度(LI)变量估计系数为正但不显著,表明样本年份内地区劳动力市场自由化没有显著影响制造业在该地区的集聚水平。地区的投资政策反映了政府对私有资本流动的管制水平和对外商投资的欢迎态度。FE(7)中地区投资政策(IP)变量系数为正,并在1%的显著性水平上显著。这表明地区的投资政策宽松程度能显著地影响制造业的集聚水平,一个地区的投资政策越宽松,政府对私有资本和外商投资管制水平越低,越能吸引企业在该地区集聚。

模型FE(8)、模型FE(9)和模型FE(10)则分别估计了企业融资的便利程度(CI)、产品价格管制程度(PP)和政府的清廉程度(Clear)变量对制造业集聚水平的影响程度和显著性。与理论预期一致,FE(8)所估计的企业融资便利程度(CI)变量系数为正并在5%的显著水平上显著异于零,从单项企业融资便利程度制度来看,说明一个地区为企业提供融资越便利,越能促进制造业在该地区集聚。制造业企业从事生产与经营活动必然需要金融机构提供信贷资金的支持,如果地区的融资环境越宽松,企业融资成本越少,则制造业在该地区的集聚水平越高。然而,企业融资便利程度也反映了企业融资的交易成本,Ota and Fujita(1993)和Fujita and Thisse(2003)的研究表明,如果考虑企业的运输成本等外部交易成本因素,企业之间还存在信息交流的交易成本,这类交易成本的降低会随着企业其他交易成本的降低而导致企业分散化生产与经营活动。

FE(9)估计了产品价格的管制程度(PP)变量系数为正并在1%的显著性水平上显著,且引入产品价格管制程度变量之后的计量结果表明,如果地区政府对企业生产产品的价格管制水平越低,越能提高制造业在该地区的集聚水平。企业生产与经营产品必然以市场需求为导向,政府对企业生产产品的价格过度干预,将扭曲反映市场供需的价格信号,不仅降低了企业资源的配置效率,而且增加了企业搜寻价格信息的成本。市场定价直接反映了市场的供给与需求,通过市场机制制定产品价格,能降低企业搜寻市场信息的成本,及时引导企业生产资源的优化配置,进而提高企业生产与经营利润,激励企业在产品价格管制水平低的地区集聚。FE(10)估计了政府的清廉程度对制造业集聚水平的影响,且政府的清廉程度系数为正且在10%的显著性水平上显著。政府的清廉程度指标反映了地区政府的清廉程度与运作的透明度和效率,地方政府以其垄断特权地位,通过设租干预经济活动,限制生产要素的供给。企业在从事生产与经营活动的过程中,通过寻租获取生产要素的供给和生产环境等优惠政策,政府通过设租而获得"直接的非生产性寻求利益"。如果政府的腐败程度越高,运作越不透明,企业因寻租所耗费的非生产性资源越高,会增加企业与政府之间的交易成本,导致企业的生产利润降低(Bhagwati,1982),从而影响企业空间区位选择。

模型 FE(11)是在控制自然资源、经济地理与新经济地理因素的基础上,估计生产者产权保护(PPR)、财政政策(FP)、贸易政策(TP)、劳动力流动管制程度(LI)、投资政策(IP)、企业的融资便利程度(CI)、产品价格的管制程度(PP)、政府的清廉程度(Clear)等制度因素对全国制造业整体集聚水平的影响,地区的煤炭、石油、天然气、金属、非金属等自然资源禀赋和城市化水平却不能显著地影响制造业的集聚水平。在反映地区经济开放与市场化进程的制度结构因素中,除企业融资便利程度变量和政府的清廉程度变量、系数之外,所有的制度因素的估计系数符号均符合理论预期。其中,反映地区对生产产权保护程度的 PPR 变量系数为正,且在1%的显著性水平上显著;反映地区经济开放水平的投资政策(IP)和贸易政策(TP)变量系数均为正,且都在1%的显著性水平上显著。这分别表明地区对生产者产权保护程度越高、对资本的流动性控制越宽松或贸易壁垒越低,将降低企业在该地区从事生产与经营活动的交易成本,提高制造业在该地区的集聚水平。当引入了所有的经济开放与市场化进程的制度结构因素进入模型之后,企业融资的便利程度和政府的清廉程度变量分别在1%和10%的显著性水平上显著且系数为负,前者如 Ota and Fujita(1993)、Fujita and Thisse(2003)的研究结论一致。这表明当将所有的经济开放与市场化进程的制度结构因素进入模型之后,一个地区企业融资便利程度越高,将降低制造业在地区的集聚水平。后者则表明在中国市场经济体制不断完善的前提下,制造业企业向政府寻租所获得的资源分配和政策支持,显著地促使企业向政府清廉程度低的地区集聚。

二、分地区样本分析

自1978年改革开放以来,中国沿海地区利用自身的区位优势和优惠政策优先发展起来,全国的制造业有向东部沿海地区,特别是长江三角洲和珠江三角洲集聚的趋势,中西部与东部地区的经济发展差距逐渐拉大。1999年和2004年中央分别提出西部大开发和中部崛起战略,力图通过设计有效的制度安排深化改革和经济开放,推进产业的梯度转移,并促进产业专业化聚集,推动地区间的分工,加快中国中部和西部地区的发展。本节选取了2000~2010年为样本时间段,并按东部、中部和西部对样本省、直辖市和自治区进行地区划分,在控制地区的自然资源、经济地理和新经济地理因素基础上,进一步实证分析制度结构因素对制造业在东部、中部和西部地区集聚的影响程度及其显著性。一方面,通过控制自然地理、经济地理、新经济地理以及地区的制度结构因素,为提供中国不同地区经济发展水平存在差异条件下分析产业集聚的影响因素提供经验检验。另一方面,通过不同地区制度因素对产业集聚的实证分析,为中国在实施中部地区经济崛起和西部大开发战略中,促进地区间的专业化分工和区域协调发展提出相关的政策建议。

表6-8是在考虑自然地理、经济地理、新经济地理和制度因素,而对中国东部、中部和西部地区制造业整体集聚水平的影响程度估计结果。对于中国东部地区,模型RE(12)是考虑自然地理和经济地理因素对制造业集聚水平影响的估计结果。其中,Hausman检验结果表明不能拒绝Hausman检验的原假设,而选择随机效应模型进行估计。结果分析类似于FE(1)的实证结果,在自然地理因素中,直辖市虚拟变量City的系数为正且在5%的显著性水平上显著,矿产资源变量Min以及农林牧渔业等自然资源变量Agr的系数都为正且都在1%的显著性水平上显著,这表明地区为直辖市或地区拥有丰富的自然资源都将有利于提高制造业的集聚。FE(13)是在RE(12)的基础上,引入了城市化水平、市场潜力、运输成本等新经济地理因素。在该模型中,Hausman检验结果拒绝了Hausman检验的原假设,应选择固定效应模型进行估计。

在经济地理与新经济地理因素中,反映城市化水平的Urban变量和运输成本的Trans变量的系数都为负且分别在5%和10%的显著性水平上显著。这表明了东部地区城市化水平越高和运输成本越低,将降低制造业整体在该地区的集聚水平。FE(14)是在FE(13)的基础上,引入了反映地区市场化进程和经济开放的制度变量。Hausman检验结果表明拒绝Hausman检验的原假设而选择固

表 6-8 各地区制度因素影响制造业地区集聚水平的实证结果

解释变量\被解释变量估计结果	东部地区			中部地区			西部地区		
	RE(12)	FE(13)	FE(14)	RE(15)	RE(16)	RE(17)	FE(18)	FE(19)	RE(20)
常数	−0.0843 (0.0859)	−0.0659 (0.04949)	−0.1361** (0.0549)	0.0105** (0.0052)	0.0163* (0.0060)	0.0158 (0.0174)	0.0295* (0.0051)	0.0302* (0.0078)	0.0105* (0.0033)
Coast	−0.0001 (0.0790)	(dropped)	(dropped)	—	—	—	(dropped)	(dropped)	−0.0005 (0.0018)
City	0.1079** (0.0458)	(dropped)	(dropped)	—	—	—	(dropped)	0.0548 (0.0371)	−0.0148 (0.0368)
Min	0.3116* (0.1065)	0.3003* (0.1109)	0.3152* (0.1208)	0.0286 (0.0273)	0.0478*** (0.0236)	0.0715** (0.0306)	0.0511 (0.0357)	0.0759* (0.0140)	−0.0358* (0.0132)
Agr	2.8344* (0.3572)	2.5293* (0.4870)	1.6848* (0.5207)	0.0008 (0.0136)	−0.0035 (0.0142)	−0.0021 (0.0141)	−0.6230* (0.2050)	−0.5472** (0.2355)	0.2595* (0.0503)
Labor	0.0187 (0.0245)	0.0371 (0.0247)	0.0443 (0.0289)	−0.0225 (0.0213)	−0.0271 (0.0259)	−0.0167 (0.0304)	−0.0385* (0.0126)	0.8397* (0.1298)	0.8828* (0.0303)
K-ledge	−0.0746 (0.1565)	−0.1106 (0.1562)	−0.0861 (0.1538)	0.6163* (0.1298)	0.6863* (0.1048)	0.0981 (0.0723)	0.1088 (0.0749)		

续表

解释变量\估计结果	东部地区				中部地区			西部地区	
	RE(12)	FE(13)	FE(14)	RE(15)	RE(16)	RE(17)	FE(18)	FE(19)	RE(20)
Urban	——	—0.0684** (0.0288)	0.0338 (0.0526)	——	—0.0229** (0.0091)	—0.0240*** (0.0144)	——	—0.0124 (0.0184)	0.0010 (0.0083)
MA	——	0.0001 (0.0031)	0.0046 (0.0032)	——	—0.0001 (0.0003)	—0.0001 (0.0005)	——	0.0001 (0.0013)	—0.0004 (0.0005)
Trans	——	—0.0023 (0.0015)	—0.0043** (0.0020)	——	0.0011 (0.0030)	—0.0078 (0.0053)	——	——	—0.0002 (0.0004)
PPR	——	——	0.0062* (0.0020)	——	——	0.0013*** (0.0006)	——	——	0.0006*** (0.0003)
FP	——	——	—0.0003 (0.0024)	——	——	—0.0014 (0.0017)	——	——	0.0005 (0.0004)
TP	——	——	0.0017** (0.0007)	——	——	—0.0003 (0.0009)	——	——	0.0007*** (0.0003)
LI	——	——	—0.0005 (0.0011)	——	——	—0.0003 (0.0011)	——	——	—0.0004** (0.0002)
IP	——	——	0.0032 (0.0017)	——	——	—0.0023* (0.0008)	——	——	0.0006 (0.0004)

续表

解释变量\估计结果	东部地区			中部地区			西部地区		
	RE(12)	FE(13)	FE(14)	RE(15)	RE(16)	RE(17)	FE(18)	FE(19)	RE(20)
CI	—	—	-0.0031* (0.0008)	—	—	-0.0004 (0.0005)	—	—	-0.0003*** (0.0002)
Clear	—	—	0.0037** (0.0016)	—	—	0.0004 (0.0008)	—	—	-0.0001 (0.0002)
PP	—	—	0.0021** (0.0010)	—	—	-0.0005 (0.0007)	—	—	-0.0002 (0.0002)
R^2	0.4276	0.4505	0.5504	0.4014	0.4499	0.5560	0.0397	0.2310	0.8442
F检验值	—	13.35	8.65	—	—	—	7.80	4.42	—
Wald检验值	78.27	—	—	23.25	71.97	100.19	—	—	558.28
Hausman检验（卡方值）	7.65	54.90	87.41	6.08	9.39	12.78	18.03	26.95	16.74
样本数	121	121	121	88	88	88	110	110	110

注释：①估计结果均经过4舍5入后保留4位小数，括号内的数值为标准差；②*、**和***分别表示估计系数在1%、5%和10%的双尾检验显著性水平上显著。

定效应模型估计,且估计结果显示,考虑自然地理、经济地理、新经济地理和制度因素之后,反映自然资源因素 Min 变量和 Agr 变量系数都为正数,而且都在 1% 的显著性水平上显著。这表明东部地区如果农林牧渔资源和煤炭、石油及天然气、黑色金属矿、有色金属及其他金属禀赋程度高,则该地区的制造业集聚水平较高。在经济地理和新经济地理因素中,仅反映运输成本的 Trans 变量系数为负且在 5% 的显著性水平上显著。这表明了运输成本越低,越不利于该地区制造业的集聚。在制度结构因素中,生产者产权保护制度(PPR)变量、地区贸易政策(TP)变量、产品价格管制程度(PP)变量和政府清廉程度(Clear)变量的系数都为正且分别在 1%、5%、5% 和 5% 的显著性水平上显著。这表明东部地区生产者产权保护程度和政府清廉程度越高与贸易政策和产品价格管制程度越宽松,越有利于该地区制造业集聚。而反映企融资便利程度的 CI 变量的系数为负且在 1% 的显著性水平上显著。这表明了东部地区的企业融资程度越高,越不利于该地区制造业集聚。

模型 RE(15)、RE(16) 和 FE(17) 则是以中部地区省份为样本,对制造业集聚水平影响因素的估计。RE(15) 是仅考虑自然地理因素和经济地理因素对中部地区制造业集聚水平影响的基准计量模型。由于该模型的 Hausman 检验结果表明不能拒绝 Hausman 检验的原假设,而选择随机效应模型进行估计[①]。据估计结果显示,反映知识溢出的 K-ledge 变量系数为正且在 1% 的显著性水平上显著

---

① 中国中部没有包含直辖市,因此反映直辖市的虚拟变量 City 被消除。同样,西部地区由于作为直辖市的重庆已被包含在四川省内,因此西部地区反映直辖市的虚拟变量 City 也被消除。

之外,其余变量均不显著。RE(16)则在 RE(15)的基础上,引入了 Urban、MA 和 Trans 等新经济地理因素变量。Hausman 检验结果表明不能拒绝 Hausman 检验的原假设,而应选择随机效应模型进行估计。结果表明,反映自然资源的 Min 系数为正且在 10% 的显著性水平上显著,这与理论预期一致。新经济地理因素中城市化水平 Urban 变量系数为负且在 5% 的显著性水平上显著,这表明城市化水平越高,越不利于中部地区制造业集聚。

模型 RE(17)则在 RE(16)的基础上进一步引入了制度结构因素变量。Hausman 检验结果表明不能拒绝 Hausman 检验的原假设而选择随机效应模型进行估计。RE(17)的估计结果表明,经济地理因素中的反映知识溢出变量系数为正且在 1% 的显著性水平上显著;新经济地理因素中的反映城市化水平 Urban 变量的系数都为负且在 10% 的显著性水平上显著。这表明了城市化水平越高,将降低制造业整体在中部地区的集聚水平。

在制度结构因素变量中,生产者产权保护制度(PPR)和投资政策(IP)变量系数为正,且 PPR 变量在 10% 的显著性水平上显著,变量 IP 系数则在 1% 的显著性水平上显著,而地区政府清廉程度的变量(Clear)的系数仍然为负但不显著。这说明中部地区对生产者产权保护水平越高、投资政策越宽松,则能显著提高中部地区制造业集聚水平。其中,最为重要的是地区的投资政策。而中部地区为了保护本地区的企业免受外来企业竞争而紧缩自由的投资政策,则会限制市场竞争。不仅不利于提高资源空间配置效率,还会制约该地区内制造业企业的发展。

模型 FE(18)、FE(19)和 RE(20)是以西部地区省市为样本,对该地区制造业集聚水平影响因素的估计。FE(18)是考虑了自然地理因素和经济地理因素的基准模型。Hausman 检验结果表明拒绝 Hausman 检验的原假设而选择固定效应模型进行估计。在自然地理因素和经济地理因素中,仅反映地区自然资源禀赋的 Agr 变量和劳动力共享水平的 Labor 变量系数为负且都在 1% 的显著性水平上显著,这表明自然资源禀赋和劳动力共享水平都影响制造业在西部地区的集聚水平。位于西部的地区如果农林牧渔资源的禀赋少或劳动力共享水平越低,越有利于提高制造业在该地区的集聚水平。这可能是由于西部地区制造业企业中大部分的是依赖于煤炭、石油和天然气、金属矿产等自然资源而进行生产活动的,而对农林牧渔等自然资源的依赖程度较低,从而使得西部地区农林牧渔等自然资源与该地区制造业集聚水平呈现负相关关系。同时,西部地区存在大量剩余劳动力(童玉芬、朱延红和郑冬冬,2011),且这些劳动力主要向东中部地区迁移,这将降低西部地区制造业集聚水平。

FE(19)是在 FE(18)的基础上,引入了 Urban、MA 和 Trans 等新经济地理因素变量。Hausman 检验结果表明应拒绝 Hausman 检验的原假设而选择固定效应模型进行估计,且估计结果显示,与新经济地理因素,反映农林牧渔这类自然资源的 Agr 变量和反映经济地理因素的 Labor 变量系数都为正,且分别在 5% 和 1% 的显著性水平上显著。这表明考虑自然地理、经济地理和新经济地理因素之后,地区的农林牧渔资源禀赋水平越高或劳动力共享水平越高,越能促进西部地区制造业集聚。RE(20)进一步在 FE(19)基础上,引入了制度结构因素变量。Hausman 检验结果仍然表明应拒绝 Hausman 检验的原假设而选择固定效应模型进行估计。结果表明,自然地理因素中,Agr 变量系数为正且在 1% 的水平上显著;经济地理因素中,反映劳动力共享水平的 Labor 变量的系数为负且在 1%

的显著性水平上显著,反映地区知识溢出水平的 K-ledge 变量系数为正且在 10% 的显著性水平上显著。这分别说明了在引入制度结构因素后,地区的农林牧渔资源越丰富、知识溢出水平越高,越能提高西部地区制造业集聚水平。而劳动力共享水平越高,越不利于制造业集聚。

在制度结构因素中,与东部和中部地区一致的是,反映地区生产者产权保护程度(PPR)变量系数为正且在 10% 的显著性水平上显著,这表明位处西部的地区可以通过提高对生产者产权保护的水平促进制造业集聚。反映地区贸易政策的 TP 变量的系数都为正且在 10% 的显著性水平上显著,分别表明西部地区的贸易壁垒越低,越有利于制造业在该地区集聚。反映地区劳动力流动管制(LI)变量和企业融资便利程度(CI)变量的系数都为负,且分别在 5% 和 10% 的显著性水平上显著。这表明西部地区提高劳动力流动管制程度和提高企业融资便利程度,都不利于西部地区制造业集聚水平的提高。

综合比较三个地区为样本的实证研究结果,可以发现在自然地理因素中,东部主要依赖煤炭、石油、天然气、金属和非金属以及农林牧渔等各类自然资源吸引制造业集聚,而西部地区主要依靠农林牧渔等自然资源吸引制造业集聚。在经济地理因素中,西部地区知识溢出越高,将提高制造业整体在该地区的集聚水平,这可能是由于西部地区在吸收东部和中部地区知识溢出,而不是产生知识溢出的主体。因此,如果西部地区充分享受来自东部和中部地区的知识溢出,将有利于提高制造业整体在该地区的集聚水平。对于新经济地理因素,仅东部和中部地区表现出如果城市化水平越高,会弱化制造业在该地区的集聚水平;而东部地区如果交通运输条件越好,则会驱动制造业整体在该地区的分散空间布局。

在地区的市场化水平和经济开放等制度结构因素对制造业整体集聚影响上,三大地区亦有显著差异。东部地区更多是依赖宽松的生产者产权保护制度和贸易政策、严格的产品价格管制制度或政府清廉程度以提高制造业整体集聚水平。这可能是由于东部地区具有优越的地理位置和政府早期给予改革开放先导地区优惠政策的扶植,为其构建良好的"地理"和"制度"双重优势,经过20多年来市场经济体制的确立与发展,东部地区市场化程度和经济开放水平相对于中部和西部地区更高,市场机制在经济领域中已发挥主导作用。同时,东部地区主要依靠进一步加强生产者产权保护、通过放松对资本、贸易和产品价格的管制和提高政府清廉程度,直接承接与吸引海外制造业的转移与集聚。中部位处东部和西部之间,地区的市场化水平和经济开放程度正在不断提高。因此,该地区主要通过提高对生产者产权的保护程度、降低投资壁垒等方面,降低企业生产与经营的内生交易成本,以此承接东部地区的制造业转移并提升其集聚水平。西部地区由于地处中国内陆,且市场化进程相对缓慢和经济开放程度也相对较低,主要通过严格的生产者保护制度和自由的贸易政策,更能显著提高制造业整体在该地区的集聚水平。

三、制造业分行业样本分析

由于不同行业之间存在异质性,制度因素影响异质性行业的集聚程度与显著性可能存在差异。那么,不同地区要依据资源与技术等外生比较优势,实现专业化分工,进而产生规模报酬递增效应,其所采取的制度安排可能不同。因此,有必要进一步对制造业2位数

20个分行业集聚水平的影响因素进行实证分析,从中发现制度因素对各类行业集聚水平的影响程度与显著性,为地方政府依据地区的外生比较优势,合理、有效地制定政策或设计制度,引导行业专业化集聚,促进地区之间的专业化分工和区域协调发展提供经验依据。表6-9和表6-10是从制造业20个分行业的角度,分别实证地区制度因素对制造业2位数20个分行业的影响程度和显著性,模型的被解释变量分别为制造业2位数20个分行业的集聚水平,解释变量将包含自然资源与地理、经济地理和新经济地理以及制度因素。依据每个模型的Hausman检验结果采用固定效应模型或随机效应模型进行估计,估计结果的详细分析与解释如下。

模型FE(21)是对农副食品加工业集聚水平(Agg_{C13})的分析,Hausman检验为应拒绝固定效应模型与随机效应模型估计结果都是无偏或一致的原假设,而采用固定效用模型进行估计。在经济地理变量中,仅运输成本的Trans变量系数为正,且在5%的显著性水平上显著,这表明农副食品加工业的集聚水平依赖于交通运输条件的改善;反映知识溢出水平的K-ledge变量、城市化水平的Urban变量和市场潜力的MA变量的系数都为负,且分别在5%、1%、10%的显著性水平上显著,说明这些变量对这类制造行业集聚水平提高有负面影响。在反映经济开放和市场化进程的制度因素变量中,贸易政策(TP)、投资政策(IP)和政府清廉程度(Clear)变量的系数都为正,且分别在10%、1%和10%的显著性水平上显著,分别表明地区贸易政策和投资政策越宽松,政府越清廉,越能吸引该类行业集聚。而劳动力流动管制程度(LI)变量系数为负且在5%的显著性水平上显著,说明地区放松劳动力流动管制,将降低农副食品加工业在该地区的集聚水平,产生这一估计结果,可能是由于农副

表6-9 制度因素对制造业2位数20个行业集聚水平实证估计结果

解释变量 被解释变量 估计结果	制造业2位数20个分行业(C13至C28)的集聚水平									
	FE(21) AggC13	FE(22) AggC14	FE(23) AggC15	FE(24) AggC16	RE(25) AggC17	RE(26) AggC22	RE(27) AggC25	RE(28) AggC26	RE(29) AggC27	RE(30) AggC28
常数	1.8440*	1.4975*	1.9795*	1.1111**	0.7045	0.2564	1.0053**	0.8380*	0.8533*	-0.1479
	(0.3066)	(0.4149)	(0.3230)	(0.5219)	(0.4348)	(0.2644)	(0.4883)	(0.1961)	(0.2487)	(0.4113)
Coast	dropped	dropped	dropped	dropped	0.2751	0.1878	0.0328	0.0892	-0.3347***	0.8366*
					(0.2914)	(0.2213)	(0.4074)	(0.1452)	(0.2129)	(0.3189)
City	dropped	dropped	dropped	dropped	-0.5620	-0.4268	0.2570	-0.0396	1.0906*	-0.9784
					(0.5731)	(0.4164)	(0.7676)	(0.2849)	(0.3975)	(0.6165)
Min	-0.3760	-2.7041*	0.3850	0.0772	-4.2414**	-0.0348	3.9212*	-2.3037*	-0.1512	-0.8207
	(0.6703)	(0.9070)	(0.7061)	(1.1409)	(2.3590)	(0.7650)	(1.4190)	(0.7094)	(0.6975)	(1.3475)
Agr	0.0213	-0.4080	-0.0148	-0.2490	-0.6514	-0.2102	0.3244	0.0111	-0.3382	0.1929
	(0.2844)	(0.3848)	(0.2995)	(0.4840)	(1.3722)	(0.3345)	(0.6207)	(0.3229)	(0.3039)	(0.6002)
Labor	-0.4114	0.6058***	0.7947*	-0.2877	1.9023**	0.6155**	1.2771**	1.2267*	0.2822	2.6984*
	(0.2603)	(0.3522)	(0.2741)	(0.4430)	(1.0866)	(0.3014)	(0.5592)	(0.2856)	(0.2743)	(0.5361)

续表

制造业 2 位数 20 个分行业(C13 至 C28)的集聚水平

被解释变量 估计结果 解释变量	FE(21) AggC_{13}	FE(22) AggC_{14}	FE(23) AggC_{15}	FE(24) AggC_{16}	RE(25) AggC_{17}	RE(26) AggC_{22}	RE(27) AggC_{25}	RE(28) AggC_{26}	RE(29) AggC_{27}	RE(30) AggC_{28}
K-ledge	-3.3519**	-1.39867	-1.0888	-0.0341	0.4377	-0.8115	1.8270	-0.8820	-2.9795**	1.9083
	(1.6229)	(2.1959)	(1.7094)	(2.7620)	(2.1306)	(1.3864)	(2.5621)	(1.0340)	(1.2972)	(2.1765)
Urban	-2.0679*	-2.7230*	-3.5287*	3.0196*	-0.7596	-0.1378	0.0674	-0.0395	-1.6044*	-0.7368
	(0.3852)	(0.5212)	(0.4058)	(0.6556)	(0.9158)	(0.4065)	(0.7531)	(0.3482)	(0.3736)	(0.6882)
MA	-0.0599***	-0.0873**	-0.0811**	-0.0113	-0.0622**	0.0321	0.0763	-0.0348***	-0.0009	0.0160
	(0.0330)	(0.0446)	(0.0348)	(0.0562)	(0.0369)	(0.0261)	(0.0481)	(0.0187)	(0.0245)	(0.0400)
Trans	0.0258**	0.0456*	0.0315*	0.0251	-0.0285	-0.0756*	-0.1036*	0.0314**	0.0300**	-0.0329
	(0.0129)	(0.0174)	(0.0136)	(0.0219)	(0.0488)	(0.0146)	(0.0271)	(0.0136)	(0.0133)	(0.0258)
PPR	0.0002	0.0405*	-0.0041	-0.0398*	0.0064	0.0272*	-0.0111	0.0285*	0.0251*	0.0199
	(0.0084)	(0.0114)	(0.0089)	(0.0144)	(0.0343)	(0.0095)	(0.0177)	(0.0089)	(0.0087)	(0.0168)
FP	-0.0024	0.0406**	0.0371**	-0.0617**	0.0661***	0.0194	-0.0737**	-0.0184	0.0432*	0.0210***
	(0.0146)	(0.0198)	(0.0154)	(0.0249)	(0.0266)	(0.0160)	(0.0297)	(0.0143)	(0.0146)	(0.0277)

续表

制造业2位数20个分行业(C13至C28)的聚集水平

被解释变量 估计结果 解释变量	FE(21) AggC13	FE(22) AggC14	FE(23) AggC15	FE(24) AggC16	RE(25) AggC17	RE(26) AggC22	RE(27) AggC25	RE(28) AggC26	RE(29) AggC27	RE(30) AggC28
TP	0.0108***	0.0207**	-0.0191***	0.0152	0.0018	0.0192**	-0.0166	0.0117	0.0035	0.0281***
	(0.0072)	(0.0097)	(0.0076)	(0.0122)	(0.0310)	(0.0083)	(0.0154)	(0.0078)	(0.0075)	(0.0147)
LI	-0.0156**	-0.0051	-0.0006	-0.0472*	-0.0199	-0.0254*	0.0149	-0.0324*	-0.0074	0.0136
	(0.0076)	(0.0102)	(0.0080)	(0.0129)	(0.0296)	(0.0086)	(0.0160)	(0.0081)	(0.0079)	(0.0152)
IP	0.0565*	0.0488*	0.0178***	-0.0059	0.0454	0.0585*	0.0413**	0.0610**	0.0553**	-0.0710*
	(0.0096)	(0.0130)	(0.0101)	(0.0163)	(0.0420)	(0.0112)	(0.0207)	(0.0106)	(0.0101)	(0.0199)
CI	-0.0022	-0.0130**	0.0170*	-0.0141**	-0.0110	-0.0166*	-0.0075	-0.0292*	-0.0241*	0.0044
	(0.0047)	(0.0064)	(0.0050)	(0.0080)	(0.0210)	(0.0055)	(0.0102)	(0.0052)	(0.0050)	(0.0098)
PP	-0.0038	0.0276*	0.0016	-0.0009	-0.0131	0.0120***	-0.0026	0.0128***	0.0072	0.0052
	(0.0064)	(0.0086)	(0.0067)	(0.0108)	(0.0286)	(0.0073)	(0.0135)	(0.0069)	(0.0066)	(0.0130)
Clear	0.0081***	-0.0005	0.0005	0.0099	-0.0275	-0.0256*	-0.0844*	-0.0155*	0.0333*	0.0009
	(0.0052)	(0.0071)	(0.0055)	(0.0089)	(0.0238)	(0.0060)	(0.0111)	(0.0057)	(0.0054)	(0.0106)

续表

制造业 2 位数 20 个分行业(C13 至 C28)的集聚水平

解释变量 \ 被解释变量 估计结果	FE(21) AggC13	FE(22) AggC14	FE(23) AggC15	FE(24) AggC16	RE(25) AggC17	RE(26) AggC22	RE(27) AggC25	RE(28) AggC26	RE(29) AggC27	RE(30) AggC28
R^2	0.2710	0.3036	0.3047	0.1912	0.2035	0.2353	0.0880	0.3976	0.0729	0.3776
F 检验值	7.54	8.84	8.88	4.79	—	—	—	—	—	—
Wald 检验值	—	—	—	—	26.61	136.43	152.10	141.50	188.80	57.10
Hausman 检验值	32.07	50.00	35.35	26.26	13.90	23.70	15.52	11.35	14.95	23.91
样本数	319	319	319	319	319	319	319	319	319	319

注释:① 估计结果均经过 4 舍 5 入后保留 4 位小数,括号内的数值为标准差;② *、**和 * * * 分别表示估计系数在 1%、5% 和 10% 的双尾检验显著性水平上。

表 6-10 制度因素对制造业 2 位数 20 个分行业集聚水平实证估计结果

被解释变量	制造业 2 位数 20 个分行业（C31 至 C41）的集聚水平									
估计结果	RE(31)	FE(32)	FE(33)	RE(34)	RE(35)	FE(36)	RE(37)	FE(38)	FE(39)	FE(40)
解释变量	AggC31	AggC32	AggC33	AggC34	AggC35	AggC36	AggC37	AggC38	AggC39	AggC40	AggC41
常数	0.9133*	1.6167*	0.1042	0.3277**	0.2322	1.4708*	-0.5589***	0.7973*	1.3567*	0.3221
	(0.1888)	(0.4141)	(0.7315)	(0.1584)	(0.2154)	(0.3275)	(0.3346)	(0.2391)	(0.4814)	(0.4037)
Coast	0.0081	dropped	dropped	0.5212*	0.4699	dropped	-0.1055	dropped	dropped	dropped
	(0.1370)			(0.1217)	(0.1795)		(0.2807)			
City	0.2202	dropped	dropped	0.7076*	0.2851*	dropped	-0.2667	dropped	dropped	dropped
	(0.2704)			(0.2360)	(0.3384)		(0.5279)			
Min	0.8323	2.4618*	1.5959*	-0.5921	-1.1125***	-0.2004	-1.1586	0.3238	-2.0570***	0.9635
	(0.7228)	(0.9053)	(0.3300)	(0.5280)	(0.6270)	(0.7159)	(0.9650)	(0.5227)	(1.0523)	(0.8824)
Agr	0.2509	-0.1083	0.6036	0.0373	0.0198	-0.6126**	-0.0693	0.0483	0.0505	0.1243
	(0.3343)	(0.3840)	(0.6783)	(0.2360)	(0.2743)	(0.3037)	(0.4217)	(0.2217)	(0.4464)	(0.3744)
Labor	0.4471	2.7600*	0.3110	1.1978*	-0.0841	-0.2534	1.2324*	1.0753*	1.9473*	1.2597*
	(0.2935)	(0.3515)	(0.6208)	(0.2104)	(0.2471)	(0.2780)	(0.3801)	(0.2029)	(0.4086)	(0.3426)

续表

被解释变量		制造业2位数20个分行业(C31至C41)的集聚水平									
	估计结果	RE(31)	FE(32)	FE(33)	RE(34)	RE(35)	FE(36)	RE(37)	FE(38)	FE(39)	FE(40)
解释变量		AggC31	AggC32	AggC33	AggC34	AggC35	AggC36	AggC37	AggC39	AggC40	AggC41
K-ledge		0.0465	−2.5506	10.1191*	−0.3899	1.3249	−5.4161*	1.2952	−3.2222**	−9.7586*	−1.1394
		(0.9909)	(2.1917)	(3.8712)	(0.8382)	(1.1306)	(1.7332)	(1.7539)	(1.2654)	(2.5476)	(2.1364)
Urban		−1.5703*	−1.1152**	1.2357	−1.2622*	−0.5823***	−2.2417*	1.4221*	−0.9118*	−0.5286*	−1.0867**
		(0.3457)	(0.5203)	(0.9189)	(0.2680)	(0.3326)	(0.4114)	(0.5132)	(0.3004)	(0.6047)	(0.5071)
MA		−0.0115	−0.0772***	−0.1470***	−0.0258*	−0.0033	−0.0187	0.0658**	0.0021	−0.0435	0.0468
		(0.0178)	(0.0446)	(0.0787)	(0.0154)	(0.0212)	(0.0352)	(0.0330)	(0.0257)	(0.0518)	(0.0434)
Trans		−0.0105	−0.0578*	−0.1124*	0.0085	0.0017	−0.0023	−0.0479*	−0.0067	0.0044	−0.0245
		(0.0139)	(0.0174)	(0.0307)	(0.0101)	(0.0120)	(0.0137)	(0.0185)	(0.0100)	(0.0202)	(0.0169)
PPR		0.0177***	0.0115	0.0060	0.0230*	0.0179**	0.0052	0.0338*	0.0260*	0.0085	0.0068
		(0.0091)	(0.0114)	(0.0201)	(0.0066)	(0.0078)	(0.0090)	(0.0120)	(0.0066)	(0.0132)	(0.0111)
FP		−0.0065	−0.0134	0.0512	0.0059	0.0154	0.0097	0.0693*	−0.0347*	−0.0502**	−0.0214
		(0.0145)	(0.0198)	(0.0349)	(0.0108)	(0.0131)	(0.0156)	(0.0202)	(0.0114)	(0.0230)	(0.0193)

续表

制造业 2 位数 20 个分行业（C31 至 C41）的集聚水平

被解释变量 / 估计结果 解释变量		RE(31) Agg_{C31}	FE(32) Agg_{C32}	FE(33) Agg_{C33}	RE(34) Agg_{C34}	RE(35) Agg_{C35}	FE(36) Agg_{C36}	RE(37) Agg_{C37}	FE(38) Agg_{C39}	FE(39) Agg_{C40}	FE(40) Agg_{C41}
TP		0.0053	0.0150	−0.0027	0.0281*	0.0225*	0.0091	0.0303*	0.0167*	0.0075	0.0151
		(0.0081)	(0.0097)	(0.0172)	(0.0058)	(0.0068)	(0.0077)	(0.0104)	(0.0056)	(0.0113)	(0.0095)
LI		−0.0127	0.0051	−0.0887**	−0.0274**	−0.0315**	−0.0014	−0.0073	−0.0120**	−0.0053	−0.0024
		(0.0082)	(0.0102)	(0.0181)	(0.0060)	(0.0071)	(0.0081)	(0.0109)	(0.0059)	(0.0119)	(0.0100)
IP		0.0777*	−0.0329**	0.1657*	0.0486*	0.0573*	0.0712*	−0.0624*	0.0360*	0.0409**	0.0279**
		(0.0109)	(0.0129)	(0.0229)	(0.0078)	(0.0091)	(0.0102)	(0.0141)	(0.0075)	(0.0151)	(0.0126)
CI		−0.0189*	−0.0022	−0.0734*	−0.0123*	−0.0166*	−0.0137*	−0.0064	−0.0120*	−0.0254*	−0.0166*
		(0.0054)	(0.0064)	(0.0112)	(0.0038)	(0.0045)	(0.0050)	(0.0069)	(0.0037)	(0.0074)	(0.0062)
PP		0.0078	0.0071	0.0869*	0.0168*	0.0214*	0.0112***	0.0095	0.0034	0.0095	0.0182**
		(0.0071)	(0.0086)	(0.0152)	(0.0051)	(0.0060)	(0.0068)	(0.0092)	(0.0050)	(0.0010)	(0.0084)
Clear		0.0090	−0.0159**	0.0901*	0.0058	0.0080	−0.0074	0.0010	−0.0015	−0.0249*	0.0121***
		(0.0059)	(0.0071)	(0.0125)	(0.0042)	(0.0049)	(0.0056)	(0.0075)	(0.0041)	(0.0082)	(0.0069)

续表

制造业 2 位数 20 个分行业（C31 至 C41）的集聚水平

解释变量 \ 估计结果	RE(31) AggC31	FE(32) AggC32	FE(33) AggC33	RE(34) AggC34	RE(35) AggC35	FE(36) AggC36	RE(37) AggC37	FE(38) AggC39	FE(39) AggC40	FE(40) AggC41
R^2	0.3150	0.2401	0.4378	0.7270	0.4465	0.2617	0.2817	0.3352	0.2114	0.1433
F 检验值	—	6.40	15.79	—	—	7.18	—	10.22	5.43	3.39
Wald 检验值	109.54	—	—	293.31	139.20	—	86.00	—	—	—
Hausman 检验值	15.79	27.32	58.68	24.15	23.78	32.47	17.95	26.32	27.70	32.36
样本数	319	319	319	319	319	319	319	319	319	319

注释：① 估计结果均经过 4 舍 5 入后保留 4 位小数，括号内的数值为标准差；② *、** 和 *** 分别表示估计系数在 1%、5% 和 10% 的双尾检验显著性水平上。

食品加工业是劳动力密集型行业。这类行业的劳动力工资水平比其他行业低,如果一个地区降低劳动力流动管制程度,虽然降低劳动力跨区域和行业的流动成本,但同时也促使低工资行业的劳动力向其他高工资的行业转移,并迫使企业提高雇佣劳动力的成本,进而减少企业向该地区迁移的动力。

模型 FE(22)是对食品制造业行业集聚水平(Agg_{C14})的分析,Hausman 检验为应拒绝固定效应模型与随机效应模型估计结果都是无偏或一致的原假设,而采用固定效用模型进行估计。在自然地理因素中,仅反映地区矿产资源的 Min 变量系数为负且对该行业集聚水平有显著影响。经济地理因素和新经济地理因素中,反映劳动力共享水平的 Labor 变量和反映交通运输成本的 Trans 变量的系数为正,且分别在 10% 和 1% 的显著性水平上显著。这说明食品制造业行业的集聚对劳动力共享水平和交通运输成本的依赖程度较高,一个地区如果劳动力共享水平越高,运输成本越低,则能显著地提高食品制造业在该地区的集聚水平。反映城市化水平的 Urban 变量和反映市场潜力的 MA 变量的系数都为负,且分别在 1% 和 5% 的显著性水平上显著,这可能是因为城镇化水平的提高会使生产和生活的成本上升(孙祁祥、王向楠和韩文龙,2013),市场潜力的增大提高了土地、资本和劳动力等生产要素的价格(Hanson,1996;Beeson,1999;Richard,2007),从而减少了该行业向这一地区的集聚。在制度因素变量中,地区对生产者产权保护制度(PPR)、财政政策(FP)、贸易政策(TP)、投资政策(IP)和产品价格管制程度(PP)变量的系数都为正,且分别在 1%、5%、5%、1% 和 1% 显著性水平上显著。这表明地区对生产者产权越保护,财政政策、贸易政策和投资政策越宽松,放松对食品价格的管制,将提高食品制造业在该地区的集聚水平。而反映企业融资便利程度的 CI 变量的系数为负,且在 5% 的显著性水平上显著。这表明企业融资便利程度越高,会降低该类制造行业的集聚水平。

模型 FE(23) 是对饮料制造业的集聚水平(Agg_{C15})的分析,Hausman 检验结果表明不能拒绝固定效应模型与随机效应模型估计结果都是无偏或一致的原假设,因此选择随机效应模型进行估计。结果显示,自然地理因素对该行业集聚水平没有显著影响,但反映劳动力共享水平的 Labor 变量和反映地区运输成本的 Trans 变量的系数都为正,且都在 1% 的显著性水平上显著。这表明该行业对劳动力共享水平和运输成本的依赖程度较高,地区拥有较高的劳动力共享水平和较低的运输成本将提高饮料制造业在该地区的集聚水平。反映城市化水平的 Urban 变量和反映市场潜力的 MA 变量的系数都为负,且分别在 1% 和 5% 的显著性水平上显著。这表明城市化水平和市场潜力越高,不利于饮料制造业集聚水平提高。在制度因素变量中,财政政策(FP)变量、投资政策(IP)变量和企业融资便利程度(CI)变量系数为正,且分别在 5%、10% 和 1% 的显著性水平上显著。这表明了财政政策和投资政策越宽松,企业融资越便利,将促进该类行业在该地区集聚。反映贸易政策的 TP 变量的系数为负,且在 10% 的显著性水平上显著。这表明一个地区的贸易政策越宽松,将该类行业的集聚水平。

模型 FE(24) 是对烟草加工业集聚水平(Agg_{C16})的分析,Hausman 检验结果为拒绝固定效应模型与随机效应模型估计结果都是无偏或一致的原假设,因此采用固定效用模型进行估计。结果表明,自然地理因素都没有在所设定的显著性水平上显著。经济地理和新经济地理因素中只有反映城市化水平的 Urban 变量系数为正,且在1%的显著性水平上显著。这表明一个地区的城市化水平越高,越能提高烟草加工业的集聚水平。在制度因素中,PPR、FP、LI和CI变量系数都为负,且分别在1%、5%、1%和5%的显著性水平上不明显。这说明地区的对生产者产权的保护程度越高,财政政策越宽松,对劳动力的管制程度越低,企业融资越便利,越不利于烟草加工业的集聚。烟草加工业是一类比较特殊的行业,这类行业由于技术含量高而利润高,是地方纳税的大户,因而备受地方政府的保护(Bai et al.,2004)。因而,一个地区的经济开放和市场化进程等制度环境越宽松,将驱动该类行业分散空间布局。

模型 RE(25)是对纺织工业集聚水平(Agg_{C17})的分析,Hausman 检验结果表明不能拒绝固定效应模型与随机效应模型估计结果都是无偏或一致的原假设,选择随机效应模型进行估计。在自然地理因素中,反映地区矿产资源的 Min 变量系数为负,且在5%的显著性水平上显著。这可能是由于纺织业的生产主要不依赖于煤炭、石油及天然气、黑色金属矿、有色金属及其他金属资源,因而一个地区丰富的这些资源反而不利于纺织业在该地区的集聚。在经济地理因素中,Labor 变量系数系数为正,且5%的显著性水平上显著这表明地区的劳动力共享水平越高,越有利于该类行业的集聚。而在新经济地理因素中,反映市场潜力的 MA 变量的系数为负,且在5%的显著性水平上显著,这可能是由于市场潜力较大,提高了土地、资本和劳动力等生产要素的价格,增加了交通运输成本,从而减少了企业向该行业迁移的动力(Hanson,1996;Beeson,1999;Richard,2007)。在制度因素变量中,仅反映财政政策的 FP 变量系数为正,且又在10%的显著性水平上显著。这表明与其他制度因素相比,这类行业主要受地区财政政策影响较为显著,地区财政政策越宽松,越能提高该类行业在该地区的集聚水平。

模型 RE(26)是对造纸及纸制品业集聚水平(Agg_{C22})的分析,Hausman 检验结果表明不能拒绝固定效应模型与随机效应模型估计结果都是无偏或一致的原假设,因此采用随机效用模型进行估计。在经济地理和新经济地理因素中,Labor 变量系数为正,且 5% 的显著性水平上显著,而运输成本变量 Trans 变量的系数为负,且在 1%的显著性水平上显著。这表明一个地区劳动力共享水平越高,将促进这类行业的集聚;而运输成本越低的地区,该类行业的集聚水平越低。在制度因素中,生产者产权保护程度(PPR)、贸易政策(TP)、投资政策(IP)和产品价格管制程度(PP)变量系数都为正,且分别在 1%、5%、1% 和 10%的显著性水平上显著。这说明一个地区对产品价格的管制程度越低,越有利于该行业在该地区的集聚。如果地区对生产者知识产权保护程度越高、贸易政策和投资政策越宽松和放松对产品价格的管制,将有利于该类行业的集聚。此外,反映政府清廉程度(Clear)变量系数为负,且在 1%的显著性水平上显著。这表明这类行业的企业通过向政府寻租,获取资源分配、税收和政府采购等优惠政策,能提高该类行业在该地区的集聚水平。

模型 RE(27)是对石油加工、炼焦及核燃料加工业集聚水平(Agg_{C25})的分析,Hausman 检验结果表明不能拒绝固定效应模型与随机效应模型估计结果都是无偏或一致的原假设,应选择随机效应模型进行估计。石油加工、炼焦及核燃料加工业既是资源密集型行业,又是资本密集型行业。在自然地理因素、经济地理和新经济地理因素中,反映地区矿产资源禀赋的 Min 变量、反映劳动力共享水平的 Labor 变量的系数都为正,且分别在 1%和 5%的显著性水平上显著。这表明一个地区的石油、煤炭、金属和非金属等自然资源越丰富,劳动力共享水平越高,市场潜力越大,越能吸引该行业在该地区集聚。石油加工、炼焦及核燃料加工业以石油、煤炭等资源为原材料投入,这类行业对石油、煤炭等资源为原材料依赖程度较高。因此,该类行业的企业选择生产区位时会靠近提供原材料的上游企业。反映运输成本的 Trans 变量的系数为负,且在 1% 的显著性水平上显著。这表明地区的运输成本越低,将降低该行业在该地区的集聚水平。在制度因素中,仅反映地区投资政策(IP)变量系数为正,且在 5% 的显著性水平上显著。这表明一个地区的投资政策越宽松,越能吸引这类行业的集聚。反映财政政策(FP)变量和反映政府清廉程度(Clear)变量系数为负,且分别在 5% 和 1% 的显著性水平上显著。这表明一个地区执行宽松的财政政策和政府清廉程度的提高,会驱动该类行业分散空间布局。

模型 RE(28)是对化学工业、化学原料及化学制品制造业集聚水平(Agg_{C26})的分析,Hausman 检验结果表明不能拒绝固定效应模型与随机效应模型估计结果都是无偏或一致的原假设,而采用随机效用模型进行估计。在自然地理因素中,仅反映沿海地区的 Coast 变量系数为正,且在 1% 的显著性水平上不明显。这表明该类型行业更倾向于在沿海地区集聚。在经济地理和新经济地理因素中,Labor 和 Trans 变量系数为正,且分别在 1% 和 5% 的水平上显著。这表明一个地区的劳动力资源丰富、运输成本低的地区,将促进化学工业、化学原料及化学制品制造业向该地区集聚。而反映地区市场潜力的 MA 变量的系数为负,且在 10% 的显著性水平上显著,这可能是由于市场潜力较大,提高了土地、资本和劳动力等生产要素的价格,增加了交通运输成本,从而减少了企业向该行业迁移的动力(Hanson,1996；Beeson,1999；Richard,2007)。在制度因素中,反映生产者产权保护的变量 PPR、反映地区投资政策的变量 IP 和反映地区对产品价格的管制程度的 PP 变量系数都为正并分别在 1%、1%和10%的水平上显著。这表明如果地区对与生产者产权保护程度越高和投资政策越宽松,对产品价格的管制程度越宽松,将提高该行业在地区的集聚水平。化学工业、化学原料及化学制品制造业即是资本密集型产业,又是技术密集型产业。这类行业投资规模较大,技术水平较高。因此,地区如果选择发展这类行业,必然要提高生产者产权保护的程度和放松资本流动性控制。生产者产权保护不仅包括保护私有财产权,更要保护知识产权,以促进这类行业的企业生产性投资和自主创新能力。而反映劳动力管制程度的 LI 变量、反映企业融资便利程度的 CI 变量和反映政府清廉程度的 Clear 变量系数都为负,且都在 1%的显著性水平上显著。这表明地区的劳动力管制越宽松、企业融资越便利和政府清廉程度越高,将促动该类行业分散空间布局。

模型 RE(29)是对医药制造、医药工业集聚水平(Agg_{C27})的分析,Hausman 检验结果为不能拒绝固定效应模型与随机效应模型估计结果都是无偏或一致的原假设,而采用随机效应模型进行估计。在自然地理因素中,Coast 变量系数为负,且在 10%的显著性水平上显著,而 City 变量系数为正且在 1%的显著性水平上显著。这表明医药制造、医药工业在沿海地区的集聚水平低于内陆地区,这类行业在直辖市集聚水平高于其他省(自治区、直辖市)。同时,从经济地理和新经济地理因素变量的估计系数中亦可以知,反映市场潜力的 MA 变量和反映运输成本的 Trans 变量的系数都为正,且分别在 1%和5%的显著性水平上显著。这就表明了一个地区的市场潜力越高和运输成本越低,越有利于医药制造、医药工业向该地区集聚。而反映知识溢出的 K-ledge 系数为负,且在 5% 的显著性水平上显著。这表明地区的知识溢出水平越高,越不利于该行业在该地区集聚。同时,反映城市化水平的 Urban 变量的系数也为负,且在 1% 的显著性水平上显著。这表明一个地区的城市化水平越高,该行业的集聚水平越低。在制度因素变量中,地区的制度安排对该行业的集聚水平影响较大。反映地区对生产者产权保护程度 PPR 变量、财政政策松紧变量 FP、投资政策松紧 IP 变量和政府清廉程度 Clear 变量的系数都为正且极为显著。这表明了地区宽松的财政政策和投资政策和提高生产者产权保护水平和政府的清廉程度,将提高医药制造、医药工业的集聚水平。此外,反映企业融资便利程度的 CI 变量系数为负,且在 1% 的显著性水平上显著。这表明地区便利的企业融资制度环境将驱动该类行业分散空间布局。

模型 RE(30)是对化学纤维制造业集聚水平(Agg_{C28})的分析,Hausman 的检验结果为不能拒绝固定效应模型与随机效应模型估计结果都是无偏或一致的原假设,而采用随机效应模型进行估计。在自然地理因素中,仅 Coast 变量系数为正,且在 1% 的显著性水平上显著。这表明化学纤维制造业更倾向于在沿海地区集聚。在经济地理和新经济地理因素中,仅反映劳动力共享水平的 Labor 变量的系数为正,且在 1% 的显著性水平上显著。这说明劳动力共享水平高的地区,化学纤维制造业的集聚水平高。在制度因素变量中,反映财政政策的 FP 变量和反映贸易政策的 TP 变量的系数为正,且都在 10% 的显著性水平上显著。这说明了一个地区的财政政策和贸易政策越宽松,越有利于化学纤维制造业的集聚。此外,地区的投资政策变量的系数为负,且在 1% 的显著性水平上显著。这表明这类行业的集聚水平与地区宽松投资政策呈负相关。

模型 RE(31)是对建筑材料及非金属矿物制品业集聚水平(Agg_{C31})的分析,Hausman 检验结果不能拒绝固定效应模型与随机效应模型估计结果都是无偏或一致的原假设,应采用随机效应模型进行估计。虽然自然地理因素和经济地理因素对该行业的集聚没有显著效应,但在新经济地理因素中,反映城市化水平的 Urban 变量的系数为负且在 1% 的显著性水平上显著。这表明一个地区的城市化水平越高,将降低建筑材料及非金属矿物制品业在该地区的集聚水平。在制度因素变量中,对生产者产权保护程度的 PPR 变量和投资政策 IP 变量的系数都为正,且分别在 10% 和 1% 的显著性水平上显著。这表明了一个地区对生产者产权的保护程度越高,投资政策越宽松,政府越清廉,将越有利于该行业在该地区的集聚。而反映企业融资便利程度的 CI 变量的系数为负,且在 1% 的显著性水平上显著。这表明企业融资便利程度的越高,该类行业集聚水平越低。

模型 FE(32)是对黑色金属冶炼及压延加工业集聚水平(Agg_{C32})的分析,Hausman 检验结果表明拒绝固定效应模型与随机效应模型估计结果都是无偏或一致的原假设,而选择固定效应模型进行估计。在自然地理因素中,Min 变量的系数为正,且极为显著。这表明一个地区矿产资源越丰富,将提高这类制造行业的集聚水平。在经济地理因素中,反映劳动力共享的 Labor 变量系数为正,且 1% 的显著性水平上显著。这表明黑色金属冶炼及压延加工业倾向于集聚在劳动力共享水平高的地区。新经济地理因素中 Urban 变量、MA 变量和 Trans 变量系数都为负,并分别在 5%、10% 和 1% 的水平上显著。这表明地区的城市化水平越高、地区的市场潜力越大和运输成本越低,将降低该类行业集聚水平。在制度因素变量中,反映投资政策的 IP 变量和反映政府清廉程度的 Clear 变量系数为负,且都在 5% 的显著性水平上显著。这表明一个地区投资政策越宽松或政府清廉程度越高,越会降低该类行业在该地区的集聚水平。黑色金属冶炼及压延加工业作为资源密集型行业,其集聚水平受到矿产资源禀赋的影响程度较高。而矿产资源作为一类重要的公共资源由政府代理分配,如果该行业的企业可以通过寻租,获得政府优惠政策的支持,也将促使企业在政府清廉程度低的地区集聚。当地区的市场化进程中在完善的过程时,中央政府所下放的权力并未真正交还给微观经济主体,而被地方政府所掌握。地方政府利用掌控经济资源的分配和政策的支持设租,企业向政府寻租的过程实际上是为了寻求的政府的优惠政策和资源分配的倾斜。虽然这需要付出非生产性成本,但是资源分配、税收和政府采购等优惠政策,使企业获得利益高于其在寻租活动所消耗的成本(Harberger,1954),这可能造成地方政府的清廉程度与企业的集聚水平呈显著负相关。

模型 FE(33) 是对有色金属制品、冶炼和压延加工业集聚水平(Agg_{C33})的分析,Hausman 检验结果为拒绝固定效应模型与随机效应模型估计结果都是无偏或一致的原假设,因此采用固定效应模型进行估计。类似于黑色金属冶炼及压延加工业,有色金属制品、冶炼和压延加工业也属于资源密集型行业,这类行业集聚水平受自然地理因素的影响程度较高。如果一个地区矿产资源禀赋程度越高,越有利于该类行业集聚。在经济地理和新经济地理因素中,K-ledge 变量系数为正,且在 1% 的显著性水平上显著。这表明一个地区的知识溢出水平越高,越能提高该行业的集聚水平。而 MA 变量和

Trans变量的系数为负,且分别在10%和1%的显著性水平上显著。这表明一个地区的市场潜力越高和运输成本越低,却会降低该类行业的集聚水平。在制度因素变量中,反映地区投资政策的IP变量、反映产品价格管制松紧的PP变量和反映政府清廉程度的Clear变量的系数都为正,且都极为显著。这说明如果地区对产品价格管制程度越松、对资本流动性管制程度越低或政府越清廉越高,将提高该行业在该地区的集聚水平。此外,反映劳动力管制程度的LI变量的系数为负,且在1%的显著性水平上显著。这表明地区劳动力管制程度越低,将不利提高该类行业在该地区的集聚水平。

模型RE(34)是对金属制品业集聚水平(Agg_{C34})的分析,Hausman检验结果表明不能拒绝固定效应模型与随机效应模型估计结果都是无偏或一致的原假设,因此选择随机效应模型进行估计。在自然地理因素中,Coast变量和City变量的系数都为正,且均在1%的显著性水平上显著。这表明沿海地区和直辖市更能吸引金属制品业集聚。在经济地理和新经济地理因素中,反映劳动力共享水平的Labor变量系数为正且极其显著。这表明一个地区的劳动力共享水平越高,越有利于金属制造业在该地区集聚。Urban变量和MA变量系数都为负,并分别在1%和10%的水平上显著,地区的城市化水平提高和市场潜力越大,将驱动该类行业空间分散布局。在制度因素变量中,地区贸易政策(TP)变量、投资政策(IP)变量、生产者产权保护制度(PPR)变量和产品价格的管制政策(PP)变量的系数为正,且分别都在1%的显著性水平上显著。这说明一个地区的贸易政策和投资政策越宽松、对生产者保护程度越高或商品价格管制程度越宽松,将有利于吸引该行业向该地区转移与集聚。其中,以地区的投资政策最为重要。而企业融资便利程度(CI)变量则在1%的显著性水平上显著为负,表明一个地区的融资便利程度越高,则会降低该类行业的集聚水平。

模型 RE(35)是对通用设备制造业或普通机械设备制造业的集聚水平(Agg_{C35})分析,Hausman 检验结果表明不能拒绝固定效应模型与随机效应模型估计结果都是无偏或一致的原假设,而选择随机效应模型进行估计。在自然地理因素中,直辖市的 City 变量系数为正,且在1%的显著性水平上显著。这表明地区为直辖市越能吸引通用设备制造业或普通机械设备制造业集聚。反映矿产资源变量 Min 变量系数为负且在10%的显著性水平显著。这表明地区的矿产资源越丰富,通用设备制造业或普通机械设备制造业在该地区的集聚水平越低。在经济地理和新经济地理因素中,仅反映城市化水平 Urban 变量系数为负,且在10%的显著性水平上显著。这说明地区城市化水平越高,则会降低该类行业集聚水平。在制度因素变量中,反映地区投资政策的 IP 变量、贸易政策 TP 变量和产品价格管制松紧的 PP 变量的系数均为正,且都在1%的显著性水平上显著;反映生产者产权保护程度的 PPR 变量系数为正,且在5%的显著性水平上显著。这表明地区的生产者产权保护越完善、投资政策和贸易政策越宽松,对产品价格的管制越放松,将促使这类行业在该地区的集聚。而反映劳动力流动管制的 LI 变量的系数为负,且在1%的显著性水平上显著。这表明地区的劳动力管制程度越高,将降低该类行业在该地区的集聚水平。

模型 FE(36)是对专用或专有设备制造业集聚水平(Agg_{C36})的分析,Hausman 检验结果表明拒绝固定效应模型与随机效应模型估计结果都是无偏或一致的原假设,而采用固定效用模型进行估计。在自然地理因素中,Min 变量系数不显著,而 Agr 变量系数为负,且在 5% 的显著性水平上显著。这表明了地区农林牧渔等自然资源禀赋不会促进专用或专有设备制造业的集聚水平。在经济地理因素中,衡量知识溢出水平的 K-ledge 变量和新经济地理因素中反映城市化进程的 Urban 变量系数为负,且都在 1% 的显著性水平上显著。这说明地区较高的知识溢出水平或是拥有较大的市场潜力,都不利于该行业在该地区集聚。在制度因素变量中,反映投资政策(IP)变量和反映产品价格管制水平(PP)变量的系数都为正,且分别在 1% 和 10% 的显著性水平上显著。这表明一个地区投资政策宽松、产品价格的管制程度越低,越能提高该类行业在该地区的集聚水平。而反映企业融资便利程度的 CI 变量系数为负,且在 1% 的显著性水平上显著。这表明地区企业融资便利程度,越趋向于该类行业分散空间布局。

模型 RE(37) 是对交通运输设备制造业集聚水平(Agg_{C37})的分析,Hausman 检验为不能拒绝固定效应模型与随机效应模型估计结果都是无偏或一致的原假设,而采用随机效用模型进行估计。虽然自然地理因素均不显著,但在经济地理因素中,反映劳动力共享水平的 Labor 变量系数为正,且在 1% 的显著性水平上显著。而在新经济地理因素中,反映城市化水平的 Urban 变量和反映市场潜力的 MA 变量的系数都为正,且分别在 1% 和 5% 的水平上显著。这表明地区劳动力共享、城市化水平提高或者拥有较大的市场潜力,将促进这类行业在该地区地集聚。而反映运输成本的 Trans 变量的系数为负,且在 1% 的显著性水平上显著。也就是说运输成本的降低将降低该行业的集聚水平。在制度因素变量中,反映生产者产权保护的 PPR 变量、反映地区财政政策的 FP 变量和反映地区贸易政策的 TP 变量的系数均为正,且又都在 1% 的显著性水平上显著。

这说明地区的生产者产权保护制度越完善、财政政策和贸易政策越宽松,都将提高该行业的集聚水平。而反映地区投资政策的IP变量的系数为负,且在1%的显著性水平上显著。这表明地区投资政策越宽松,越会降低该类行业集聚水平。

模型FE(38)是对电气机械及器材制造业集聚水平(Agg_{C39})的分析,Hausman检验为拒绝固定效应模型与随机效应模型估计结果都是无偏或一致的原假设,而采用固定效用模型进行估计。虽然自然资源与地理因素在计量模型估计结果中均不显著,但在经济地理因素中,反映劳动力共享水平的Labor系数为正,且分别在1%的显著性水平上显著。这反映知识溢出的K-ledge变量系数为负且5%的显著性水平上显著。同时,新经济地理因素中的反映城市化水平的Urban变量的系数为负,且在1%的显著性水平上显著。这都表明一个地区的劳动共享越高,则会促进该行业在该地区的集聚,而知识溢出水平或城市化水平越高,将越不利于该行业在该地区的集聚。在制度因素变量中,反映地区生产者产权保护的PPR变量、贸易政策TP变量和投资政策IP变量系数为正,且都在1%的显著性水平上显著。这说明地区的生产者的产权保护制度越严格以及贸易政策和投资政策越宽松,越有利于电气机械及器材制造业集聚水平的提高。而反映地区财政政策FP变量、劳动力管制程度LI变量和企业融资便利程度CI变量的系数都为负,且分别在1%、5%和1%的显著性水平上显著。这表明一个地区的财政政策或劳动力管制程度越宽松以及企业融资便利程度越高,越驱动该类行业分散空间布局。

模型FE(39)是对通信设备(电子通信设备)、计算机及其他电子设备制造业集聚水平(Agg_{C40})的分析,Hausman检验结果表明拒绝固定效应模型与随机效应模型估计结果都是无偏或一致的原假设,而选择固定效应模型进行估计。在自然地理变量中,反映地区矿产资源禀赋的 Min 变量系数为负,且在 10% 的显著性水平上显著。这表明一个地区矿产资源越丰富,将降低该行业在该地区的集聚水平。在经济地理因素中,反映地区劳动力共享的 Labor 系数为正,且分别在 1% 的显著性水平上显著;而反映地区知识溢出的 Kledge 变量系数为负,在 1% 的显著性水平上显著。同时,新经济地理因素中的反映城市化水平的 Urban 变量的系数为负,且在 1% 的水平上显著。这表明一个地区的劳动共享越高,则会促进该行业在该地区的集聚。同时,知识溢出水平或城市化水平越高,将降低该行业在该地区的集聚水平。在制度因素变量中,投资政策 IP 变量系数为正,并在 1% 的显著性水平上显著。这表明地区的投资政策越宽松,该行业的地区集聚水平越高。而财政政策(FP)变量、企业融资便利程度(CI)变量和政府清廉程度(Clear)变量的系数都为负,且分别在 5%、1% 和 1% 的水平上显著。这表明一个地区的财政政策越自由、企业融资便利程度越高和政府清廉程度越高,则会降低该类行业在该地区的集聚水平。

模型 FE(40)是对仪器仪表及文化、办公用品机械及其他计量器具制造业的分析,Hausman 检验结果表明拒绝固定效应模型与随机效应模型估计结果都是无偏或一致的原假设,因此选择固定效应模型进行估计。虽然自然地理和资源因素不显著,但在经济地理因素中仅反映地区劳动力共享水平的 Labor 变量系数为正,且在 1% 的显著性水平上显著。这表明地区劳动力共享水平越高,越有利于提高仪器仪表及文化、办公用品机械及其他计量器具制造业的集聚水平。而在新经济地理因素中,反映城市化水平的 Urban 变量的系数为负,且在5%的显著性水平上显著。这表明了一个地区城市化水平越高,则会降低该类行业集聚水平。在制度因素变量中,反映地区投资政策的IP变量和产品价格管制程度的PP变量系数都为正,且分别在5%和10%的显著性水平上显著。这表明一个地区的投资政策和产品价格管制程度越宽松,越有利于促进仪器仪表及文化、办公用品机械及其他计量器具制造业的集聚。其中,最为重要的是投资政策。反映政府清廉程度的Clear变量系数也为正,且在10%的显著性水平上显著。这表明如果该地区的政府越清廉,越能促进该类行业的集聚。此外,反映企业融资便利程度的CI变量的系数为负,且在1%的水平上显著。这表明地区融资便利程度越高,越驱动该类行业空间分散布局。

通过对对制造业2位数20个分行业的影响程度和显著性进行逐一的实证分析,在自然地理区位因素中,制造业2位数20个分行业中只有化学纤维制造业(C28)和金属制品业(C34)趋向于在沿海地区集聚。同时,只有金属制品业(C34)和通用设备制造业或普通机械设备制造业(C35)趋向于直辖市集聚。这一结论表明Brulhart and Koeing(2006)提出了"经互会理论"不仅不适应于解释样本年份中国制造业整体的区位分布,而且对于绝大多数制造业2位数分行业的区位分布也缺乏解释力。而在自然资源禀赋的因素中,由于煤炭、石油、天然气、金属、非金属等自然资源直接作为黑色金属冶炼及压延加工业(C32)、有色金属制品、冶炼及压延加工业(C33)和石油加工、炼焦及核燃料加工业(C25)的生产要素投入来源。因此,地区拥有煤炭、石油、天然气、金属、非金属等自然资源越丰富,能显著提高这类行业的集聚水平。同时,反映地区农林牧渔资源禀赋的变量对绝大多数制造业分行业集聚水平的影响显著为负。这可能由于一方面绝大多数制造业分行业对农林牧渔资源投入的依赖水平较低,另一方面如果地区农林牧渔资源越丰富,更适合发展农业。当一个地区投入土地、资本和劳动力等要素发展农业时,将压缩绝大多数制造业分行业的发展空间,因而降低了这些行业的集聚水平。

在经济地理因素中,本节的实证结果表明绝大多数行业的集聚水平影响因素都支持经济地理理论。地区的劳动力资源越丰富,行业的集聚水平越高,特别是对于食品制造业(C14)、饮料制造业(C15)、纺织业(C17)、造纸及纸制品工业(C22)、石油加工,炼焦及核燃料加工业(C25)、化学工业,化学原料及化学制品制造业(C26)、化学纤维制造业(C28)、建筑材料及非金属矿物制品业(C31)、黑色金属冶炼及压延加工(C32)、金属制品业(C34)、交通运输设备制造业(C37)、电气机械及器材制造业(C39)、通信设备、计算机及其他电子设备制造业(C40)和仪器仪表及文化、办公用品机械及其他计量器具制造业(C41)等既是资源密集型又属于劳动密集型行业。如果地区的劳动力资源越丰富,劳动力共享程度越高,越能提高这些行业的集聚水平。在新经济地理因素中,一方面,运输成本降低将显著促进农副食品加工业(C13)、食品制造业(C14)、饮料制造业(C15)、化学工业、化学原料及化学制品制造业(C26)和医药制造业或医药工业(C27)的集聚,但却降低了造纸和纸制品业(C22)、石油加工、炼焦及核燃料加工业(C25)、黑色金属冶炼及压延加工业(C32)、有色金属制品、冶炼及压延加工业(C33)、交通运输设备制造业(C37)等行业的集聚。另一方面,从分行业样本来看,以空间直线距离作为市场潜力的度量与以公路密度度量的交通运输变量相关程度较高,会降低变量的显著性水平(Wen,2004;贺灿飞、谢秀珍和潘峰华,2008),使得市场潜力变量仅对医药制造业(C27)和交通运输设备制造业(C37)等影响显著为正。此外,以非农人口比重度量城市化水平的变量,仅对烟草加工业(C16)和交通运输设备制造业(C37)行业的集聚水平有显著正效应。这可能是由于地区的市场规模和城市化水平越高,对交通运输设备制造等行业的产品市场需求越大,吸引了生产这些产品的行业集聚。

从反映地区市场化进程和经济开放的制度结构因素中,可以发现生产者保护制度对制造业绝大多数制造业分行业的集聚水平呈显著正效应。特别是对于食品制造业(C14),造纸及纸制品工业(C22),化学工业、化学原料及化学制品制造业(C26),医药制造业(C27),建筑材料及非金属矿物制品业(C31),金属制品业(C34),通用设备制造业(C35),交通运输设备制造业(C37)和电气机械及器材制造业(C39)等资本密集型行业技术密集型行业影响显著。地区对生产者的财产权和知识产权保护越严格,能激励企业增加生产性研究开发的投资水平,促进企业的技术进步,因而促进了这类行业在生产者产权保护程度高的地区集聚。在所有的经济开放因素中,影响制造业行业集聚水平最为显著的因素是投资政策。特别是对于石油加工、炼焦及核燃料加工业(C25),化学工业、化学原料及化学制品制造业(C26),金属制品业(C34),通用设备制造业或普通机械设备制造业(C35),专用或专有设备制造业(C36)等资本与技术密集型行业和如食品制造业(C14),医药制造业(C27)等私有资本或外商投资比重较高的行业。如果一个地区的投资政策越宽松,将有利于资本向该地区流动,这会显著提高这些行业在该地区的集聚水平。而地区产品的价格管制政策,则反映了地区市场机制决定产品价格的程度与配置生产资源的水平。对于食品制造业(C14),造纸及纸制品工业(C22)、化学工业、化学原料及化学制品制造业(C26)等对自然资源依赖较高的行业,如果地区产品的价格管制水平过高,将扭曲市场通过价格配置资源的效率,增加企业搜寻市场供给与需求的信息成本,因而这些行业在产品价格管制水平高的地区集聚水平会降低。另外,反映政府清廉程度的Clear变量系数仅对一些制造业分行业,特别如农副食品加工工业(C13)、医药制造业或医药工业(C27)、有色金属制品、冶炼及压延加工业(C33)和仪器仪表及文化、办公用品机械及其他计量器具制造业(C41)这四个行业集聚水平的影响显著为正,而对造纸及纸制品业(C22),石油加工、炼焦及核燃料加工业(C25),化学工业、化学原料及化学制品制造业(C26)、黑色金属冶炼及压延加工业(C32)和通信设备(电子通信设备)、计算机及其他电子设备制造业(C40)等行业集聚水平影响显著为负。这可能是由于中国的市场经济体制改革仍有待完善,而这些行业的地理布局受政府实施行业政策的影响,企业可以通过向政府寻租获取垄断、税收、资源购买价格和数量以及政府采购等方面的优惠政策。即使政府的设租与企业的寻租成本很高,但企业通过寻租带来的优惠政策而产生的利润可能大于寻租所产生的内生交易成本,因此,表现出地区政府的清廉程度较低,将提高这些行业在该地区的集聚水平。

第五节 实证分析启示

之前学者对中国产业集聚水平影响因素进行实证研究的过程中,检验了地方保护、财税政策等制度因素对产业区位分布作用机制。然而,一方面,他们的研究仍主要侧重于分析经济地理和新经济地理因素对产业集聚的影响,而将地方保护及税收政策等制度因素仅作为次要的分析对象;另一方面,即使分析了地方保护及财税政策等制度因素,也主要从商品跨区域贸易的壁垒与财政支出或税收政策等方面进行考察。地区制度安排对于转轨国家的地区经济发展至关重要,有效的地区制度安排将降低资源空间配置的内生交易成本,引导资源合理跨区域流动,提高资源配置的效率。同时,制度安排是政治、法律、经济等正式制度和文化价值、道德习俗等非正式制度相互耦合构成的系统。因此,反映地区市场化进程的制度安排不仅是地方政府财政和税收政策,更包含了对生产者的产权保护、企业融资的便利程度、政府对产品价格的干预程度、政府机构的运作清廉程度等法律和涉及企业生产与经营的微观制度。同时,反映地区经济开放水平的制度也不仅是商品跨区域贸易的政策自由度,更包括影响资本和劳动力跨区域流动的政策。因此,本章选取了2000~2010年全国29个省、直辖市和自治区为样本,在自然地理、经济地理与新经济地理因素的基础上,侧重于引入了生产者产权保护、财政政策、贸易政策、劳动力流动性管制、投资政策、企业融资便利性、产品价格的干预程度、政府机构的运作清廉程度等反映中国地区市场化进程和经济开放的制度因素,并从全国及其东部、中部、西部地区划分,分别估计制度因素对制造业整体集聚水平的影响程度及其显著性,进一步分别检验地区的制度安排对制造业2位数20个分行业集聚水平的影响。研究结果如下。

第一,在制造业整体的集聚水平上,通过将制度因素逐项纳入到计量模型中进行估计,发现制度环境的改善,能降低企业生产与经营的内生交易成本,提高制造业地区集聚水平。贸易政策、投资政策、企业融资便利程度、产品的价格管制和政府的清廉程度都分别对制造业集聚影响显著,且分别表明一个地区如果贸易政策和投资政策越宽松、产品价格管制水平越低和政府清廉程度越高,越能促进制造业整体向该地区集聚。进一步地,将整个制度结构因素纳入到制造业整体集聚水平影响因素的计量模型中。估计结果表明,生产者产权保护制度、投资政策和贸易政策都是影响制造业整体集聚水平的显著性因素,其中,最为主要的是投资政策。如果一个地区对生产者产权保护程度越高、投资政策越宽松或贸易壁垒越低,越能吸引制造业向该区域迁移与集聚。

第二,反映地区的市场化水平和经济开放的制度因素分别对制造业在东部、中部和西部地区集聚水平的影响存在显著差异。东部地区更多是依赖严格的生产者产权保护、宽松的贸易政策来提高制造业的集聚水平。这可能是由于东部地区具有优越的地理位置和政府早期给予改革开放先导地区优惠政策的扶植,为其构建良好的"地理"和"制度"双重优势。经过20多年来市场经济体制的确立与发展,东部地区市场化程度和经济开放水平相对于中部和西部地区更高,市场机制在经济领域中已发挥主导作用。同时,东部地区主要依靠进一步通过加强生产者产权保护,通过放松对资本、贸易和产品价格的管制以及提高政府清廉程度等方式,承接与吸引海外制造业的转移与集聚。中部位处东部和西部之间,地区的市场化水平和经济开放程度正在不断提高,因此,该地区主要通过提高对生产者产权的保护程度和降低投资壁垒等方面,降低企业生产与经营的内生交易成本,以此承接东部地区的制造业转移并提升其集聚水平。西部地区由于地处中国内陆,且市场化进程相对缓慢和经济开放程度也相对较低,主要是以丰裕的自然资源、较高的城市化水平促使制造业的转移与集聚,严格的生产者保护制度和自由的贸易政策,为企业从事生产与经营活动降低贸易成本、提高劳动力共享水平提供制度保障。因此,这些制度的改善能显著提高制造业在该地区集聚水平。

第三,制造业2位数20个分行业各自集聚水平的影响因素的实证分析结果表明,生产者的产权保护制度、反映地区经济开放的贸易政策和投资政策对制造业绝大多数分行业影响显著。其中,最为重要的是投资政策。生产者产权保护制度改善特别有利于资本密集型行业集聚,投资政策改善特别有利于技术密集型行业和私有资本或外商投资比重较高的行业集聚。如果一个地区的投资政策越宽松,将有利于私有资本和外商投资同该地区流动,这会显著提高这类行业在该地区的集聚水平。在涉及企业生产与经营的微观制度因素中,放松产品的价格管制能提高资源密集型行业的集聚水平。此外,地方政府清廉程度对制造业和一些分行业的影响呈显著负效应。但是,随着中国改革开放的深化发展,政府设租与企业寻租的空间将越来越小,因此,依靠政府提供优惠的政策提高企业的获利水平,进而促进行业在该地区集聚的空间将越来越小。

此外,研究结论还在一定程度上都支持了自然地理、经济地理和新经济地理理论,农业或矿产等自然资源越丰富,越能吸引与农业或矿产资源有关的制造行业中资源密集行业的集聚;劳动力共享程度越高,越能吸引制造业及其分行业中劳动密集型行业的集聚;而市场潜力、城市化水平变量等,虽没有在绝大多数行业集聚水平影响因素的计量模型估计结果中表现显著,但却在一些资本密集型和技术密集型行业的计量分析中表现出市场潜力越大、城市化水平越高,越能促进这些行业的空间集聚。

相对于其他产业，制造业对自然资源的依赖相对较低，且具有较强的规模经济效应，能够不受自然资源的约束实现跨地区的转移与集聚。同时，随着中国市场经济体制的确立与完善，市场机制在资源配置中发挥主导作用，制造业集聚是市场机制作用的必然结果。然而，东部地区依靠天然沿海的地理位置和政策优惠促使制造业在该地区优先发展起来，并在循环累积正向反馈机制的作用下，促使制造业在该地区的集聚水平不断提高，有吸引其他地区的制造业向该地区转移的趋势。这并不利于东部地区产业的升级及其结构的优化，也不利于东部、中部、西部地区经济的协调发展。为了促进区域之间协调发展，地区可以通过调整、改善与创新政策和制度，引导产业在具有外生比较优势的地区集聚，以发挥"外生"与"内生"双重比较优势，优化地区按比较优势进行专业化分工，促进区域的协调发展。

第七章 产业集聚与地区收入差距：引入制度安排的实证研究

改革开放以来，中国经济取得了突飞猛进的发展，国内生产总值从1978年的3645亿元增长到2011年的471564亿元，赶超日本成为世界上第二大经济体。但是在经济奇迹般增长的同时，一方面，中国的地区收入差距变化呈"倒N型"，出现了短暂下挫后持续上扬的趋势再缓和的态势（张平，1998；Rodrik，2013）。另一方面，依据第五章对中国制造业集聚水平的动态测算，随着规模经济、要素流动、运输条件的改善以及全球经济专业化与一体化进程的加快，中国产业的空间集聚现象越来越显著的同时也呈"倒N型"变化趋势。那么，一个有意思的问题是究竟以制造业为代表的产业集聚与地区收入差距之间存在关联？制造业集聚在多大程度上影响地区收入差距？在此之前，有学者从产业空间布局角度实证研究其对地区收入差距的影响。李国平和范红忠（2003）将生产与人口分布和地区经济差距联系起来，指出中国地区经济差距的主要原因在于生产向东部地区集中的同时，人口却没有向该地区集中所造成的生产与人口分布的高度失衡。然而由于户籍制度等的影响，要真正实现生产与人口分布的一致性并不现实，即使达到一致，区域间的差距也未必会有较大的改善。

袁志刚和范剑勇（2003）应用劳动力空间分布的偏离份额分析

各地区的工业化进程，认为整个大陆地区的制造业已经向东部地区开始集聚，并通过实证分析说明正是这种情况才造成了改革以来东西部差距的持续扩大。范剑勇和谢强强（2010）从产业集聚的本地市场效应角度对区域协调发展问题进行了分析，研究证实了本地市场效应的存在使得产业集聚与区域经济协调发展得以兼容，并为产业集聚与区域协调发展问题的研究提供了新的理论基础。虽然前人学者从多角度探寻了中国地区收入差距的影响因素，但从产业集聚角度实证研究地区收入的差距仍却不多见。即便有文献涉及了产业集聚与地区收入差距之间关系的实证研究，也大多考虑了新经济地理因素对地区收入差距的影响，但是 Andersson 等人（2013）采用 1978～2009 年实证政府干预经济的不平衡发展战略对地区经济增长收敛性的短期和长期效应，结果表明政府干预经济的政策或制度因素是影响地区收入差距的重要原因；同时依据第四章的理论分析结论，制度因素既可以直接作用于地区收入差距，也可以产业集聚为桥梁间接影响地区收入差距。因此，在实证产业集聚与地区收入差距的同时，考虑纳入制度因素，从中国地区的制度安排和产业集聚差异的角度研究它们协同作用于地区收入差距的影响，这是对已有研究的丰富。

第一节 研究假设

新经济地理学假定市场是垄断竞争的结构、规模报酬递增且产品的运输是有成本的。在运输成本足够低、要素流动性强和规模报酬递增的情况下，由于我国不同地区地理条件和对外开放政策程度的巨大差异,制造业逐渐在东部沿海地区聚集并开始形成初始效应。伴随着经济开放度的逐步提高和人口流动性的不断增强,各种生产要素逐步向沿海地区流动,沿海地区制造业的集聚效应在累积循环机制的作用下得到进一步的巩固与增强,最终形成了沿海制造业中心的格局,地区收入差距也随之扩大。李国平和范红忠(2003)与袁志刚和范剑勇(2003)均认为正是这种产业在空间上的高度集聚造成了我国地区收入差距的不断扩大。产业的空间集聚吸引着许多资源、劳动力向较为发达的东部地区流动,使得东部地区以更快的速度发展,而相对贫困的中西部地区却越来越没办法走出发展的困境,地区之间的收入差距也因此越拉越大。

许多学者利用实证分析的方法就我国地区收入差距的成因进行了分析,并将其成因分为要素投入、经济结构、政策和制度因素、地理位置和历史因素四类(张吉鹏和吴桂英,2004)。另外一些学者通过不平衡指数的分解研究了我国地区收入差距变化的原因。万广华(1998)将基尼系数的变化分解为收入比重变化、集中效应、结构性效应三个部分。类似于此,范剑勇和朱国林(2002)利用基尼系数结构分解法将地区收入差距归因于各产业产值变化所引起的"结构效应"和各产业产值份额不变情况下,因产业空间分布的差异而产生的"集中效应",分解结果表明在90年代中期以后,集中效应对地区收入差距的扩大作用较结构效应更加显著。这就意味着,现阶段地区收入差距拉大最主要的原因并非产业结构的不合理,而是非农产业在地区间的不平衡分布。制造业等非农产业在东部地区的集聚吸引着大量的劳动力和资本向该地区集中,通过生产技术的创新和高效管理带来了生产效率的大幅度提高,收入水平进一步上升,最终导致东部、中部、西部三大地区之间的收入差距日渐扩大

(范剑勇和朱国林,2002)。综合现有的理论和实证分析,提出假说①:制造业集聚对地区收入差距有正向的影响。

在分析制造业集聚程度与地区收入差距之间关系的同时,我们还考虑政府干预度、经济开放度和政治法律完善度三个制度变量对我国地区收入差距的影响。经济开放度主要通过两方面来影响地区收入:一方面,经济开放度越高,进入国内市场的国外资本越多,资本的外溢效应也就越明显;另一方面,与国外市场的联系加强,进而会增加产品的出口,提高收入水平。然而,这些资本往往更倾向于流向具有先发优势的东部地区,通过东部集聚中心所形成的规模效应、产业间的前后向联系和知识技术溢出的外部性,获得更高的收益率,从而形成空间上的集聚,最终可能使得地区收入差距进一步扩大。Gulati and Husain(2000)和 Kanbur and Zhang(2005)均认为 FDI 的流动或经济开放扩大了地区间的经济发展差距。政府干预度则直接影响着各类资源在各个地区之间的自由流动,同时也关系着要素流动的成本以及资源配置的效率。政府干预的弱化、市场化程度的提高在一定程度上消除了地区间的市场分割,有助于生产要素的流动,提高了地区经济发展水平。但是当市场化对地区经济的积极作用在东部沿海地区显现的同时,中西部地区却因市场分割而无法享受市场化带来的经济增长效果,造成地区收入差距的进一步扩大。在我国市场经济体制尚不健全和市场经济手段尚需完善的情况下,政府的宏观调控是对市场机制的有效补充,有利于不同地区资源的合理配置和有效利用,进而对促进地区经济增长,缩小地区间收入差距产生积极的影响。冉光和和唐文(2007)指出大部分主要财政支出项目对缩小城乡居民收入差距是有利的,并认为财政政策对于改善收入差距有较好的效果。而拥有一套完善稳定的政治法律制度是经济平衡发展的必要前提,并能够及时合理地调控经济发展中所存在的不良问题。因此,良好的政治法律完善度对于长期困扰着我国经济发展的地区收入不均等情况也可能起到缓解作用。王燕梅(2001)分析了制度因素对东西部地区发展差距的影响,认为政府机构行政管理体制等方面的不足是拉大地区收入差距的原因之一。Zhang(2006)认为我国财政分权和政治集权的结构所导致的地区税负与经济结构的不同造成了中国地区间的差距。据此,提出假说②:经济开放度对地区收入差距有正向的影响;假说③:政府干预度对地区收入差距有负向的影响;假说④:政治法律完善度对地区收入差距有负向的影响。

此外,还引入了制造业集聚与各类制度因素的交互项来测度这两者的相互作用对地区间收入差距的解释力。结合以上假说,制造业集聚对于地区收入差距有着正向的影响,经济开放度也可能在一定程度上拉大地区收入差距。因此,我们推测制造业集聚与经济开放度的交互项对地区收入差距也有着正向的影响。而政府干预度和政治法律完善度均有利于缩小地区收入差距,政府干预度、政治法律完善度与制造业集聚对于地区收入差距各自不同的影响会不会在交互项中相互抵消,最终又会对收入差距产生怎样的影响是难以预测的。因此,提出假说⑤:经济开放度与制造业集聚的交互项对地区收入差距有正向的影响。

第二节 计量模型设计

本节的研究目的在于检验制造业集聚对于地区收入差距的影

响,并引入制度变量对我国地区收入差距问题进行更为全面的分析。在回归过程中,制造业集聚程度、政府干预度、经济开放度、政治法律完善度等变量的选择主要是根据这一研究目的来进行,且采用跨维度(Multi-Level)方法构造计量模型如公式(7-1):

$$incomedispart = \alpha_0 + \alpha_1 X_1 + \alpha_2 X_2 + \alpha_3 X_3 + u_{it} \qquad (7-1)$$

其中,$incomedispart$ 表示地区收入差距,它亦反映了区域经济协调发展的水平,X_1 则表示产业集聚程度(agg),计算方法如前所述;X_2 代表制度向量,它包括 gov、open 和 law 三个变量。gov 是政府干预度,计算方法为财政政策、产品价格管制程度、企业融资便利程度三者的算术平均;open 是经济开放度,计算方法为贸易政策、投资政策、劳动力流动管制的算术平均;law 是政治法律完善度,计算方法为生产者产权保护制度、政府清廉程度的算术平均;X_3 表示制度与集聚交互项向量,它包括 agg*gov 反映产业集聚与政府干预度的交互项,agg*open 反映产业集聚与经济开放度的交互项和 agg*law 反映产业集聚与政治法律完善度的交互项。这些用以检验制造业集聚与制度变量的共同作用对于地区收入差距所产生的影响;α_0 为常数项,μ_{it} 为误差项。

第三节 变量选取

下面简要介绍本节实证分析中的被解释变量和解释变量。

第一,地区收入差距($incomedispart$)。地区收入差距作为被解释变量,衡量地区收入差距的指标有基尼系数、GE 系数以及变异系数等。其中,基尼系数使用得最为广泛,它的取值范围介于 0 和 1

之间,系数越大表明地区收入差距越大。基尼系数的最大优点在于它可以将总的收入差距分解为不同来源,用以测度和分析不同因素对于总体收入差距的影响,但是它却不能够进行区间上的分解;GE 指数从信息量和熵的概念出发考察个体之间的差异性,指数越小说明差距越小。不同于基尼系数的是 GE 系数可以将收入差距分为组间差距和组内差距,但是其计算较为繁琐;相较于 GE 系数的复杂计算,变异系数最大的特点就是计算简单明了。在变异系数的基础上,考虑了人口数量这一因素对于收入差距的影响所产生的加权变异系数,则能够更加准确地对收入差距进行度量。本章选取计算较为简便的加权变异系数作为衡量我国地区收入差距的指标,见公式(7-2):

$$incomedispart = \frac{1}{\overline{gdp}}\sqrt{\sum_{i=1}^{n}(gdp_i - \overline{gdp})^2 u_i} \qquad (7-2)$$

其中,gdp_i 表示第 i 地区的人均 GDP,$\overline{gdp}$ 表示全国人均 GDP,n 为地区个数,u_i 为第 i 地区人口占全国人口的比重。

第二,制造业集聚水平(agg)。本节的研究目的在于考察制造业集聚程度对于地区收入差距的影响,因此首先要对各地区的制造业集聚水平这一主要解释变量进行度量。如前文所述,度量集聚水平的指数很多,如赫芬达尔指数(Hirschman,1958)、空间基尼系数(Krugman,1991)、空间集聚指数(Ellison and Glaeser,1997)等都是度量产业集聚程度的指标。其中,赫芬达尔指数利用某行业所有企业市场份额的平方和对产业集中度进行测度,同时考虑企业数目和规模的影响,能够准确地反映产业或企业的市场集中度和市场竞争程度的变化。但是该指数对数据的要求较高,数据的质量可能直接对测量的准确性产生影响。与此同时,该指数的直观性也不强。空间基尼系数弥补了赫芬达尔指数直观性上的缺陷,将基尼系数与洛伦兹曲线应用于产业空间分布,其系数越大说明集聚程度越高。由于缺乏对企业规模的考虑,空间基尼系数对产业集中度度量的准确性也有待考究。它消除了企业规模对集聚程度的影响,空间集聚指数更加准确地度量了产业地理分布的集中程度,并且能够进行跨时间、跨地区和跨行业的比较,但是不论从数据搜集还是从公式计算来看,空间集聚指数的计算都是相当复杂的。与空间集聚指数一样,区位熵指标能够对产业集中度进行跨地区的比较,但是其计算过程却远比空间集聚指数简单。针对本文实证研究的需要,因而选取了既能够对制造业集聚水平进行跨地区比较,同时计算较为简便的区位熵指标对我国各省(自治区、直辖市)的制造业集聚水平(Agg_i)进行测度,其计算公式如(7-3):

$$agg_i = \frac{q_i/q}{Q_i/Q} \qquad (7-3)$$

其中,agg_i 表示 i 地区制造业集聚水平,q_i 表示 i 地区制造业总产值,q 表示全国制造业总产值,Q_i 表示 i 地区工业总产值,Q 表示全国工业总产值。

第三,政府干预度(gov)。目前,中国市场经济制度尚不完善,政府在经济运行中仍然起着举足轻重的作用。政府的宏观调控对于调节收入分配、缩小地区收入差距的作用不容小觑。因此,本章选取了财政政策、产品价格管制程度、企业融资便利程度三个指标,分别从政府财政支出、市场、资本等不同角度对我国的政府干预度进行评价,并以三者的算术平均作为反映我国政府干预程度的综合指标。其中,财政政策这一指标的标准化数值是依据地方政府的财政支出占地方国内生产总值的比重计算而得,反映了地方财政政策的宽松程度;产品价格管制程度这一指标则直接说明了市场在产品定价中所起的作用大小;由于国有企业主要通过政策融资,而企业融资便利程度指标衡量了企业通过资本市场融资的水平,同时它也反映了金融机构为非国有企业提供贷款的水平,因而从资本方面提供了政府干预程度的依据。由以上指标的定义可知,政府干预度是一个逆指标,即这一指标的数值越大,则表明市场化的程度越高,政府干预的程度越小。

第四,经济开放度(open)。自改革开放以来,中国依托廉价的和丰富的劳动力资源吸引了大量外资、外企的进驻。外资的不平衡分布在促进中国经济发展的同时也可能加速了地区收入差距问题的恶化。因此,本文选取了贸易政策、投资政策和劳动力流动管制的算术平均作为衡量经济开放度的指标,来考察经济对外开放程度对地区收入及其差距的可能影响。其中,投资政策是依据各地区所有的私营企业、集体企业、股份合作企业、股份有限公司、中外合资、合作经营企业、外资企业、外商投资股份有限公司等非国有资本工业销售收入,占地区国内生产总值的比重经相对值标准化处理后获得,它能够反映各地区对本国非国有资本和境外资本的投资控制水平,因此,这一指标反映了地区采取的投资政策松紧程度。贸易政策通过商品市场的地方保护程度反映了各地区贸易政策的开放程度。劳动力流动管制则从资源的流动性角度对经济开放度进行了衡量。

第五,政治法律完善度(law)。完善的政治法律为经济的发展、地区收入差距的改善提供了有利的制度环境,是经济得以稳定协调发展的前提。因此,本文将生产者产权保护制度、政府清廉程度的算术平均作为衡量政治法律完善度的指标。生产者产权保护制度在一定程度上反映了我国法律制度的有效性。政府的清廉程度指标则通过企业调查抽样,采用管理者与政府部门人员交往时间占其工作时间的比例计算,反映了企业与政府交往的交易成本。

第四节 数据来源与描述性统计

一、数据来源及处理

本章所使用的数据均来源于《中国统计年鉴》(2000~2011年)、各省(自治区、直辖市)的统计年鉴(2000~2009年)《中国市场化指数——各地区市场化相对进程2006年报告》《中国市场化指数——各地区市场化相对进程2009年报告》和《中国市场化指数——各地区市场化相对进程2011年报告》。由于数据的可得性,本章使用1999~2010年中国省级面板数据进行研究,所涵盖的地区包括中国除西藏自治区、香港、澳门、台湾以外的29个省、直辖市和自治区,另将四川与重庆的数据合并进行计算。其中,本节所指的东部地区包含了北京、天津、河北、辽宁、上海、江苏、浙江、福建、山东、广东、海南在内的11个省及直辖市,西部地区是指四川(包括重庆)、贵州、云南、陕西、甘肃、青海、宁夏、新疆、广西一起的9个省、直辖市及自治区,其他省份则归属于中部地区。

需要指出的是,本节采用了《中国市场化指数——各地区市场化相对进程2006年报告》《中国市场化指数——各地区市场化相对进程2009年报告》和《中国市场化指数——各地区市场化相对进程

2011年报告》中的相关指数,构造了反映政府干预度、经济开放度和政治法律完善度的三类制度指标。其中,构成政府干预度指标的财政政策、产品价格管制程度、企业融资便利程度,分别来源于该报告中的"市场分配经济资源的比重""价格由市场决定的程度"和"信贷资金分配的市场化"的相关数据和指标;经济开放度变量所采用的贸易政策、投资政策、劳动力流动管制数据,分别来源于"减少商品市场上的地方保护""非国有经济在工业销售收入中所占比重"以及"劳动力流动性"的相关指标及其数据;构成政治法律完善度的生产者产权保护制度、政府的清廉程度,分别采用的是"对生产者合法权益的保护"和"管理者与政府部门人员交往时间占其工作时间的比例"的指标及其数据。此外,1999~2000年各地区各项制度数据则分别采用移动平均法补齐。

二、描述性统计

表7-1是对本节各变量的统计描述。由此看出,不同地区之间的收入存在较大的差别。1999~2010年东部地区之间的收入差距均值为2.1916万元/人,接近西部地区均值的三倍。相较于中西部地区,东部地区内部的收入差距要远大于中西部地区,其地区收入差距的标准差达到了1.1618,而中西部地区收入差距仅分别为0.5062和0.3292。主要解释变量制造业集聚水平在数值上的差异则相对其他变量较小,这主要是由于所选取的反映制造业集聚水平的指标所致,衡量制造业集聚水平的区位熵在数值上的较小变化可能对应着较大的实际集聚水平变动。就制度变量而言,各制度变量的大小基本满足东部地区大于中部地区、中部地区大于西部地区的

变化趋势。总体来说,东部地区不论是地区收入差距、制造业集聚程度还是各制度变量水平都要高于中西部地区,且三大地区之间存在着较大的差异。

表7-1 变量的描述性统计

区域	变量	均值	最大值	最小值	标准差	观察值
全国	Incomedispart	1.4063	6.1878	0.2457	1.0070	348
	agg	0.9225	1.1302	0.2267	0.1609	348
	gov	7.2996	11.6000	−1.1067	2.1429	348
	open	5.7197	12.8367	0.3600	2.3276	348
	law	4.1169	10.0000	−0.4600	1.9750	348
东部	Incomedispart	2.1916	6.1900	0.6200	1.1618	132
	agg	1.0314	1.1300	0.8600	0.0494	132
	gov	8.6983	11.6000	3.6100	1.6443	132
	open	7.3138	12.8367	2.2567	2.3620	132
	law	5.4319	10.0000	1.9800	1.7933	132
中部	Incomedispart	1.0785	2.6823	0.4640	0.5062	108
	agg	0.8465	1.1000	0.2300	0.2077	108
	gov	7.3817	10.1700	4.0033	1.5941	108
	open	5.1826	8.9433	2.3600	1.6048	108
	law	3.3096	6.3800	0.0600	1.4786	108
西部	Incomedispart	0.7746	1.7000	0.2458	0.3292	108
	agg	0.8648	1.0300	0.5800	0.1179	108
	gov	5.6222	10.4867	1.0867	1.7600	108
	open	4.3083	7.4733	0.3600	1.6514	108
	law	2.9911	6.7100	0.0000	1.5558	108

注释:计算结果均保留4位小数。

为了对变量之间的关系作进一步的分析,对模型中的变量进行了相关性分析,表 7-2 报告了各变量相关性分析的结果。除政府干预度与经济开放度、地区收入与政治法律完善度之间的相关性系数较高,分别为 0.8173、0.6627 外,其他相关系数均维持在 0.4 左右。

表 7-2 变量相关系数矩阵

数值\类别 变量	Income dispart	agg	gov	open	law
Incomedispart	1.0000				
agg	0.3186	1.0000			
gov	0.5789	0.3335	1.0000		
open	0.5180	0.3993	0.8173	1.0000	
law	0.6627	0.3859	0.4490	0.4286	1.0000

注释:计算结果均保留 4 位小数。

第五节 计量结果分析

一、全国样本分析

全国总体的估计结果如表 7-3 所示。表 7-3 中的第一列、第二列和第三列分别报告了混合 OLS、固定效应模型(FE)和随机效应模型(RE)的估计结果。根据固定效应模型中 F 检验的结果,可以拒绝原假设,即认为固定效应明显优于混合回归。在运用 Hausman 检验对固定效应模型和随机效应模型进行选择时,Hausman 检验的 p 值为 0.0000。因此,拒绝了误差项与解释变量不相关的原假设,选择固定效应模型对回归结果进行解释。

制造业集聚水平的回归系数在 5% 的水平上显著为负,即在其他因素不变的条件下,制造业集聚水平的提高会显著缩小地区收入差距。而这一结果与本文的假说①并不相符,已有的研究表明高度的产业集聚吸引这大量的生产要素向中心地区流动,推动中心地区经济的快速发展,但是却造成了外围地区的相对贫困,进而拉大了地区之间的收入差距。造成本文实证结果与现有研究结论差异的一个可能的解释有两个方面:一方面,改革开放后制造业向沿海地区转移和对外开放的不断深入奠定了东部地区制造业集聚中心的优势地位。制造业企业东多西少,集聚水平东高西低的分布差异,使得处于集聚中心的东部发达地区投资回报下降幅度远大于外围的中西部地区,进而起到了缩小地区收入差距的作用。另一方面,范剑勇和谢强强(2010)利用 Head and Mayer(2004)提出的产业集聚的另一个重要机制,即本地市场效应对产业集聚并不会拉大我国的地区收入差距这一观点进行了解释。本地市场效应的前提在于各地区农业部门的技术水平相同,工资水平没有差异,跨区流动的资本及其收益归集体所有。在这个假设前提下,两地区的工资水平相同,资本的收益流回到资本所有者所在地,并非收益的产生地,那么即使产业集聚水平不断上升,地区间的收入差距也不会随之提高。

虽然我国工业发展水平的地区差异很大,但是农业技术水平却大致相同。随着市场机制的完善和经济自由度的提升,农业部门与非农业部门之间劳动力和资本的流动性日渐增强,流动劳动力要素报酬的回流将在一定程度上带动相对落后地区的经济发展。因此,尽管制造业集聚水平不断上升,我国的地区收入差距却有缓解的趋势。另外,李实和罗楚亮(2011)关于收入差距衡量偏差的研究指出,由于居民收入的多元化,各种或明或暗的收入来源造成了收入定义的困难,因此难免出现估计上的偏差。本节在衡量地区收入差距时所采用的收入为国家统计局的官方定义,没有将实物收入等纳入总体收入的核算之中,从而造成收入差距衡量上的偏差,最终可能对本文的实证结果产生一定的影响。

在三个制度变量中,仅政府干预度和经济开放度的回归系数在10%的水平上显著。其中,由于政府干预度是一个逆指标,正的回归系数说明政府干预减弱,市场化水平的提升对地区收入差距有正向的影响。因而也就意味着,减少对于相对落后的中西部地区的政府干预程度,推动该地区的市场化进程将有利于在促进经济增长的同时扩大地区间的收入差距。从我国改革开放的经验来看,经济开放引入了大量的资本、技术和管理经验,是中国经济快速发展的重要原因之一。同时,不同地区由于在地理区位和优惠政策制度存在差异而表现为不同的经济开放度,因而使中国地区经济之间发展不平衡。一方面,经济开放所带来的资本回报大多都回到了资本所有者的母国,可能并不能起到带动资本输入国经济发展的作用。另一方面,国外企业的技术水平往往高于国内同类企业,投资者并不会在中国进行大量的技术投资,其核心技术更不会随着投资而外溢,因而我国这种依靠廉价劳动力进行制造业加工,推动经济发展的模式并不具有持续性,反而可能成为经济发展的阻力。在经济开放程度方面,经济开放度最高的浙江其指数是最低省份青海的8倍,同时统计描述的标准差也表明我国各省(自治区、直辖市)之间的经济开放程度存在较大差异。因此,各个地区经济开放度的差异与地区收入差距存在正向关系。

在引入集聚与制度变量的交互项中,只有集聚与经济开放度的交互项在1%的水平上对地区收入差距有着显著的正向影响。这就表明虽然全国总体制造业集聚水平的提升有助于缩小地区收入差距,但是这种影响会随着经济开放度的提高而逐渐减弱。考虑到地区收入差距具有一定的持续性特征,即当前的地区收入差距可能依赖于过去的人均国内生产总值水平。为了反映这一特征,有必要在固定效应回归模型的基础上,引入Incomedispart变量的一阶滞后项构建动态面板数据模型对制造业集聚和地区收入差距的关系进行进一步的动态分析。同时,正如许多研究产业集聚的文献所指出的一样,变量内生性问题是这类研究中不可忽略的问题之一,而动态面板数据则能够很好地解决内生性问题,从而可以提高计量模型的有效性,更好地对制造业集聚与地区收入差距之间的关系进行解释。目前,动态面板数据模型主要有两种估计方法:差分广义矩估计(DIF-GMM)和系统广义矩估计(SYS-GMM)。其中,Arellano and Bond(1991)设计的差分广义矩估计是将模型进行一阶差分,用内生变量的水平滞后项作为差分项的工具变量,以较好解决内生性和遗漏变量问题,但往往是弱工具变量(Roodman,2006);进而,Blundell and Bond(1998)设计了系统广义矩估计方法采用差分方程的滞后项作为水平值的工具变量,提高了模型估计的稳健性。另外,为了保证估计结果的一致性,需要对模型工具变量的选取和残差项是否存在二阶自相关进行检验。因此,本章采用Sargan检验来判定工具变量的有效性,采用Arellano-Bond AR(2)检验来判定模型的一阶差分后的残差项是否存在二阶自相关。

动态面板估计结果如表7-3最后两列所示,其中第四列是差分广义矩估计结果,第五列是系统广义矩估计结果。从两者 Arellano-Bond AR(2)检验和 Sargan 检验的结果可以看出,模型的设定较为合理且工具变量的设定较为有效。对比系统广义矩估计与差分广义矩估计、固定效应模型的回归结果,可以看出系统广义矩估计与其他两种估计方法所得出的变量符号基本一致,并且该方法解释变量的系数较其他两种方法更为显著,对地区收入差距具有更好的解释力。系统广义矩估计中制造业集聚的系数在1%的水平下显著为负,同样支持了制造业集聚有助于缩小地区间收入差距的结论。而滞后一期的地区收入差距变量则显著为正,其系数为0.997,充分说明了地区收入差距的持续性特征,而正是这种持续性使得发达地区始终保持着较高的水平,而落后地区则延续着一直以来的落后状态,地区间收入差距最终难以得到改善。值得注意的是,与假说③相符的是,政治法律完善度在系统广义矩估计中显著为负,也就意味着地区政治法律完善度的提高有利于缩小地区之间收入差距。此外,各交互项也都分别在1%和5%的显著性水平上显著为正,说明制造业集聚对于地区收入差距的消极作用会随着各制度变量的增大而有所增强。与此同时,也弱化了制造业集聚缩小地区收入差距的作用力。

表7-3 全国样本实证结果

解释变量	混合 OLS	FE	RE	DIFF-GMM	SYS-GMM
agg_t	−3.947*	−1.940**	−2.733*	−0.560*	−1.427*
	(0.890)	(0.906)	(0.855)	(0.128)	(0.326)
$income_{t-1}$				0.978*	0.997*
				(0.006)	(0.006)

续表

解释变量	混合OLS	FE	RE	DIFF-GMM	SYS-GMM
gov	0.083	0.215***	0.155	0.016	−0.038***
	(0.179)	(0.122)	(0.135)	(0.012)	(0.021)
open	−0.101	−0.266***	−0.219	−0.055*	−0.107*
	(0.177)	(0.142)	(0.148)	(0.009)	(0.018)
law	−0.506*	−0.014	−0.132	−0.026*	−0.037*
	(0.119)	(0.087)	(0.094)	(0.005)	(0.004)
agg*gov	0.082	−0.089	−0.011	0.002	0.059**
	(0.191)	(0.132)	(0.144)	(0.013)	(0.005)
agg*open	0.097	0.503*	0.400*	0.102*	0.145*
	(0.180)	(0.147)	(0.153)	(0.009)	(0.018)
agg*law	0.796*	0.063	0.229**	0.047*	0.051**
	(0.815)	(0.096)	(0.103)	(0.005)	(0.005)
常数项	2.914*	0.838	1.619**	0.231	1.112*
	(−0.22)	(0.850)	(0.790)	(0.125)	(0.287)
观测值	348.000	348.000	348.000	290.000	319.000
R^2	0.595	0.393	0.456		
F值	71.290	24.580			
Hausman检验值		76.130			
AR(1)				0.168	0.096
AR(2)				0.226	0.372
Sargan检验				0.998	0.997

注释：①估计结果均经过4舍5入后保留3位小数；②括号内为标准差，*、**和***分别表示1%、5%和10%的双尾检验显著性水平上显著异于零。

二、分地区样本分析

中国地域广阔,东部、中部、西部地区由于地理位置、要素禀赋、制造业集聚水平、经济发展速度等条件的巨大差异,各个地区的制造业集聚程度、制度因素对收入差距的影响也不尽相同。比较而言,东部地区经济拥有便利的交通条件和丰富的人力资源,经济条件较为发达,吸引了许多国内外制造企业在该地区集聚,集聚水平较高;中西部地区地处内陆,拥有丰富的土地、矿藏等自然资源,为东部沿海地区的经济集聚提供了大量的生产要素,经济发展相对落后,制造业集聚水平也相对较低。为了更为具体地研究制造业集聚对地区收入差距的影响,表7-4、表7-5和表7-6将全国样本分为东部、中部和西部三大地区为样本进行了实证估计,并针对各地区之间的不同情况进行比较。

表7-4 东部地区为样本的实证结果

解释变量	混合 OLS	FE	RE	DIFF-GMM	SYS-GMM
agg_t	31.842**	5.711	9.845	−29.634*	−24.868*
	(12.438)	(7.621)	(8.760)	(0.139)	(9.425)
$incomedispart_{t-1}$				1.063*	1.030*
				(0.045)	(0.032)
gov	5.845**	1.283	2.286	−6.106*	−5.030**
	(2.707)	(1.630)	(1.867)	(2.277)	(2.036)
open	−2.875	−1.574	−1.967	5.015**	2.650**
	(1.880)	(1.121)	(1.291)	(2.531)	(2.426)

续表

解释变量	混合 OLS	FE	RE	DIFF-GMM	SYS-GMM
law	0.642	1.945**	1.436	−2.009	0.013
	(1.120)	(0.880)	(0.980)	(1.969)	(0.423)
agg*gov	−5.374**	−1.005	−1.947	5.796*	4.756**
	(2.590)	(1.557)	(1.784)	(2.150)	(3.955)
agg*open	2.634	1.787***	2.071***	−4.706**	−2.469**
	(1.786)	(1.060)	(1.221)	(2.397)	(2.286)
agg*law	−0.276	−1.810**	−1.262	1.924	0.010
	(1.070)	(0.839)	(0.934)	(1.863)	(0.432)
常数项	−34.024*	−8.214	−12.326	30.664**	29.883***
	(12.955)	(7.926)	(9.114)	(10.983)	(9.625)
观测值	132.000	132.000	132.000	110.000	121.000
R^2	0.458	0.079	0.148		
F 值	14.960	30.960			
Hausman 检验值		37.590			
AR(1)				0.304	0.3581
AR(2)				0.542	0.8113
Sargan 检验				1.000	1.000

注释：①估计结果均经过 4 舍 5 入后保留 3 位小数；②括号内为标准差，*、**和***分别表示 1%、5%和 10%的双尾检验显著性水平上显著异于零。

表 7-5 中部地区为样本的实证结果

解释变量	混合 OLS	FE	RE	DIFF-GMM	SYS-GMM
agg_t	0.861	0.760	0.405	−0.1413***	−0.121**
	(0.908)	(0.710)	(0.671)	(0.079)	(0.059)

续表

解释变量	混合 OLS	FE	RE	DIFF-GMM	SYS-GMM
incomedispart$_{t-1}$				1.099*	1.166*
				(0.014)	(0.008)
gov	0.814*	0.534*	0.562*	0.020	−0.028**
	(0.158)	(0.103)	(0.106)	(0.014)	(0.012)
open	−0.626*	−0.217***	−0.292*	−0.034**	0.017***
	(0.141)	(0.113)	(0.113)	(0.015)	(0.010)
law	0.034	−0.045	−0.027	−0.019*	−0.015**
	(0.096)	(0.063)	(0.064)	(0.007)	(0.006)
agg*gov	−0.722*	−0.389*	−0.421*	−0.018	0.023***
	(0.182)	(0.117)	(0.121)	(0.015)	(0.012)
agg*open	0.744*	0.351*	0.424*	0.056*	−0.011
	(0.166)	(0.126)	(0.127)	(0.017)	(0.007)
agg*law	0.065	0.093	0.079	0.018**	0.011
	(0.112)	(0.072)	(0.074)	(0.008)	(0.007)
常数项	−1.475***	−1.605**	−1.269**	16.188**	0.088***
	(0.804)	(0.634)	(0.601)	(7.100)	(0.052)
观测值	108.000	108.000	108.000	90.000	99.000
R^2	0.628	0.498	0.551		
F 值	24.100	22.880			
Hausman 检验值		14.280			
AR(1)				0.016	0.283
AR(2)				0.520	0.219
Sargan 检验				0.087	1.000

注释：①估计结果均经过 4 舍 5 入后保留 3 位小数；②括号内为标准差，*、**和***分别表示 1%、5% 和 10% 的双尾检验显著性水平上显著异于零。

表 7-6 西部地区为样本的实证结果

解释变量	混合 OLS	FE	RE	DIFF-GMM	SYS-GMM
agg_t	−2.326*	0.148	−2.326*	4.634	9.580**
	(0.598)	(0.732)	(0.598)	(3.097)	(4.745)
$incomedispart_{t-1}$				1.116*	1.362*
				(0.237)	(0.134)
gov	0.206**	0.242**	0.206**	0.688*	0.764**
	(0.093)	(0.098)	(0.093)	(0.382)	(0.363)
open	−0.335*	−0.121	−0.335*	−0.595	0.549
	(0.102)	(0.132)	(0.103)	(0.553)	(0.343)
law	0.012	−0.018	0.012	0.241	0.333
	(0.101)	(0.087)	(0.101)	(0.171)	(0.225)
agg*gov	−0.126	−0.184	−0.126	−0.828***	−0.914**
	(0.105)	(0.122)	(0.105)	(0.464)	(0.438)
agg*open	0.445*	0.277***	0.445*	0.794	−0.651
	(0.121)	(0.160)	(0.121)	(0.718)	(0.434)
agg*law	0.037	0.057	0.037	−0.283	−0.415
	(0.121)	(0.106)	(0.121)	(0.211)	(0.280)
常数项	1.869*	−0.435	1.869**	−4.274	−5.674
	(0.504)	(0.646)	(0.505)	(2.792)	(3.658)
观测值	108.000	108.000	108.000	90.000	99.000
R^2	0.614	0.275	0.614		
F 值	22.690	7.380			
Hausman 检验值		38.850			
AR(1)				0.083	0.660
AR(2)				0.963	0.581
Sargan 检验				1.000	1.000

注释：①估计结果均经过 4 舍 5 入后保留 3 位小数；②括号内为标准差，*、**和***分别表示 1%、5%和 10%的双尾检验显著性水平上显著异于零。

东部地区的回归结果如表 7-4 所示。与全国的情况相比较，注意到制造业集聚水平对于东部地区收入差距的影响方向虽与全国情况一致，但是其影响程度却远大于全国总体的情况。东部地区系统广义矩估计中制造业集聚的系数为 -24.868，且在 1% 的水平上显著，这就意味着东部地区制造业的空间分布差异会起到缩小地区收入差距的积极作用。依据第三章的理论分析，东部地区的制造业集聚水平高于临界值时，东部地区制造业集聚水平的进一步提升会缩小地区收入减小的幅度。在集聚初期，该地区集聚水平的提升加大了产业间的前后向联系，规模经济和外部效应日渐明显，在一定程度上促进了地区的经济增长和居民福利的提高。然而，当制造业集聚达到较高的水平后，由于地区资源环境条件的限制，由制造业集聚所带来的经济增长效应可能会被人口、资源、环境所造成的拥挤效应所抵消，集聚的正外部性小于负外部性，集聚水平的进一步上升可能会给经济增长和地区收入带来不利的影响。而这种收入抑制作用对集聚水平高的富裕省份的影响要远大于集聚水平较低的相对贫困省份。因此，制造业集聚水平的提升在一定程度上缩小了东部地区收入差距。

另一方面，滞后一期的地区收入差距变量显著为正的计量结果，则表明原有的收入差距水平一定程度地决定了现有收入差距水平，因而不利于东部地区收入差距的改善。在制度变量对地区收入差距的影响中，政府干预度的地区差异对东部地区收入差距有着积极影响。由于政府干预度是逆指标，也就表明了在充分发挥市场对资源配置基础性作用的过程中，强化相对富裕省份的政府干预，同时减小相对贫困省份的宏观调控有助于调节东部地区内部的地区收入差距，实现东部地区内部协调发展。与此同时，经济开放度和政治法律完善度的差异却会进一步拉大东部地区收入差距。其中，政治法律完善度并不显著。值得注意的是，政府干预度虽然可能对缓解地区收入差距有一定的积极作用，但是其与集聚的交互项却显著为正。这就意味着政府干预度与制造业集聚的相互作用，可能在一定程度上抵消了提高政府干预度的地区收入差距调节功能，从而促进了东部地区收入差距的扩大。

中部地区的分析结果见表7-5。此时，制造业集聚水平的符号与东部地区一致，即中部地区制造业集聚的不平衡分布同样有助于地区收入差距的改善，但不同的是，中部地区减小幅度要远小于东部地区。这一方面可能是由于作为东部地区产业转移的首选，中部地区在承接转移过程中的经济结构调整，会给制造业集聚水平较高的发达地区带来短暂的经济增长率的下降，从而缩小了地区收入差距。另一方面，中部地区集聚群多分布于省会城市的周边地区，对其他地区经济的辐射带动能力较东部地区弱。对比三个制度变量，各变量对于地区收入差距的影响程度大致相同。其中，经济开放度和政府干预度对中部地区收入差距影响存在不确定的正负效应，而政府法律变量的估计系数显著为负。与东部地区不同，从静态面板数据分析模型的估计结果来看，政府干预水平的提高，将在短期有助于相对欠发达地区经济发展，进而缩小中部地区收入差距。但从动态面板数据分析模型的估计结果来看，政府干预水平的提高，将在长期不利于欠发达地区经济发展，也不利于缩小中部地区收入差距。

此外，地区经济的对外开放对中部地区收入差距的影响虽不确定，但从短期来看，随着该地区对外开放水平的提高，中部地区收入差距将缩小。但从长期来看，其影响地区收入差距的效果不显著。

中部地区地处内陆,经济开放程度提高,一方面,有助于其吸收东部地区剩余劳动力、先进技术和管理经验,有助于缩小地区收入差距。另一方面,有助于其承接东部地区产业转移,引导产业结构优化升级。在交互项中,制造业集聚与政府干预度的交互项在静态面板数据模型和动态面板数据模型中系统广义矩估计方法中分别在1%和10%的水平上显著为负和正。这说明短期制造业集聚与政府干预的共同影响将在一定程度上抵消政府干预对缩小地区收入差距的影响效应,而在长期却能有助于降低政府干预对地区收入差距扩大的影响效应。而经济开放与制造业集聚的共同作用在短期抵消经济开放对降低地区收入差距的影响。

表7-6报告了西部地区的回归结果。与其他地区的回归结果相比,制造业集聚这一变量在西部地区却有着不同的表现。西部地区的制造业集聚水平与地区收入差距短期呈现显著负相关,而长期却呈显著正相关关系,表明制造业集聚在短期将缩小地区收入差距,而在长期却会扩大地区收入差距。从逻辑分析可知,西部地区无论是劳动力价格还是土地等其他资源价格较其他地区要低,制造业集聚使得西部地区的成本优势得以体现。与此同时,在西部大开发的政策支持下,国家对于西部地区的发展给予了大量的财政支持,并投入大量资金进行西部地区的基础设施建设,提升了产业发展的硬件条件,降低了交通运输成本,为制造业企业的集聚与居民收入的增长提供了有力的外部条件。然而,当西部地区制造业集聚到一定程度,制造业集聚在区域分布上呈现明显的不均衡态势,初始的规模经济效应、知识溢出的外部性仅仅提升了制造业集聚中心地区的经济水平,却牺牲了外围地区的经济利益,其结果也就表现为西部地区收入差距的扩大。在制度变量中,政府干预度、经济开

放度和政治法律完善度均对西部地区收入差距有着正向影响,而仅政府干预度变量在静态面板数据模型中长期和短期对西部地区收入在5%的水平上显著,也就意味着西部地区增强政府干预力度将有利于缩小该地区收入差距。在交互项的回归结果中,可以看到动态面板数据估计结果中,西部地区制造业集聚与政府干预度的交互项系数显著为负。这表明制造业集聚与政府干预度共同作用,将有利于西部地区收入差距缩小;而西部地区制造业集聚与贸易开放度的静态面板数据估计结果的交互项系数显著为负,表明贸易开放度与制造业集聚的共同作用将在一定程度上抵消西部地区经济开放度提高所产生的地区收入差距缩小效应。

第六节 实证分析启示

缩小地区收入差距是区域经济协调发展的反映,本章选取了1999~2010年中国29个省、直辖市和自治区的制造业为分析样本,以地区收入差距作为被解释变量,引入制造业集聚和政府干预度、经济开放度、政治法律完善度三个制度变量及其交互项作为解释变量,构建静态和动态面板数据模型,分别从全国层面与东部、中部和西部三大地区层面对制度安排、制造业集聚与地区收入差距之间的关系进行了实证研究。研究结果表明了制度因素通过作用于产业集聚将影响地区收入差距。一方面,从全国层面来看,制造业集聚有利于缩小地区收入差距,但政府干预度、经济开放度和政治法律度的完善将扩大制造业集聚的地区收入差距效应。但在引入了制造业集聚和各项制度的交互项之后,经济开放度提高、政治法律完善度提高或者政府干预力度增强,将会促使制造业集聚扩大地区收入差距。另一方面,从分地区层面来看,制造业集聚将降低东部、中部、西部地区收入差距,但在引入了制造业集聚和各项制度的交互项之后,增加政府干预度将有利于缩小东部和中部地区收入差距,而提高经济开放度和完善政治法律度将促使制造业集聚的地区收入差距效应扩大;西部地区提高经济开放度将短期促使制造业的地区收入差距效应扩大,而减少政府干预度将促使制造业集聚的地区收入差距效应缩小。

将制度因素与产业集聚的协同变量共同引入实证研究它们对地区收入差距的影响,其结论似乎与理论和经验不一致。这表明中国的制造业既未集聚到一定的规模,又没有在合理的区域进行集聚。前者说明制造业集聚还没有形成"内生比较优势",后者说明制造业未按地区"外生比较优势"集聚。如果制造业集聚形成了"内生比较优势",当地区"内生比较优势"与"外生比较优势"不匹配时,则制造业集聚会拉大地区收入差距,而通过经济开放或市场化进程的完善,使得制造业按照地区"外生比较优势"进行专业化集聚。那么,完善的制度或政策将促使制造业集聚的地区收入差距缩小。因此,从全国层面来看,当市场机制引导产业或行业没有在合理区位集聚时,决策机构可以通过有效的财政政策或企业融资政策引导产业在合理区位集聚,从而在全国层面上发挥产业集聚形成的"内生比较优势"匹配地区的"外生比较优势",从而优化产业空间结构和地区分工,缩小全国整体收入差距。从地区层面来看,东部和中部地区也可以通过有效的财政政策或企业融资便利政策,必要时可采取产品价格管制政策,引导和优化产业集聚。而西部地区则相反,要降低政府干预经济的水平,如减少财政政策干预、放松产品价格管制或提高企业融资便利程度等,提高市场对资源空间配置的能力,以优化产业或行业集聚的水平和区位,缩小西部地区收入差距。

参考文献

[1] Abdel Rahman H. and Fujita M. 1990. Product Variety, Marshallian Externalities, and City Sizes. *Journal of Regional Science*, Vol. 30, No. 2, pp. 165 – 183.

[2] Alwyn Young. 2000. The Razor's Edge: Distortions and Incremental Reform in the People's Republic of China. *Quarterly Journal of Economics*, Vol. 115, No. 4, pp. 1091 – 1135.

[3] Amiti M. 1998. New Trade Theories and Industrial Location in the EU: A Survey of Evidence. *Oxford Review of Economic Policy*, Vol. 14, No. 2, pp. 45 – 53.

[4] Amiti M. and M. Wen. 2001. Spatial Distribution of Manufacturing in China. In: P Lloyd, X. Zhang. Modelling the Chinese Economy. Edward Elgar, London.

[5] Anderson F. and Forslid R. 2003. Tax Competition and Economic Geography. *Journal of Public Economic Theory*, Vol. 5, No. 2, pp. 279 – 303.

[6] Arnott Richard. 1979. Optimal Taxation in A Spatial Economy with Transport Costs. *Journal of Public Economics*, Vol. 11, No. 3, pp. 307 – 334.

[7] Arrow Kenneth J. 1962. Economic Implications of Learning

by Doing. *Review of Economic Studies*, Vol. 29, No. 3, pp. 155 – 173.

[8] Arthur W. B. 1990. Positive Feedbacks in the Economy. *Scientific American*, Vol. 262, No. 2, pp. 92 – 99.

[9] Bai ChongEn, Yingjuan Du, Zhigang Tao and et al. 2004. Local Protection and Regional Specialization: Evidence from China's Industries. *Journal of International Economics*, Vol. 63, No. 2, pp. 397 – 417.

[10] Baldwin R. E. 1999. Agglomeration and Endogenous Capital. *European Economic Review*, Vol. 43, pp. 253 – 280.

[11] Baldwin R. E. and Martin P. 2004. Agglomeration and Regional Growth. *Handbook of Regional and Urban Economics*, No. 4, pp. 2671 – 2711.

[12] Baldwin R. E. and Forslid R. 2000. The Core-Periphery Model and Endogenous Growth: Stabilizing and De-stabilizing Integration. *Economica*, 67: 307 – 324.

[13] Barro R. J., Mankiw N. G. and Sala-i-Martin X. 1995. Capital Mobility in Neoclassical Models of Growth, *American Economic Review*, Vol. 85, No. 1, pp. 103 – 115.

[14] Beckmann M. J. 1976. Spatial Equilibrium in the Dispersed City. In: Y. Y. Papageorgiou. *Mathematical Land Use Theory*. Lexington Books, MA.

[15] Beeson P. E. 1990. Sources of the Decline in Manufacturing in Large Metropolitan Areas. *Journal of Urban Economics*, Vol. 28, No. 1, pp. 71 – 86.

[16] Behrens K., Lamorgese A., Ottaviano G. I. P and Tabuchi

T. 2004. Testing the Home Market Effect in a Multi-country World: A Theory-based Approach. CEPR Discussion Papers No 4468, Novermber 22.

[17] Behrens K. 2007. On the Location and Lock-in of Cities: Geography VS Transportation Technology. *Regional Science and Urban Economics*, Vol. 37, No. 1, pp. 22 – 45.

[18] Bhagwati J. 1982. Directly Unproductive Profit-Seeking Activities: A Welfare Theoretic Synthesis and Generalization. *Journal of Political Economy*, Vol. 90, No. 5, pp. 988 – 1002.

[19] Bode E. 2004. The Spatial Pattern of Localized R&D Spillovers: An Empirical Investigation for Germany. *Journal of Economic Geography*, No. 4, pp. 43 – 64.

[20] Borukhov E. and Hochman O. 1997. Optimum and Market Equilibrium in a Model of a City without a Predetemined Center. *Environment and Planning*, Vol. A9, No. 8, pp. 849 – 856.

[21] Braunerhjelm, P. and B. Borgman. 2006. Agglomeration, Diversity and Regional Growth. Working Paper Series 71 in Economics and Institutions of Innovation.

[22] Brulhart M. and Koeing P. 2006. New Economic Geography Meets Comecon: Regional Wages and Industry Location in Central Europe. *Economics of Transition*, Vol. 14, No. 2, pp. 439 – 458.

[23] Cai J, Harrison A and Lin J. 2011. The Pattern of Protection and Economic Growth: Evidence from Chinese Cities. Mimeo.

[24] Chipman J. S. 1970. External Economies of Scale and Competitive Equilibrium. *Quarterly Journal of Economics*, Vol. 85, No. 3,

pp. 347 – 385.

[25] Coe D. T. and E. Helpman. 1995. International R&D Spillovers. *European Economic Review*, Vol. 39, No. 5, pp. 859 – 887.

[26] Combes P. P. and H. G. Overman. 2004. The Spatial Distribution of Economic Activities in the European Union. In: Vernon Henderson and Jacques Thisse. Handbook of Urban and Regional Economics. North Holland, Amsterdam.

[27] Daron Acemoglu, Simon Johnson and James Robinson. 2004. Institutions as the Fundamental Cause of Long-Run Growth. National Bureau of Economic Research Working Paper 10481.

[28] Duranton G. and H. G. Overman. 2005. Testing for Localization Using Micro-Geographic Data. *Review of Economic Studies*, Vol. 72, No. 10, pp. 1077 – 1106.

[29] D'aspremont C., Gabszewicz J. J. and Thisse J. F. 1979. On Hotelling's Stability in Competition. *Econometrica*, Vol. 47, pp. 1045 – 1050.

[30] D'aspremont C., Gabszewicz J. J. and Thisse J. F. 1983. Product Differences and Prices. *Economics Letters*, Vol. 11, No. 1 – 2, pp. 19 – 23.

[31] Dayal-Gulati A. and A. M. Husain. 2000. Centripetal Forces in China's Economic Take-off. IMF Working Paper, No. 00/86.

[32] Démurger Sylvie, Jeffrey D. Sachs, Wing Thye Woo, Gene Chang and Andrew Mellinger. 2002. Geography, Economic Policy, and Regional Development in China. *Asian Economic Papers*, Vol. 1, No. 1,

pp. 146 – 205.

[33] Dixit A. K. and Stiglix J. E. 1977. Monopolistic Competition and Optimum Product Diversity. *American Economic Review*, Vol. 67, No. 3, pp. 297 – 308.

[34] Ellison G. and Glaeser E. L. 1997. Geographic Concentration in U. S. Manufacturing Industries: A Dartboard Approach. *Journal of Political Economy*, Vol. 105, No. 5, pp. 889 – 927.

[35] Englmann F. C. and Walz U. 1995. Industrial Centers and Regional Growth in the Presence of Local Inputs. *Journal of Regional Science*, Vol. 35, No. 1, pp. 3 – 27.

[36] Evsey D. Domar. 1946. Capital Expansion, Rate of Growth, and Employment. *Econometrica*, Vol. 14, No. 2, pp. 137 – 147.

[37] Feng L. 2009. New Trends in China's Regional Economic Development. In Swee-Hok Saw and John Wong, Regional Economic Development in China. Saw Center for Financial Studies, East Asian Institute, National University of Singapore, Institute of Southeast Asian Studies.

[38] Fernandez Gonzalo E. 2005. A Note on Tax Competition in the Presence of Agglomeration Economies. *Regional Science and Urban Economics*, Vol. 35, No. 6, pp. 837 – 847.

[39] Fredrik N. G. Andersson, David L. Edgerton and Sonja Opper. 2013. A Matter of Time: Revisiting Growth Convergence in China. *World Development*, Vol. 45, No. 5, pp. 239 – 251.

[40] Fujita M. A. 1988. Monopolistic Competition Model of Spa-

tial Agglomeration: Differentiated Product Approach. *Regional Science and Urban Economics*, No. 18, pp. 87 - 124.

[41] Fujita M. and Krugman P. 1995. When is the Economy Monocentric? Von Thü Nen and Chamberlin unified. *Regional Science and Urban Economics*, Vol. 25, No. 4, pp. 505 - 528.

[42] Fujita M., Krugman P. and Anthony J. Venables. 1999. *The Spatial Economy: Cities, Regions and International Trade*. MIT, Cambridge.

[43] Fujita M. and Thisse J. F. 1996. Economics of Agglomeration. *Journal of the Japanese and International Economies*, Vol. 10, No. 4, pp. 339 - 378.

[44] Fujita M. and Hu Dapeng. 2001. Regional Disperity in China 1985 - 1994: the Effects of Globalization and Economic Liberalization. *The Annals of Regional Science*, Vol. 35, No. 3, pp. 3 - 37.

[45] Fujita M. and Mori T. 2005. Frontiers of the New Economic Geography. *Papers in Regional Science*, Vol. 84, No. 3, pp. 377 - 405.

[46] Fujita M. and Mori T. 1996. The Role of Ports in the Making of Major Cities: Selfagglomeration and Hub-effect. *Journal of Development Economics*, Vol. 49, pp. 93 - 120.

[47] Fujita M. and Mori T. 1997. Structural Stability and Evolution of Urban Systems. *Regional Science and Urban Economics*, Vol. 27, No. 4, pp. 399 - 442.

[48] Fujita M. and Thisse J. F. 2000. The Formation of Economic Agglomeration: Old Problems and New Perspectives, In: Huriot

J. M. and Thisee J. F. Economics of Cities: Theoretical Perspectives. Cambridge University Press ,Cambridge.

[49] Fujita M. and Thisse J. F. 2003. Does Geographical Agglomeration Foster Economic Growth and Who Gains and Loses From it. *The Japanese Economic Review*, Vol. 54 ,No. 2 ,pp. 121 - 145.

[50] Gene M. Grossman and Elhanan Helpman. 1991. Quality Ladders in the Theory of Growth. *The Review of Economic Studies*, Vol. 58 ,No. 1 ,pp. 43 - 61.

[51] Greenhut J. and Greenhut M. L. 1975. Spatial Price Discrimination,Competition and Locational Effects. *Economica*,Vol. 421 , No. 68 ,pp. 401 - 419.

[52] Grossman G. and Helpman E. 1989. Product Development and International Trade. *Journal of Political Economy*, Vol. 97, No. 1 ,pp. 1261 - 1283.

[53] Hahn F. H. 1971. Equilibrium with Transaction Costs. *Econometrica*,Vol. 39 ,No. 3 ,pp. 417 - 439.

[54] Hanson G. H. 1996. Agglomeration,Dispersion and the Pioneer Firm. *Journal of Urban Economics*, Vol. 39 , No. 3, pp. 255 - 281.

[55] Harberger A. 1954. Monopoly and Resource Allocation. *American Economic Review*, Vol. 44 ,No. 5 ,pp. 77 - 87.

[56] Harris C. 1954. The Market as A Factor in the Localization of Industry in the United States. *Annals of the Association of American Geographers*,Vol. 64 ,pp. 315 - 348.

[57] Head K. and T. Mayer. 2006. Regional Wage and Employ-

ment Responses to Market Potential in the EU. *Regional Science and Urban Economics*, Vol. 36, No. 5, pp. 573 - 594.

[58] Helpman E. 1998. The Size of Regions. In: D Pines, E Sadka and Y Zilcha. Topics in Public Economics. Cambridge University, New York.

[59] Henderson J. V. 1974. The Sizes and Types of Cities. American Economic Review, Vol. 64, pp. 640 - 656.

[60] Hirschman A. O. 1958. *The Strategy of Development*. Yale University, New Haven, United States.

[61] Hoover E. M. 1937. Spatial Price Discrimination. *Review of Economic Studies*, Vol. 4, No. 3, pp. 182 - 191.

[62] Hoover E. M. 1936. The Measurement of Industrial Localization. *Review of Economic and Statistics*, Vol. 18, No. 4, pp. 162 - 171.

[63] Hotelling H. 1929. Stability in Competition. *Economic Journal*, Vol. 153, No. 39, pp. 41 - 57.

[64] Imai H. 1982. CBD Hypothesis and Economies of Agglomeration. *Journal of Economic Theory*, Vol. 28, pp. 275 - 299.

[65] Jacobs J. 1969. *The Economy of Cities*. Vintage, New York.

[66] Jeffrey M. Wooldridge. 2003. *Introductory Econometrics: A Modern Approach (2nd ED)*. South-Western, Thomson.

[67] Kaldor N. 1970. The Case for Regional Policies. *Scottish Journal of Political Economy*, Vol. 17, No. 3, pp. 337 - 348.

[68] Kanbur R. and Xiaobo Zhang. 2005. Fifty Years of Region-

al Inequality in China: A Journey through Central Planning, Reform and Openness. *Review of Development Economics*, Vol. 9, No. 1, pp. 87-106.

[69] Keller W. 2002. Geographic Localization of International Technology Diffusion. *American Economics Review*, Vol. 92, No. 1, pp. 120-142.

[70] Kim Tschangho John and Knaap Gerrit. 2001. The Spatial Dispersion of Economic Activities and Development Trends in China: 1952-1985. *The Annals of Regional Science*, Vol. 35, No. 1, pp. 39-37.

[71] Krugman P. 1980. Scale Economies, Product Differentiation, and the Pattern of Trade. *American Economic Review*, Vol. 70, No. 5, pp. 950-959.

[72] Krugman P. 1991. History Versus Expectations. *Quarterly Journal of Economics*, Vol. 106, No. 2, pp. 651-667.

[73] Krugman P. 1991. *Geography and Trade*. MIT, Cambridge Massachusetts.

[74] Krugman P. 1991. Increasing Returns and Economic Geography. *Journal of Political Economy*, Vol. 99, No. 3, pp. 483-499.

[75] Krugman P. 1993. On the Number and Location of Cities. *European Economic Review*, Vol. 37, No. 2-3, pp. 293-298.

[76] Krugman P and Elizondo Livas R. 1996. Trade Policy and the Third World Metropolis. *Journal of Development Economics*, Vol. 49, No. 1, pp. 137-150.

[77] Krugman P. 1993. First Nature, Second Nature, and Metro-

politan Location. *Journal of Regional Science*, Vol. 33, No. 2, pp. 129 – 144.

[78] Lemoine Françoise, Poncet Sandra and Ünal Deniz. 2015. Spatial Rebalancing and Industrial Convergence in China. *China Economic Review*, Vol. 34, pp. 39 – 63.

[79] Manuel Arellano and Stephen Bond. 1991. Some Tests of Specification for Panel Data: Monte Carlo Evidence and an Application to Employment Equations. *The Review of Economic Studies*, Vol. 58, No. 2, pp. 277 – 297.

[80] Marshall A. 1920. *Principles of Economics (8th ED)*. Macmillan, New York.

[81] Martin P and Ottaviano G I. 2001. Growth and Agglomeration. *International Economic Review*, Vol. 42, pp. 947 – 968.

[82] Martin P. and C. Rogers. 1995. Industrial Location and Public Infrastructure. *Journal of International Economics*, Vol. 39, No. 3 – 4, pp. 335 – 351.

[83] Matsuyama K. and Takahashi T. 1998. Self-defeating Regional Concentration. *Review of Economic Studies*, Vol. 65, No. 2, pp. 211 – 234.

[84] Maurice Catin, Xubei Luo and Christophe Van Huffel. 2005. Openness, Industrialization and Geographic Concentration of Activities in China. World Bank Policy Research Working Paper 3706, September 1.

[85] Mcfadden D. 1981. Econometric Models of Probabilistic Choice. In: C. F. Manski and D. McFadden. Structural Analysis of

Discrete Data with Econometric Applications. MIT, Cambridge.

[86] Mitchell B. R. and Phyllis Deane. 1962. *Abstract of British Historical Statistics*. University, Cambridge.

[87] Mordecai Kurz. 1974. Equilibrium with Transaction Cost and Money in A Single Market Exchange Economy. *Journal of Economic Theory*, Vol. 7, No. 4, pp. 418 – 452.

[88] Naugton Barry. 2006. *The Chinese Economy: Transitions and Growth*. MIT, Cambridge Massachusetts.

[89] N. F. R. Crafts. 1985. *British Economic Growth During the Industrial Revolution*. Oxford University, Oxford.

[90] North Douglass C. 1990. *Institutions, Institutional Change and Economic Performance*. Cambridge University, Cambridge.

[91] North Douglass C. and Robert P. Thomas. 1973. *The Rise of the Western World: A New Economic History*. Cambridge University, Cambridge.

[92] Ogawa H. and Fujita M. 1982. Equilibrium Land Use Patterns in a Non-Monocentric City. *Journal of Regional Science*, Vol. 20, pp. 455 – 475.

[93] Ohlin B. 1933. *Interregional and International Trade*. Harvard University, Cambridge.

[94] O'Hara D. J. 1977. Location of Firms within a Square Central Business District. *Journal of Political Economy*, Vol. 85, No. 6, pp. 1189 – 1207.

[95] Ota M. and Fujita M. 1993. Communication Technologies and Spatial Organization of Multi-unit Firms in Metropolitan Areas.

Regional Science and Urban Economics, Vol. 23, No. 6, pp. 695 – 729.

[96] Ottaviano G. I. and Pinelli D. 2006. Market Potential and Productivity: Evidence from Finnish Regions. Regional Science and Urban Economics, Vol. 36, pp. 636 – 657.

[97] Papageorgiou Y. Y. and Thisse J. F. 1985. Agglomeration as Spatial Interdependence Between Firms and Households. Journal of Economic Theory, Vol. 37, pp. 19 – 31.

[98] Papageorgiou Yorgo Y. and Smith Terrence R. 1983. Agglomeration as Local Instability of Spatially Uniform Steady-States. Econometrica, Vol. 51, No. 4, 1109 – 1119.

[99] Peng S. K., Thisse J. F. and Ping Wang. 2006. Economic Integration and Agglomeration in a Middle Product Economy. Journal of Economic Theory, Vol. 131, No. 1, pp. 1 – 25.

[100] Peter Mathias. 1983. The First Industrial Nation: An Economic History of Britain 1700 – 1914. Methuen, London.

[101] Phyllis Deane and W. A. Cole. 1962. British Economic Growth, 1688 – 1959: Trends and Structure. Cambridge University, Cambridge.

[102] Porter M E. 1990. Competitive Advantages of Nations. Macmillan, New York.

[103] Puga D. 1999. The Rise and Fall of Regional Inequalities Spatial Agglomeration in Economic Development. European Economic Review, Vol. 43, No. 2, pp. 303 – 334.

[104] Puga D. and Venables A. J. 1996. The Spread of Industry: Spatial Agglomeration in Economic Development. Journal of the

Japanese and International Economics, Vol. 10, No. 4, pp. 440 – 464.

[105] Pyke F., Becattini G. and Sengenberger W. 1990. Industrial Districts and Inter-firm Cooperation in Italy. *International Institute for Labour Studies*, Geneva.

[106] Rainald Borck and Michael Pflueger. 2006. Agglomeration and Tax Competition. *European Economic Review*, Vol. 50, No. 3, pp. 647 – 668.

[107] Raiser M. 1998. Subsidising Inequality: Economic Reforms, Fiscal Transfers and Convergence across Chinese Provinces. *Journal of Development Studies*, Vol. 34, No. 3, pp. 1 – 26.

[108] Redding S. and Venables A. J. 2004. Economic Geography and International Inequality. *Journal of International Economics*, Vol. 62, No. 1, pp. 53 – 82.

[109] Richard Arnott. 2007. Congestion Tolling with Agglomeration Externalities. *Journal of Urban Economics*, Vol. 62, No. 2, pp. 187 – 203.

[110] Richard Blundell and Stephen Bond. 1998. Initial Conditions and Moment Restrictions in Dynamic Panel Data Models. *Journal of Econometrics*, Vol. 87, pp. 115 – 143.

[111] Ricardo D. 1817. *The Principle of Political Economy and Taxation*. Gaernsey, London.

[112] Richard E. Baldwin and Paul Krugman. 2004. Agglomeration, Integration and Tax Harmonization. *European Economic Review*, Vol. 48, No. 1, pp. 1 – 23.

[113] R. F. Harrod. 1939. An Essay in Dynamic Theory. *The*

Economic Journal, Vol. 193, No. 49, pp. 14 – 33.

[114] Rodrik D. 2013. Unconditional Convergence in Manufacturing. *The Quarterly Journal of Economics*, Vol. 128, No. 1, pp. 165 – 204.

[115] Roger H. Gordon and John D. Wilson. 1999. Tax Structure and Government Behavior: Implications for Tax Policy. NBER Working Papers No. 7244.

[116] Romer Paul M. 1986. Cake Eating, Chattering, and Jumps: Existence Results for Variational Problems. *Econometrica*, Vol. 54, No. 4, pp. 897 – 908.

[117] Romer P. 1990. Endogenous Technological Change. *Journal of Political Economy*, Vol. 98, No. 5, pp. S71 – S102.

[118] Roodman D. 2006. How to Do xtabond2: An Introduction to "Diffference" and "System" GMM in Stata Center for Global Development Working Paper, No. 12, pp. 1 – 48.

[119] Saxenian A. 1994. *Regional Advantage: Culture and Competition in Silicon Valley and Route 128*. Cambridge Harvard University, MA.

[120] Sbergami F. 2002. Agglomeration and Economic Growth: Some Puzzles. HEI Working Paper No. 02.

[121] Stahl K. 1982. Differentiated Products, Consumer Search, and Locational Oligopoly. *Journal of Industrial Economics*, Vol. 31, No. 1 – 2, pp. 97 – 114.

[122] Scitovsky T. 1954. Two Concept of External Economies. *Journal of Political Economy*, Vol. 62, No. 4, pp. 70 – 82.

[123] Sleuwaegen L. and Dehandschutter W. 1986. The Critical Choice Between the Concentration Ratio and the H-index in Assessing Industry Performance. *Journal of Industrial Economics*, Vol. 35, No. 2, pp. 193-208.

[124] Solow R. M. 1956. A Contribution to the Theory of Economic Growth. Quarterly *Journal of Economics*, Vol. 70, No. 1, pp. 65-94.

[125] Sukkoo Kim. 1995. Expansion of Market and the Geographic Distribution of Economic Activities: the Trends in U. S. Regional Manufacturing Structure 1860-1987. *Quarterly Journal of Economics*, Vol. 110, pp. 881-908.

[126] Sukkoo Kim. 1998. Economic Intergration and Convergence: U. S. Regions, 1840-1987. *Journal of Economic History*, Vol. 58, No. 3, pp. 659-683.

[127] Sukkoo Kim. 1999. Regions, Resources and Economics Geography: Sources of U. S. Regional Comparative Advantage 1880-1987. *Regional Science and Urban Economics*, Vol. 29, pp. 1-32.

[128] Swan T. W. 1956. Economic Growth and Capital Accumulation. *Economic Record*, Vol. 63, No. 32, pp. 334-361.

[129] Thisse J. F. and Wildasin David E. 1992. Public Facility Location and Urban Spatial Structure: Equilibrium and Welfare Analysis. *Journal of Public Economics*, Vol. 48, No. 1, pp. 83-118.

[130] Thomas Gehrig. 1996. Market Structure, Monitoring and Capital Adequacy Regulation. *Swiss Journal of Economics and Statistics*, Vol. 132, No. 4, pp. 685-702.

[131] Tomiura E. 2003. Changing Economic Geography and Vertical Linkages in Japan. *Journal of the Japanese and International Economies*, Vol. 17, No. 4, pp. 561-589.

[132] Videl La and Blache Paul. 1921. *Principes De Géographie Humaine*. Armand Colin, Paris.

[133] Venables A. J. 1996. Equilibrium Locations of Vertically Linked Industries. *International Economic Review*, Vol. 37, No. 2, pp. 341-359.

[134] Weber Alfred. 1909. *Theory of the Location of Industries*. The University of Chicago, Chicago.

[135] Wen Mei. 2004. Relocation and Agglomeration of Chinese Industry. *Journal of Development Economics*, Vol. 73, pp. 329-347.

[136] Wolinsky Y. A. 1983. Retail Trade Eoncentration Due to Consumers' Imperfect Information. *Bell Journal of Economics*, Vol. 14, No. 1, pp. 275-282.

[137] Yang X. and Borland J. 1983. A Microeconomic Mechansim for Economic Growth. *Journal of Political Economy*, Vol. 99, No. 3, pp. 460-482

[138] Zhang, Xiaobo. 2004. Fiscal Decentralization and Political Centralization in China: Implications for Growth and Inequality. *Journal of Comparative Economics*, Vol. 34, No. 4, pp. 713-726.

[139] Zodrow George R. and Mieszkowski Peter M. 1986. The New View of the Property Tax a Reformulation. *Regional Science and Urban Economics*, Vol. 16, No. 3, pp. 309-327.

[140] 安格鲁·麦迪森:《世界经济千年史》,北京大学出版社,

2003年,第23、91页。

[141] 埃德温·赖肖尔:《日本人》,上海译文出版社,1980年,第68页。

[142] 奥利弗·E.威廉姆森:《资本主义经济制度》,商务印书馆,2002年,第30~106页。

[143] 安藤良雄:《近代日本经济史要览》,东京大学出版社,1980年,第170页。

[144] 池元吉、张贤淳:《日本经济》,人民出版社,1989年,第1~5、42~85、206~279页。

[145] 杜鹰:"努力做好新时期就业、收入分配、社会保障工作",《中国经贸导刊》,2005年第21期。

[146] 道格拉斯·C.诺斯:《经济史中的结构与变迁》,上海三联出版社、上海人民出版社,1994年,第33、179~191页。

[147] 樊纲、王小鲁、朱恒鹏:《中国市场化指数——各地区市场化相对进程2006年报告》,经济科学出版社,2007年,第13~363、15~363页。

[148] 范剑勇、朱国林:"中国地区差距演变及其结构分解",《管理世界》,2002年第7期。

[149] 范剑勇、谢强强:"地区间产业分布的本地市场效应及其对区域协调发展的启示",《经济研究》,2010年第4期。

[150] 范剑勇:"市场一体化、地区专业化与产业集聚趋势——兼谈对地区差距的影响",《中国社会科学》,2004年第6期。

[151] 高德步:《英国的工业革命与工业化——制度变迁与劳动力转移》,中国人民大学出版社,2006年,第195页。

[152] 葛正鹏:《西方经济史论》,北京理工大学出版社,2008

年,第 52 页。

[153] 辜胜阻、徐进、郑凌云:"美国西部开发中的人口迁移与城镇化及其借鉴",《中国人口科学》,2002 年 1 月。

[154] 郭金兴:"1996～2005 年中国农村剩余劳动力的估算——基于随机前沿模型的分析",《南开经济研究》,2007 年第 4 期。

[155] 贺灿飞、谢秀珍、潘峰华:"中国制造业省区分布及其影响因素",《地理研究》,2008 年第 3 期。

[156] 黄玖立、李坤望:"出口开放、地区市场规模和经济增长",《经济研究》,2006 年第 6 期。

[157] 胡锦涛:《坚定不移沿着中国特色社会主义道路前进为全面建成小康社会而奋斗——在中国共产党第十八次全国代表大会上的报告》,人民出版社,2012 年 11 月 21 日。

[158] 胡向婷、张璐:"地方保护主义对地区产业结构的影响——理论与实证分析",《经济研究》,2005 年第 2 期。

[159] 黄磷:《现代日本市场经济》,湖南出版社,1996 年,第 135～154 页。

[160] 蒋相泽:《世界通史资料选辑》(近代部分),商务印书馆,1972 年,第 27～93、294 页。

[161] 杰里米·阿塔克、彼得·帕塞尔:《新美国经济史》(上册),中国社会科学出版社,2000 年,第 155～159、242～243、260 页。

[162] 金煜、陈钊、陆铭:"中国的地区工业集聚:经济地理、新经济地理与经济政策",《经济研究》,2006 年第 4 期。

[163] 金森久雄等:《日本经济事典》,日本经济新闻社,1981

年,第 304 页。

［164］简泽:"技术外部性、工业集聚与地区经济的非均衡增长",《南方经济》,2007 年第 11 期。

［165］卡洛·M.奇波拉:《欧洲经济史》(第 3 卷),商务印书馆,1989 年。

［166］李国平、范红忠:"生产集中、人口分布与地区经济差异",《经济研究》,2003 年第 24 期。

［167］李实、罗楚亮:"中国收入差距究竟有多大?——对修正样本结构偏差的尝试",《经济研究》,2011 年第 4 期。

［168］李芬:"引入制度因素的经济增长模型与实证研究",山东大学博士学位论文,2009 年,第 21~37 页。

［169］林广、张鸿雁:《成功与代价:中外城市化比较新论》,东南大学出版社,2000 年,第 17~40 页。

［170］林理升、王晔倩:"运输成本、劳动力流动与制造业区域分布",《经济研究》,2006 年第 3 期。

［171］梁琦:"产业集聚的均衡性和稳定性",《世界经济》,2004 年第 6 期。

［172］梁琦、钱学锋:"外部性与集聚:一个文献综述",《世界经济》,2007 年第 3 期。

［173］梁琦:"中国工业的区位基尼系数——兼论外商直接投资对制造业集聚的影响",《统计研究》,2003 年第 9 期。

［174］陆大道:"东西部差距扩大的原因及西部地区发展之路",《中国软科学》,1996 年第 7 期。

［175］陆大道、樊杰:《2050:中国的区域发展》,科学出版社,2009 年,第 73~181 页。

[176] 路江涌、陶志刚:"中国制造业区域集聚及国际比较",《经济研究》,2006年第3期。

[177] 路江涌、陶志刚:"我国制造业区域集聚程度决定因素的研究",《经济学》(季刊),2007年第6期。

[178] 陆铭、陈钊:"城市化、城市倾向的经济政策与城乡收入差距",《经济研究》,2004年第6期。

[179] 陆铭、陈钊:《中国区域经济发展中的市场整合与工业集聚》,上海三联书店、上海人民出版社,2006年,第14~25页。

[180] 罗勇、曹丽莉:"中国制造业集聚程度变动趋势实证研究",《经济研究》,2005年第8期。

[181] 罗能生:《非正式制度与中国改革和发展》,中国财政经济出版社,2002年,第150~186页。

[182] 罗能生、谢里、谭真勇:"产业集聚与经济增长关系研究新进展",《经济学动态》,2009年第3期。

[183] 刘修岩、殷醒民、贺小海:"市场潜能与制造业空间集聚:基于中国地级城市面板数据的经验研究",《世界经济》,2007年第11期。

[184] 卢现祥:《西方新制度经济学》,中国发展出版社,1996年,第61页。

[185] 麦迪森:《世界经济二百年回顾》,改革出版社,1997年,第172~174页。

[186] 马克思、恩格斯:《马克思恩格斯选集》(第1卷),人民出版社,1957年,第230页。

[187] 马克思、恩格斯:《马克思恩格斯全集》(第2卷),人民出版社,1965年,第269~587页。

[188] 马克思、恩格斯:《马克思恩格斯全集》(第19卷),人民出版社,1965年,第288页。

[189] 米歇尔·博特著,吴艾美等译:《资本主义史:1500～1980》,东方出版社,1986年,第122～123页。

[190] 南亮进:《日本的经济发展》,对外贸易教育出版社,1989年,第242页。

[191] P.马塞厄斯:《第一个工业化国家》,莫休恩出版公司,1983年,第67页。

[192] 乔恩·哈利戴:《日本资本主义政治史》,商务印书馆,1980年,第28页。

[193] 冉光和、唐文:"财政支出结构与城乡居民收入差距的实证分析",《统计与决策》,2007年第8期。

[194] 宋则行、樊亢:《世界经济史》(上卷),经济科学出版社,1994年,第132～170、272～281页。

[195] 孙洛平、孙海琳:"产业集聚的交易费用模型",《经济评论》,2006年第4期。

[196] 孙祁祥、王向楠、韩文龙:"城镇化对经济增长作用的再审视——基于经济学文献的分析",《经济学动态》,2013年第11期。

[197] 童玉芬、朱延红、郑冬冬:"未来20年中国农村劳动力非农化转移的潜力和趋势分析",《人口研究》,2011年第35期。

[198] 维·阿·符拉索夫《日本的科技革命》,辽宁人民出版社,1979年,第89页。

[199] W.W.罗斯托:《世界经济:历史与展望》,奥斯丁德克萨斯大学出版社,1978年,第50～52页。

[200] 万广华:"中国农村区域间居民收入差异及其变化的实证分析",《经济研究》,1998年第5期。

[201] 王燕梅:"东西部地区发展差距的制度因素分析",《经济科学》,2001年第3期。

[202] 魏后凯:《中国区域协调发展研究》,中国社会科学出版社,2012年,第17～232页。

[203] 王子龙、谭清美、许箫迪:"产业集聚水平测度的实证研究",《中国软科学》,2006年第3期。

[204] 吴于廑、齐世荣:《世界史:近代史编》,高等教育出版社,2001年,第1～30页。

[205] 徐康宁、冯春虎:"中国制造业地区性集中程度的实证研究",《东南大学学报》(哲学社会科学版),2003年第5期。

[206] 徐康宁、王剑:"自然资源丰裕程度与经济发展水平关系的研究",《经济研究》,2006年第1期。

[207] 杨洪焦、孙林岩、高杰,"中国制造业聚集度的演进态势及其特征分析",《数量经济技术经济研究》,2008年第5期。

[208] 杨洪焦、孙林岩、吴安波:"中国制造业聚集度的变动趋势及其影响因素研究",《中国工业经济》,2008年第4期。

[209] 杨小凯、黄有光著,张玉纲译:《专业化与经济组织——一种新兴古典微观经济学框架》,经济科学出版社,1999年,第5～15、56～136页。

[210] 袁志刚、范剑勇:"1978年以来中国的工业化进程及其地区差异分析",《管理世界》,2003年第7期。

[211] 岳希明、任若恩:"测量中国经济的劳动投入:1982—2000年",《经济研究》,2008年第3期。

[212] 叶川:"美国西部开发史",《人民日报》,2003年3月16日。

[213] 夏炎德:《欧美经济史》,上海三联书店,1988年,第238～779页。

[214]《中共中央关于全面深化改革若干重大问题决定》,人民出版社,2013年11月1日。

[215] 张吉鹏、吴桂英:"中国地区差距:度量与成因",《世界经济文汇》,2004年4月,第60～81页。

[216] 张平:"中国农村居民区域间收入不平等与非农就业",《经济研究》,1998年第8期。

[217] 张文武、梁琦:"劳动地理集中、产业空间与地区收入差距",《经济学》(季刊),2011年第10期。

[218] 张艳、刘亮:"经济集聚与经济增长——基于中国城市数据的实证分析",《世界经济文汇》,2007年第1期。

[219] 张宇燕:《经济发展与制度创新》,中国人民大学出版社,1992年,第171页。

[220] 中央电视台"大国崛起"节目组:《大国崛起》(美国卷),中国民主法制出版社,2006年,第154～158页。

[221] 中央电视台"大国崛起"节目组:《大国崛起》(日本卷),中国民主法制出版社,2006年,第181～192页。

后　　记

这本书的付梓正值我受国家留学基金"青年骨干教师出国研修项目"(批准文号:留金发[2015]3069号)的资助,被公派到世界百强名校英国利兹大学(University of Leeds)商学院(Business School)和国际商务中心(Centre for International Business)开展为期一年的学术访问期间。在这段时间,每天白天游走于利兹大学Brotherton、Laidlaw和Edward Boyle三个图书馆的单调生活,却美享了各类国际前沿文献书籍与听取经济学、管理学、地理学、法学等学术讲座;夜里则静静地待在家里或图书馆静下心来修改完善此书。这不仅是希望通过完成此书认真回顾和总结过去的科研成果和经验,更是在异国他乡思念祖国、家乡和亲人的内心表达。

当前中国正处于全面深化改革和对外开放的关键时期,回顾中国经济的崛起史,中国经济在机遇与挑战并存的时代,一次又一次地向世界展现了增长的奇迹。这些奇迹产生的根源,与其说是归功于中国经济自身的发展所积累的雄厚资本、丰富劳动力和先进技术,不如说是中国社会主义成功地实现了由计划经济向市场经济转型的制度试验。此时,回想起自己从过去求学到现在教书育人的转型历程,虽然一直都在人文社会科学领域游弋,却也经历了从管理学向经济学、从理论经济学向应用经济学、从学习经济管理知识的学生向讲授和创造经济管理知识的教师转型。期间,自己曾为给学生上好每一堂课、完成好每一篇论文和每一项课题而有过惆怅和徘徊,也有过自己的论文被期刊接受和发表、课题研究报告获得同行专家的认可和好评而无比喜悦。然而,能让我将艰难困惑视为随机扰动项,在成功时保持"归零"的心态继续努力,都得益于我的良师益友的关心、帮助和鼓励。

感谢在攻读硕士和博士期间的指导教师罗能生教授。罗教授不仅严格要求我认真地学习经济学前沿理论和数学建模方法,而且还注重培养和训练我的宏观研究视野与历史研究方法,并将经济学、管理学、地理学、数学、历史学等学科交叉结合进行跨学科和跨范式的研究。开展扎实的科学研究,既离不开学习知识和创新思维的引路人,更离不开和谐的外部环境和优良的学术平台。感谢湖南大学党委书记蒋昌忠教授和原书记刘克利教授、校长段献忠教授和原校长钟志华教授、赵跃宇教授高瞻远瞩的战略眼光,不断结合湖南大学悠久的人文历史底蕴,努力推进实现"建设世界一流高校和一流学科"的宏伟目标,以此激发学校青年教学和科研工作者的热情。感谢曾作为湖南大学经济与贸易学院首任院长且现已是湖南省政协副主席兼长沙理工大学校长赖明勇教授,创新的团队管理方式搭建了湖南大学经济学科高起点的研究平台。感谢湖南大学经济与贸易学院院长张亚斌教授和党委书记郭平教授、副院长许和连教授、副院长祝树金教授和院长助理曹二保副教授,他们一直致力于营造学院和谐的学术氛围和保持"理论经济学"和"应用经济学"双一级学科国际化发展航向。感谢湖南省社会科学院朱有志教授、湖南大学王耀中教授和李松龄教授、湖南师范大学刘茂松教授和湖南商学院柳思维教授,他们作为经济学前辈都一直关注和指导着我们这代年轻经济学者的成长和发展。感谢中国人民大学刘元春教授、清华大学国情研究院胡鞍钢教授、美国佐治亚理工学院李海峥教授、上海交通大学陆铭教授、中国社会科学院李仁贵研究员、中国科学院地理科学与资源研究所刘彦随研究员、湖南经济地理研究所魏晓研究员、湖南财政经济学院伍中信教授、湖南城市学院刘辉煌副院长和湖南大学经济学系陈乐一教授、王良健教授、李琳教授、邹璇教授、胡小娟教授、刘志忠副教授、罗丽英副教授、徐幼民副教授、徐伟平副教授、文嫮副教授、陈志烨副教授、黄新萍副教授、李淑副教授等,他们采用言传身教或邮件形式指导和探讨了本书的研究观点和方法。昔日的同窗好友、现在的同事肖皓副教授、杨晶晶副教授和李巍博士,还保持一起求学时交流学习心得和探讨研究经验的激情。这都成为本项研究的开展和完成的知识资本积累和信息汇集源泉。

在海外高校访问期间的学习和生活是辛酸中的幸福体验,我要感谢在英国利兹大学的合作导师魏颖琦(Annie Wei)教授和布拉德福德大学(University of Bradford)王成刚(Chengang Wang)教授。记得魏颖琦教授在我到利兹大学访问时就曾对我说:"你做的任何学术研究,我都会支持你。"魏颖琦教授的先生王成刚教授知道我第一次来英国担心生活不适应,特地为我亲手包了中国"饺子",他们的女儿王安吉(英文名:Angela)还亲手为我做了英国的特色"巧克力蛋糕"。这既让我备感海外合作教授的亲切和关爱,又让我感到海外华人家庭生活的幸福,他们也为本书的顺利完成提供了直接的帮助。每周三的午饭时间是利兹大学国际商务系同事们聚在一起交流教学和科研心得的传统安排,每次和 Peter Buckley 教授、Timothy Devineey 教授、Emmanuella Plakoyiannaki 教授、Hinrich Voss 副教授、Elko Klijin 副教授、Angelo Solarino 博士、Elizabeth Yi Wang 高级讲师、Emma Liu博士等的友善交流，不仅使自己对英国政治、经济、文化和教育有更深层的理解和丰厚的收获，而且也切身感觉到中国日益强大和国际标杆形象使许多海外的学者都对中国经济发展产生浓厚的研究兴趣，这让我更加专注于努力开展中国经济学研究和坚定地将中国经济学研究成果推向国际。此外，每当我忙于科研工作而忽略个人生活时，正在曼彻斯特大学（The University of Manchester）访问的湖南大学外国语与国际教育学院的杨诚老师以及与我同时在利兹大学访问的陈德祥副研究员和王刚成博士、周蓓老师以及本科生蔡耀、郑思恩和肖朝等，如亲兄弟姐妹般对我生活上的照顾和学习上的鼓励，让我倍加珍惜海外结识的这份友谊。

本书融合了我自攻读博士期间和博士毕业留校后所主持完成的国家自然科学基金面上项目和青年基金项目所取得的成果。因此，一方面，我感谢在读博士期间的师兄谭真勇博士、顾福斌硕士、张谦硕士和王微微硕士协助了本书部分内容的文献资料收集、数据整理和方法的研讨与设计；另一方面，感谢国家自然科学基金面上项目（批准号：71573074）、国家自然科学基金青年科学基金项目（批准号：71103061）和教育部高等学校博士学科点专项科研基金（编号：20110161120030）等对本项研究的资助。作为国家级科研项目负责人，不仅要带领团队成员完成项目预设的研究任务，而且还担负起挖掘和培养优秀人才的任务。因而，本书也吸纳了我与我的研究团队成员或我所培养的硕士生谌莹、张敬斌、王瑾瑾和本科生朱国姝等共同研究取得的成果。

我特别感恩于自己处在一个美好的家庭，真诚地感恩我的父母，从我开始决定由"高薪"的实务界转向"清贫"的学术界那时起，注定以淡泊名利的心态去追求简单的梦想，正是他们的理解和支持,让我可以专心致志地致力于自己喜欢的学术研究。而每当遇到研究进展的困惑而迟疑犹豫时,绍娓表姐总是以她丰富的人生阅历和超前的思维方式,及时点拨和鼓励我,让我有信心努力实现奋斗目标。我的妻子张娅女士在我心中是一位美丽、大方、聪慧的知识女性,自攻读博士学位时我们的相知到相爱,在"浩繁如海"的学术生活中一直是她如影相伴。她既作为我研究团队中的成员,又作为我的妻子,和我一起同享同担是我无法用语言诠释着"谢谢一路有你"的感谢。如今,我们聪明伶俐、内外兼修的女儿俨慧(英文名:Sophia)即将满三岁,这本书既是送给女儿的生日礼物,也是我和妻子相濡以沫的见证。

衷心感谢中国人民大学孙久文教授欣然接受邀请为本书提序,不仅是我的荣幸,更是对我的鼓励。再一次诚挚感谢湖南大学经济与贸易学院院长张亚斌教授、湖南大学社会科学处处长侯俊军教授和商务印书馆李娟老师和颜廷真老师对本书的出版给予了关心和帮助。书中许多研究观点、方法和内容曾以不同形式在经济学、管理学和地理学等 CSSCI 或 CSCD 来源期刊以及国内重要报纸上发表或者在国际和全国大型学术会议上宣读或是以课题研究报告形式呈现,以经受学术界专家学者和实务界决策机构的检验。即便如此,自己深感学识水平有限,书中一些错误在所难免,也敬请读者批评指正。

"善学者其如海。"相信本书不是研究结束,而是赓续研究征程和开启新学术起点的钥匙。

谢里

2014 年秋于岳麓山角湖南大学(中国)

2016 年冬再写于利兹大学(英国)